70年家与国

一个文明体的磨砺与重生

南风窗传媒智库 —— 编

李少威 雷志华 赵义 董可馨 等 —— 著

人民日报出版社

北京

图书在版编目（CIP）数据

70 年家与国：一个文明体的磨砺与重生 / 李少威等著；南风窗传媒智库编 . -- 北京：人民日报出版社，2019.8
ISBN 978-7-5115-6177-0

Ⅰ . ①7… Ⅱ . ①李… ②南… Ⅲ . ①中国特色社会主义－社会主义建设模式－研究 Ⅳ . ① D616

中国版本图书馆 CIP 数据核字（2019）第 184829 号

书　　名：70 年家与国：一个文明体的磨砺与重生
　　　　　70NIANJIAYUGUO: YIGE WENMINGTI DE MOLI YU CHONGSHENG
编　　者：南风窗传媒智库
著　　者：李少威　雷志华　赵　义　董可馨　等
出 版 人：董　伟
责任编辑：张炜煜　贾若莹
装帧制作：阮全勇
出版发行：人民日报出版社
社　　址：北京金台西路 2 号
邮政编码：100733
发行热线：（010）65369527　65369509　65369510　65369846
邮购热线：（010）65369530　65363527
编辑热线：（010）65369509
网　　址：www.peopledailypress.com
经　　销：新华书店
印　　刷：大厂回族自治县彩虹印刷有限公司
开　　本：710mm×1000mm　1/16
字　　数：320 千
印　　张：20
版　　次：2019 年 8 月第 1 版
印　　次：2019 年 8 月第 1 次印刷
书　　号：ISBN 978-7-5115-6177-0
定　　价：48.00 元

本书编辑委员会

主　　编：李桂文
副 主 编：李　龙　赵　义
执行主编：赵　义
编　　辑：李少威　谭德波　赵　义　李　龙　李桂文
撰　　稿：李少威　雷志华　董可馨　赵　义　杨　露
　　　　　何子维　郑嘉璐　胡万程
编务统筹：钟璐珊　吴　静

序言

思想改变中国

南风窗杂志社总编辑　李桂文

共和国诞生至今,已经七十载。

国家民族的命运,牢牢地掌握在中国人民手中。中国进入了新时代,崛起,复兴,彻底地赢回属于自己的尊严,希望在前。

回望历史长河,中华人民共和国70年的历史,与中华5000年文明史相接续,从站起来、富起来到强起来,与中国近代以来的历史一脉相承。

从1840年以来,一代代的中华民族精英,为了谋求国家的独立、富强,摆脱被支配、被奴役、被歧视的地位,担当属于他们那个时代的历史使命。洋务自强、戊戌维新、清末新政、辛亥革命、第一次国内革命战争、第二次国内革命战争、抗日战争、解放战争……为有牺牲多壮志、孔曰成仁、孟曰取义,抛头颅洒热血,都是奔向同一个目标。在这个意义上说,中国共产党是近代以来国家独立、民族复兴使命的继承者,也是最终的完成者。

历史交予重任,历史也馈以荣光。

为什么历史最终选择了中国共产党?为什么最终是中国共产党让中华民族摆脱了挨打、挨饿的悲惨境遇,"自立于世界民族之林"?

哲学家黑格尔认为,存在着一种叫做"历史精神"的冷酷的幕后主使,当它潜入一个民族时,"世界历史民族"便精神焕发、辉煌灿烂,其中的英雄人物——"世界历史人物",也风云际会,横刀立马。一旦"历史精神"潜出,则启动了衰败凋敝的历程,英雄人物也是万马齐喑。在黑格尔哲学中,理性、精神、观念才是第一性的,客观世界是受其支配的。

中国共产党人的历史哲学,是马克思主义的,也就是历史唯物主义。它受到黑格尔的深刻影响,但也有截然不同之处,即其世界观是唯物的,认为存在才是第一性的。从历史唯物主义出发,共产党人看待中国的问题,就与前人大为不同。

不同表现在多个方面。

一是革命的内容。

世界历史进入近代,落后民族要自立自强,必经之路是实现工业化,发展生产力,这是每一代改良家和革命家的共识。

共产党人在唯物史观指导下,认识到要促进生产力发展,就必须革除旧的生产关系,建立新的生产关系,即进行社会制度的变革。通过土地革命重新组织基层社会,目的正在于革新生产关系,使之与新的生产力的要求相适应。

反观过去,洋务运动时期盛行的"中体西用"说,就是试图在不改变生产关系的前提下发展新的生产力,绳之以唯物史观,无异于缘木求鱼,其失败几乎是必然的。

二是革命的障碍。

共产党人要以彻底革命的手段建立新的生产关系,解放生产力,从而实现工业化,通往现代化,这就要瓦解旧的生产关系。旧的生产关系,是由封建主义、官僚资本主义和帝国主义来维持的,封建主义、官僚资本主义以剥夺的方式控制利益流向,而帝国主义则通过把它们培植成代理人,渗透到中国的社会肌理之中,获得殖民红利。如果不能彻底地把它们清除出去,新的生产关系的建立也是空中楼阁。所以共产党人矢志不渝,要推翻"三座大山",没有任何妥协余地。"谁是我们的敌人,谁是我们的朋友,这个问题是革命的首要问题。"

三是革命的依靠。

共产党以前的改良者和革命者，无一正视人民群众的力量和地位，总的来说，都把改良和革命理解为一种自上而下的运动，在实践中难免呈现出机会主义的形象。

唯物史观告诉共产党人，我们寻求的制度、文化变革，归根到底根源于社会变革。也就是说，是人们的生产、交往活动本身的客观形态，决定了社会关系的样貌，而生产关系正是社会关系的一部分。所以，只有人民才是历史的创造者，英雄人物只是人民意志的代表。只有共产党人意识到，革命的成功归根到底要依靠人民。所以毛主席说：人民是我们的观世音，共产党是人民群众的小学生。

共产党人能够实现认识上的飞跃，是因为有了马克思主义作为行动纲领。作为马克思主义重大发现之一的历史唯物主义告诉我们，必须承认客观、真实的存在，从中去探求变革、发展的路径。中国共产党把它简练地总结为"实事求是"，以及"实践是检验真理的唯一标准""从群众中来，到群众中去"。

当我们回顾中国近现代革命史、改革史、发展史，就会发现，但凡失败，从根本上说都是违背了历史唯物主义。

我们可以回到原点来观察。

林则徐，是中华民族的英雄，"开眼看世界"的第一人，他被委任为钦差大臣到广东禁烟期间，广泛收集外文资料，了解西方政治、社会、科学发展情况，魏源的《海国图志》，正是根据他收集的资料编成。林则徐是最早了解西方的人，也是"知不足"而积极谋求革新的人，不过历史学家蒋廷黻也一针见血地指出，林则徐是"不承认落后的旧时代精英"。林则徐的传统士大夫精神、爱国情操和热血抗敌的决心不可置疑，但他生怕落后状态被百姓知晓，从而动摇清朝的意识形态基础，因而对自己了解的信息和掌握的资料秘而不宣。

这就决定了旧式精英和马克思主义者之间的认识落差。我们不能埋怨林则徐——这也是历史唯物主义的结论，他有他的历史立场和局限。当旧时代的中国面对完全陌生的、被近代生产力武装起来的列强时，它的第一反应必然是自我保护。因为它的统治是建立在自我封闭的基础上的，正如马克思所说，"小心保存在密闭棺材里的木乃伊——接触新鲜空气就必然要解体"。

而共产党人知道，我们不能害怕人民思考。正因为要依靠人民，因而更要激发人民的力量。这一点，恰恰是改革开放取得成功的源泉所在。"摸着石头过河"，"不管黑猫白猫，抓住老鼠就是好猫"，鼓励人民群众大胆地闯、大胆地试，最终走出来一条成功的工业化之路，成就了改革开放的发展奇迹。

历史唯物主义强调人的主观能动性，一旦切合了客观历史条件，思想可以改变世界。马克思的墓志铭，写着这样一句话："哲学家们只是用不同的方式解释世界，而问题在于改变世界。"

改变世界，这正是思想的力量。马克思的思想有一个鲜明的特点，就在于其深刻的批判性。如果说马克思的一生在哪一方面从不妥协，不管陷于何种艰难困苦都从未退让半步，那就是思想批判的自由，他对着普鲁士的书报检查制度高呼："真理像光一样，它很难谦逊"，"精神只准披着黑色的衣服，可是自然界却没有一支黑色的花朵"。

思想的批判有多重要？卡尔·波普尔说，"科学的客观性不是个别科学家的事情，而是相互批评的社会结果"。可以说，人类科学的历史就是人类对世界的主观认识不断自我否定的过程，如果我们承认未知是无限的，那么任何关于未来的"客观规律"，本身就是思想家的一种构建。从这个角度讲，正是思想的批判，构建了我们认知的世界。因此，任何时候，思想不能停滞，不能僵化。

今天，中华民族从站起来、富起来走向强起来。这是一个历史悠久、文明绍继、多灾多难、心怀光明的民族，古老文明和现代国家一体。放眼寰球，绝无仅有。

中国人以自身的经验证明，现代化不只有一条路，一个民族是可以既不丧失自我又完成现代化崛起的。这是当下中国的自信心最为重要的来源，也向世界昭示，中华文明在四大文明古国中孑然独存，有着深刻的历史逻辑。

党的十八大以来，反腐与改革力度空前，开辟了中国未来全新的可能。我们对那些具有雄才大略、勇于破除障碍、推动国家向前的政治家怀着深深敬意，同时也坚信，思想上的变革是这个国家变革的先导与巨大驱动力。

今天，我们比历史上任何时期都更接近、更有信心和能力实现中华民族伟大复兴的目标。

每一个中国人，都应该珍惜今天，并为了这个国家的明天而奋斗。

这本书里藏着的，是《南风窗》献给共和国 70 周年的一腔赤诚。

目 录

序　言　思想改变中国 …………………………………………… 1

第一章　最后一个古文明的危机

1. 从未面对的别样蛮夷 ……………………………………… 009
2. 两次鸦片战争 ………………………………………………… 012
3. 衰落的"国祚"和太平天国的鞭子 ……………………… 017
4. 第二次鸦片战争及其后果 ………………………………… 024
5. 清朝的"改革开放" ………………………………………… 030
6. 微光与熄灭 …………………………………………………… 038
7. 南海康先生 …………………………………………………… 045
8. 革命与民族 …………………………………………………… 052
9. 改造我们的文化 ……………………………………………… 055
10. 180 年的工业自强 ………………………………………… 061

第二章 为什么共产党能赢

1. 制度移植的失败和新型政党的出现……073
2. 被羞辱的"站起来"及对世界的重新认识……080
3. 马克思主义降临……085
4. 民族工商业的死与生……091
5. 打通基层：土豪劣绅是怎么回事……099
6. 马克思主义中国化……106
7. 星星之火，可以燎原：共产党的适应性和灵活性……112
8. 重回大国……117
9. 这次不是简单的政权更迭……123

第三章 对中国道路的艰难探索

1. 重建历史连续性……136
2. 决不当李自成……143
3. 反思苏联模式……151
4. 重温《关于建国以来党的若干历史问题的决议》……162
5. 把经济搞活……168
6. 超大规模性的视角……174

第四章 中国经济的崛起

1. 中国人,中国禀赋 …… 183
2. "军工溢出",激情时代的遗产 …… 190
3. 雁行之下的"中国制造" …… 197
4. "大国重器"的国家使命 …… 203
5. 一线城市,积聚中国生产力 …… 209
6. 伟大的特区试验 …… 216
7. 民企崛起的"政治经济学" …… 222
8. 合资故事,大国的经济自信 …… 228
9. 大国市场是自主创新的凭借 …… 236
10. 互联网,中国新动力 …… 242

第五章 百年未有之大变局

1. 重回历史:理解中国"国家独特性" …… 253
2. 何谓百年未有之大变局 …… 269
3. 梦想升华:超越救亡图存 …… 279
4. 中国未来的全球化新动力 …… 290
5. 回应变局:大国的担当 …… 297

后 记 …… 305

第一章

最后一个古文明的危机

"打扫干净屋子再请客。"1949年2月,在西柏坡谈到中国的外交政策时,毛泽东主席打了一个非常生活化的比喻。

时光令人唏嘘。

这句话背后,是100多年被动挨打、不由自主、忍欺受辱的历史,客去客来,由客人自己说了算,而且这些客人都不那么友好。100多年里——乾隆以后和毛泽东之前,没有任何人有底气说这句话。

特别是从1840年第一次鸦片战争,中国第一次遭受帝国主义的军事侵略,一直到1949年中华人民共和国成立,"你方唱罢我登场"的中国政权,都是吊线的傀儡,无一例外。

历史就摆在那里,由不得人们不承认。

中国真正摆脱外部势力的控制,完全实现独立自主,是从彻底的革命起步的。而彻底的革命,只有中国共产党领导着全国人民去实现。只有在新中国成立以后,国家的决策,才不再受任何帝国主义势力的左右。

中国的国门,从19世纪以来就已经逐步洞开。逐步的意思,是每挨一次打,就多开放一点。

唯有1978年开始的开放,是自1840年以来,中国第一次完全独立自主的开放,中国人绝对按照自己的意愿和规划,去建造富强的国家。而同步的改革,则是以富强的国家为目标,为了实现这一目标而不断进行制度上的自我调整和适应,这种制度变革,是中国人说了算的。

在今天,这是个常识,主权国家的内政,当然由主权国家的人民和他们所承认的政府说了算。但历史不是童话,它从来不承担保护一部分人的童真这一任务。

我们今天就要来回顾历史。

70年的中华人民共和国史,波澜壮阔,大气磅礴,它是180年自强史、革命史的一个组成部分。不理解后者,就无法完全理解前者。所以我们要追溯 180 年，从那"数千年未有之大变局"说起。

从一个传说中的细节开始。

在太平天国运动的末期，太平军节节败退，湘军淮军步步进逼。中兴四大名臣"曾左胡彭"之一的胡林翼，眼观战局，喜气洋洋。"此时长江上驶来几艘洋轮船，汽笛声突然响起，胡林翼突然晕倒了。"①

如果你看过梅尔·吉布森执导的电影《启示》，就会联想到电影最后的画面：当玛雅文明的后代同时也是"野蛮人"的主人公斗智斗勇战胜其他部落的欺凌，救出妻儿踏上新旅程时，他在海边看到了来自西方的帆船队伍，面露忧思。

玛雅文明的后裔和中华文明的后裔，尽管文明发展程度不同，但面对的是同一种威胁——工业革命带来的资本主义世界体系的扩张。对于前资本主义时代的文明而言，当你望到那从未见过的帆船——后来是轮船、铁甲舰，这就意味着，你熟悉的生活结束了，你的灾难降临了。

玛雅文明和中华文明不在同一个发展层次，但它们有一个共同点，就是没有或者未能早于欧洲发明蒸汽机。

蒸汽机的改良，代表技术以及技术在社会生产中的应用。它极大地提高了生产力，随之而来的是重商主义、自由贸易，以及在此基础上发展起来的一整套社会政治理念和意识形态价值。

归根结底，蒸汽机定义了文明，所以在掌握它的人眼中，但凡在此之前的人类文明成果，都不再是文明，而是野蛮或者半野蛮。四大文明古国，已经失落了三个，唯有中国硕果仅存，但在 19 世纪，蒸汽机广泛应用之后，这最后一个，也面临着"屠龙"之虞。如果胡林翼晕倒的传说属实，那么他看到的就是这一点。

后来，1874 年，李鸿章上书同治皇帝，说到"数千年未有之大变局"，尽管上书是为了争取财政支持，但这句话里饱含的文明忧思也跃然纸上，被后

---

① 张鸣：《重说中国近代史》，中国致公出版社，2013 年。

世一再提起。

这是个什么变局？它又怎样威胁中华文明？

梁漱溟是中华文明在现代最坚决的捍卫者之一，他认为，如果中国不与西方接触，那么再走三五百年甚至一千年，"亦断不会有这些轮船火车、飞行艇、科学方法和德谟克拉西产生出来，它将永此终古"。[①]

梁先生是对的，可惜前提是假设性的。当时的中国当然不希望与西方接触——事实也是如此，但西方必须与中国接触。

之所以说是必须，是因为在蒸汽机改良之前，有一种叫作"资本主义"的制度已经诞生，它最突出的特性，就是自我扩展。当资本掌握了对社会的支配权之后，它就会自我繁殖和扩展，一切都不以人的意志为转移——这是它天然的侵略性。

逻辑其实很简单。农业时代的人类，生产活动依赖的是畜力，牛马也要休息，"又要马儿跑，又要马儿不吃草"是做不到的，这是常识。

然而有没有想过，机器可以代替牛马？

1776年，英国人瓦特改良出一台有实用价值的蒸汽机，整个生产和作息的模式就都被颠覆了。"又要马儿跑，又要马儿不吃草"变成现实，新出现的动力系统，不需要休息，只要你保障它的燃料供应，它就可以一刻不休地为你工作。

这是个颠覆性的发现。颠覆了什么呢？人对自然规律的遵循。

以前人的生活都是根据自然规律来安排的，中国的历法，立春、雨水、惊蛰、春分……春种夏长秋收冬藏，自然让我们干什么，我们就干什么。现在不一样了，有了另一种动力，它不分黑夜白天，春夏秋冬，都可以干同一件事——制造。它把许多人集中起来，在同一个老板的指挥下，生产同一个东西，制造、制造……

人类的麻烦（也叫作进步）从此产生了。我们改造甚至支配自然的能力

---

① 梁漱溟：《中国文化的命运》，中信出版社，2013年。

空前地提高了，机械力的稳定使用让一大堆人可以不受自然限制，集中在一个地方，不间断地制造同一种东西。

问题是，制造出来卖给谁？谁要？

生产能力摆在那里，它必须寻找出路。机器生产、集中劳动会降低单位产品成本，所以它会挤垮所有家庭手工业，大家都必须按照这个套路来生产，生产才有利益。

那么出路在哪里？本地区、本国的市场容纳能力不足以抵消生产能力，就只能突破地区与国界。从18世纪以来，一个有史以来最大的饕餮怪兽就产生了——资本主义全球体系。

这不是一个可以商量着来的体系，无论是侵略者还是被侵略者，都受到它的强制。总之，中国人期盼一个清明政治并在其中安安生生的日子到头了，康乾盛世，结束了。

我们必须对这个饕餮怪兽保持好奇，100多年前如此，今天也是如此。

什么是资本主义全球体系？

简单说来，就是把世界分为中心和边缘两部分，中心负责生产，边缘负责提供原料和市场。中心用很便宜的价格从边缘购买原料，又用很高利润的价格把成品卖给边缘。

所以，它必须维持一个基本结构——中心的范围比较小，而边缘的范围很大并且不断扩大。它就像一个金字塔，用多数人利益的受损来满足少数人的财富贪婪。

中国人以前也建立过一个区域性的世界体系，叫"天下体系"，也叫"朝贡体系"，它也是"中心—边缘"二元结构的，但这个体系和资本主义世界体系截然相反。

朝贡体系是内敛的，我就在那里，光华灿烂，你看到了光就跟着它走进来。由此发展出来的贸易体系，也主要以官方形式往来，你带一点稀奇古怪的东西过来，我收下了，回馈你价值更高甚至高出数倍的礼物。

资本主义世界体系是侵入性的，不管什么固有秩序、文化伦理，只要求自由贸易——当然，这是因为中心国家确信自由贸易必然是自己占上风，但现实证明未必。一旦它在自由贸易中无法居于优势地位，它就会采取其他方式。

中心国家是内部持续"熵增大"的，如果不向外扩展，就要自我爆炸，过剩危机和金融危机即刻降临，所以它必须进入和输出，不容商量。

中国有一种东西是举世所无的，它叫茶叶。18世纪，欧洲人刮起了中国风，兴起了"中国趣味"，丝绸、瓷器都不说了，仅茶叶一项，在18世纪的欧洲很快就从少数人的奢侈品变成了大众必需品。所以他们必须源源不断地购买中国茶叶，而按照贸易平衡的道理，他们应该向中国同等地输出产品。

问题是，中国人不需要他们的产品。

这个小农经济组成的社会，一直是自给自足的。身上衣口中食以及日常使用，都是自己生产，最多就是小范围交换。19世纪的西方霸主英国运来的刀叉餐具、钢琴乐器，对中国人而言毫无用处，作为他们的强项的毛织品和棉布，因为一口通商的广州天气太热，也基本没有多少销路——这是日本京都学派史学家宫崎市定所指出的。[①]

对于一个重商主义国家而言，这真的非常落寞，也不可忍受。

所以英国人有两条路要走，一是从广州往北，打开毛和棉的销路，二是用一切办法扭转贸易逆差。

为了扭转贸易逆差，他们就出了损招——鸦片贸易。马克思说，"鸦片贸易一直是约翰牛用铅心骰子进行的一场赌博"。

一方面，鸦片贸易本身会平衡国际收支；另一方面，鸦片贸易引发的战争，增加了通商口岸，从一口通商到五口通商，从广州到广州、上海、厦门、宁波、福州。其他都是陪衬，唯有上海非常关键，这个长江的出海口城市，从一个县城一跃成为国际贸易都会，取代了广州的位置。

拿下了上海，英国的毛衣棉衣就可以卖出去了，同时溯长江而上，直至

---

① （日）宫崎市定：《中国史》，焦堃，瞿柘如，译，浙江人民出版社，2015年。

武汉，慢慢都成了它的势力范围。

18世纪末，马嘎尔尼到北京见乾隆皇帝，就是为了自由贸易。

乾隆的父亲雍正搞了个一口通商，只能在广州进行对外贸易。英国人受不了，因为他们的毛衣棉衣在亚热带卖不出去。所以他们组了个使团进京"面圣"，冀望乾隆放开一点。

跪还是不跪，在后来看去都是小节，结果最重要：乾隆对于所有要求一概拒绝。

这个时候的中国还是有底气的，不是因为我们还很强，而是因为对手还比较弱，也不清楚我们的底细。1816年，英国再次派阿美士德率团来华的时候，他们就发现了清朝的落后与虚弱。

50年后，当英国发动鸦片战争时，英国已经不是马嘎尔尼时代的英国。一方面，蒸汽机广泛应用、工业遍地开花，近代科技发展，它的远洋军事实力今非昔比；另一方面，国内过剩严重，白银外流导致的金融紧张，已经让它必须放手一搏。

一打起来，中国就"栽了"。"数千年未有之大变局"就开启了。

这一仗，英国人是看中了中国这个有4亿人口的市场，但这个市场很大程度上是想象出来的，即市场容量其实是"设想的需求"。

还是马克思指出的："设想的需求大多是根据新市场的大小、当地人口的多寡，以及某些重要的口岸外货销售的情况等表面资料推算出来的。"马克思接着说，当这种推算与实际不相符时，基于扩大贸易地域的商人们就极易于把自己的失望归咎于野蛮政府所设置的人为障碍在作梗，因此可以用强力清除这些障碍。①

强力于是继续上场。当然，就贸易方面而论，还是不太管用，我们后面会详细说到，为什么中国人不需要那些东西。别人是不会理会这种逻辑的，他们事实上也是身不由己，生产力的发展决定了这种全球冒险必须继续深化。

---

① 《对华贸易》，载《马克思恩格斯论中国》，人民出版社，2018年。

反正，就这样打起来了。

一打起来，就让中国人发现了自己的脆弱，各种因素决定了自己肯定打不赢一场面对西方人的战争。这种历史性的不自信，一直延续百年，直到蒋介石面对作为西方人的变体的日本人侵占东北的行动时，仍然是本能地继续退让。

后面很多精彩、痛心同时也让人激愤以及奋起的故事，就从这里开始了。

1. 从未面对的别样蛮夷

在美国历史学家彭慕兰看来，在18世纪清朝的"繁荣时期"，中国人的平均生活水平可能比西欧还高。当时江南地区的农业生产力，是世界上最高的。

然而，这一切都随着18—19世纪更迭之际的"大分流"而改变，西方随后远远把中国甩到了后面。

这事实上是我们的近代史叙述的大背景。尽管在彭慕兰2000年出版那本大名鼎鼎的《大分流》之前，人们没有使用"大分流"的概念，但在那个时间段里西方崛起而东方衰落，是一个一致的判断。在所谓"大分流"之前，中国处于"康雍乾盛世"，这一"繁荣时期"的结束，同时是苦难的起点。

乾隆皇帝在1757年宣布，广州是清帝国唯一对西方开放贸易的港口。朝廷支持一种从1745年左右在广州开始的商人担保制度，每一艘前来贸易的西方商船均须由一个中国商行担保与监督。"番人"一年里可以到访中国的时间、抵达之后的居住地和活动范围，以及贸易的对象都被严格限制，同时禁止外国商人携带妻子和子女随同前来。

从这被称为"广州体系"的贸易安排中，我们可以看到一组矛盾——西方对贸易的急切和清朝对贸易的限制。

18世纪的欧洲，兴起广泛的"中国情趣"，以茶叶、丝绸、瓷器为代表的东方生活方式渗透于社会，需求带来了对贸易的执着。而此时的中国在对外关系的意识上还停留于朝贡体系，中国的"天子"自秦始皇以来就是天下共主，率土之滨，莫非王臣，没有任何主体可以和他对等。所以中国没有专门负责对外商务的部门，也没有专门负责外事的部门，一直以来以官方形式开展的所谓贸易，其实都是朝贡，由礼部接待。

乾隆末期，世界已经走到了这样一个时刻：1776年瓦特改良了蒸汽机，随后数十年在生产领域的应用，极大提高了生产能力，作为资本主义世界体系扩展的象征的贸易就成为不可遏止的冲动。但此时中国的制度和文化，对贸易仍然是抗拒的。

冲突必然发生。前来贸易的西方商人并不是孤立的个人，而是代表着一种社会发展机制，他们的背后，就会有国家权力的背书。马嘎尔尼在1793年到访北京，其目的就在于以国家的角色为贸易开拓空间。

乾隆皇帝在当时仍然有足够的底气予以拒绝。拒绝的原因经常归结于礼仪之争，即要不要三跪九叩的问题，自那以后"Kowtow"这个反映中国人保守、愚昧的英文单词就诞生了。然而背后真正的原因是，清朝还不了解自己面对的是一群什么样的"蛮夷"，他们和过去的"蛮夷"有什么区别。

区别在于，这群新的"蛮夷"，尽管表面上彬彬有礼，事实上却没有退路。中国不需要贸易，但英国以贸易立国，因此他们的目的必须实现，为此可以采取任何手段。后来被称为理想主义者的美国总统伍德罗·威尔逊，1907年在哥伦比亚大学演讲时把这种关系描述得非常清楚也非常赤裸裸：

> 由于贸易无视国家的界限，而生产厂商却坚持将全球视为一个完整的市场，他的国家的旗帜必须跟随他，而那些对它紧闭的国门，必然会被撞开。对金融家的让步，必然要由国务部长保驾护航，即便在这一过程中会侵犯不情愿国家的主权。必须要获取或根植殖民地，以保证世界上没有任何有用的角落有可能被忽略或遗弃不用。

这是一群人格化了的资本，他们对国门开放的要求不但不受清朝的意愿制约，甚至也不受他们自身的道德意识和主观意志制约。早在十六七世纪，葡萄牙人、西班牙人、荷兰人、英国人、法国人对美洲印第安人、非洲黑人、印度人、印度尼西亚人、菲律宾人所实行的那些血淋淋的行为，已经证明了这一点。

专门研究基督教的威·豪伊特说："所谓的基督教人种在世界各地对他们所能奴役的一切民族所采取的野蛮和残酷的暴行，是世界历史上任何时期、任何野蛮愚昧和残暴无耻的人种都无法比拟的。"

而所有这些残酷的殖民历史，都为他们积累了新的能力。在数百年间，他们也经历了权力的此消彼长，世界贸易的控制权已经转到了英国人、法国人手上。此前清朝尚有能力限制葡萄牙人、西班牙人和荷兰人，但对英国人、法国人的扩张，已经无能为力。

对于清朝而言，英国人、法国人是从未面对过的别样的"蛮夷"。

作为一个外族政权，清朝非常清楚自己曾经也是汉文化意义上的蛮夷，因此对于蛮夷的定义可谓有深入骨髓的理解。

过去的蛮夷，都以武力劫掠、抢占土地、财富、人口为主要目标，实力强大的则推翻中原政权取而代之。在过去的历史上，只要许诺一定范围的互市，甚至输纳一定数额的"岁币"，就可以实现"羁縻"，保持和平共存。

而现在出现的这些不知来自何处的"番人"，却主要在贸易问题上软硬兼施，似乎对领土没有特别大的兴趣，贸易才是根本所指，有限范围的互市无法满足他们的胃口，完全的国门洞开才是他们的目的。

清朝政权和过去的帝制时代政权一样，都是建立在小农经济基础上，国门洞开意味着其意识形态合法性将无法获得社会结构的保护，事实上也就意味着政权的逐步崩解，因此这是清朝本能上无法接受的。

正如马克思的分析："与外界完全隔绝曾是保存旧中国的首要条件，而当这种隔绝状态通过英国而为暴力所打破的时候，接踵而来的必然是解体的过程，正如小心保存在密闭棺材里的木乃伊一接触新鲜空气便必然要解体一样。"①

2. 两次鸦片战争

马嘎尔尼北上之时，中英的贸易已经有了一定程度的发育，除了一般商品贸易之外，鸦片贸易也以灰色方式进行着，而后者之所以进行，很大程度上是因为一般商品贸易无法在中国打开市场。

无法打开市场的原因，是中国人习以为常的小农经济。1852年英国官员米切尔写信给乔治·文翰爵士，就详细分析了中国的小农经济和国际贸易之间的格格不入。

> 中国人的习惯是这样节俭、这样因循守旧，甚至他们穿的衣服都完全是他们祖先所穿过的。这就是说，他们除了必不可少的以外，不论卖给他们的东西多么便宜，他们一概不要。一个靠劳动为生的中国人，一件新衣至少要穿上三年，而且在这个期间还要能经得住干最粗的粗活时的磨损，不然他们是添置不起的。而像那样的衣服所用的棉花，至少要相当于我们运到中国去的最重的棉织品所用棉花重量的三倍，换句话说，它的重量必须相当于我们能运到中国去的最重的粗斜纹布和平布重量的三倍。②

小农经济与家庭工业的结合，使得中国人可以自给自足。他们的家庭小手工业因为是在农闲或者农余时间进行，这些时间里他们闲着也是闲着，副业甚至就是一种填补生活空白的需要，因此也就没有人工成本的概念。

这和资本主义生产方式对投入与产出的精密计算以及低成本即可抢占市场的信念相违背。米切尔对此的解释非常详细：

---

① 《中国革命和欧洲革命》，载《马克思恩格斯论中国》，人民出版社，2018年。
② 同上。

当收获完毕后,农家所有的人手,不分老少,都一齐去梳棉、纺纱和织布;他们就用这种家庭自织的料子,即粗重而结实、可以经得起两三年粗穿的布料,来缝制自己的衣服;而将余下来的拿到附近城镇去卖,城镇的小店老板就把这种土布买来供给城镇居民及河上居民的需要。这个国家十分之九的人都穿这种手织的衣料,其质地各不相同,从最粗的粗布到最细的紫花布都有,但都是在农家生产出来的,生产者所用的成本简直只有原料的价值,或者说得更恰当些,只有他交换原料所用的糖的价值,而糖又是他自己的产品。我们的工厂主只要稍稍思索一下这种制度的令人赞叹的节俭性,以及它与农民其他活路的可以说是巧妙的穿插配合,那么就会一目了然,就较粗的织造品而论,他们是没有任何希望与之竞争的。每一个富裕的农家都有织布机,世界各国中也许只有中国有这个特点。在其他各国,人们只限于梳棉和纺纱,生产过程至此为止,而把纺成的棉纱送交专门的纺织工去织成布匹。只有节俭的中国人才把全部工作做到底。中国人不但梳棉和纺纱,而且还依靠自己的妻女和佣工的帮助自己织布;他的生产并不以仅仅供给自己家庭的需要为限,而且是以生产一定数量的布匹供应附近城镇及河上居民作为他那一季工作的一个主要部分。

因此,福建的农民不单单是一个农民,他是庄稼汉又兼工业生产者。他生产这样的布匹,除原料的成本外,简直不费分文。如前所说,他是在自己的家里经自己的妻女和佣工的手而生产这种布匹的;既不要额外的劳力,又不费特别的时间。在他的庄稼正在生长时,在收获完毕以后,以及在无法进行户外劳动的雨天,他就使他手下的人们纺纱织布。总之,一年到头一有可利用的空余时间,这个勤于家庭劳动的人就去从事他的副业,生产一些有用的东西。①

---

① 《中国革命和欧洲革命》,载《马克思恩格斯论中国》,人民出版社,2018年。

英国人对于中国这个"庞大市场",是根据他们自身习惯的逻辑想象出来的。

前面提到,宫崎市定更加简洁地指出过这一矛盾:西方人试图卖给中国人刀叉和钢琴,并且试图在地处亚热带的广州销售毛衣和纺织品,结果令他们非常失望。然而英国国内对中国产品的需求则是刚性的,一开始,丝绸、瓷器、香料、药草,尤其是茶叶,都是奢侈品,但英国社会习惯之后,就在18世纪转为了生活必需品。美国历史学家罗威廉指出,中国茶像野火一般在英国国内市场流行起来,从一个不为人知的饮料,发展为占19世纪英国家庭年平均收入5%的支出。东印度公司从中国进口的茶叶以倍数增长,从17世纪晚期约每年200磅,到几十年后约40万磅,再到19世纪初期的2800万磅。"对于崇尚重商主义的英国来说,问题就在于如何支付这些茶叶。"①

在矛盾推动下,英国人唯一的选择就是拓展鸦片贸易,因为这是一种一旦接触就无法抗拒的商品,并且它的成瘾性会让需求循环增加。

此时的英国,在印度殖民地种植鸦片,把货物运到中国非常便利。鸦片最早在唐代由阿拉伯传入中国,但中国传统上主要用于医药。被作为娱乐性毒品使用的鸦片是由东印度公司推动的,它在南亚种植的鸦片很快取代棉花成为输往中国的主要产品。

从18世纪晚期到19世纪早期,自广州输入的鸦片数量增加了10倍。到了道光初年,已有多达六分之一的英国王室税收来自中国贸易,如果没有关键商品鸦片的贩卖,这一贸易早已崩溃。所以尽管一些有良知的商人意识到这样做的罪恶性,传教士也时有谴责——比如亚历山大·马地臣就从其参与创建的怡和洋行辞职,不愿继续在中国推广毒品——但英国政府已经别无选择。

如果触动了这一利益,唯一的结果就是战争,而清朝政府的决定马上就要触动这一利益。

尽管鸦片贸易已经在事实上进行,但清朝政府并未承认其合法性。雍正

---

① (美)罗威廉:《哈佛中国史·最后的中华帝国:大清》,李仁渊,张远,译,中信出版社,2016年。

时期就禁止贩卖和使用鸦片,即便是道光帝也未曾在鸦片贸易合法化问题上松口,鸦片贸易的事实上合法化是在咸丰八年对其征税开始的。

第一次鸦片战争前夕,据估计中国有十分之一的人口吸食鸦片上瘾,士人军队尤为严重,已经影响到军队的效能。而鸦片泛滥带来的最大麻烦是贸易失衡,白银外流,国内物价飞涨,财政金融体系面临巨大威胁。

经过了政权上层一场激烈的辩论之后,道光帝决定强力禁止鸦片贸易,把立场强硬的官员林则徐派到了广州。

第一次鸦片战争在毒品贸易的冲突下最后打响。

"苟利国家生死以,岂因祸福避趋之。"林则徐是一个有鲜明的道德立场和传统士大夫情结的知识分子。在销毁鸦片的同时,他在广东进行了严密的布防,以战争准备宣示禁烟的绝对决心。但英国人并未在广东过度纠缠,而是沿着海岸线挥师北上,进入长江,占领上海、镇江,直逼南京。英国人在付出伤亡上百人的代价后拿下镇江,等于掐住了京杭大运河的咽喉。

京杭大运河是明清两代的经济动脉。1415年,为了避开倭寇骚扰,明朝停止了海运,所有货物流动均走漕运。其中京杭大运河一般占据运输总量的四分之三,全国大部分的商业中心也集中在运河沿岸。清朝继承了这一运输格局,一直持续到鸦片战争期间。所以长江下游一被攻击,清朝很快就丧失了抵抗意志,提出议和。

1842年,《南京条约》签订,除了割地(香港岛)、赔款(2100万银圆),还要增加通商口岸,从原来的广州一口通商,变为广州、厦门、福州、宁波、上海"五口通商"。

英国人的目的达到了,他们不但拥有了一块完全控制的殖民地,可以作为商业和军事的桥头堡,而且成功地把贸易前沿推进到长江下游,这样既利于他们的产品销售,也能更便捷地收购中国的茶叶、丝绸等物产。由于在上海能收购到的物产远比广州丰富,价格也更便宜,欧美各国随后纷纷将对华贸易的据点移往此地,上海由此从一个名不见经传的小县,一举超越广州成为中国最开放的城市。

英国发动战争是为了扭转贸易逆差，扩大其产品（主要是鸦片）在中国的销售。一段时间里，确实发生了白银回流的状况，但好景不长，顺差很快又被逆转。基于同样的目的，1856年英国借口"亚罗号"事件，联合法国发动了第二次鸦片战争。

两次鸦片战争，在前后十几年间发生，它们在逻辑上是一致的，事实上是两场白银战争，是西方工业国家以军事为经济利益开路的典型案例。

第二次鸦片战争之前的马克思，正在英国伦敦，他为美国的《纽约每日论坛报》撰写了一系列时事分析文章，主要涉及的就是英国和中国的贸易和军事冲突背后的逻辑。他言简意赅地指出了两次鸦片战争的金融根源：

> 在较早的时期，在美洲发现白银以后，甚至在葡萄牙在印度建立领地以后，欧洲向亚洲输出白银还不怎么能觉察到。到17世纪初，荷兰人以及后来的英国人扩大了同东亚的贸易，这种金属的需要量才增加，但真正大量增加则是从18世纪英国茶叶的消费迅速增长以后，因为英国人为购买中国茶叶汇去的几乎完全是白银。到18世纪后期，白银从欧洲向东亚的外流已经达到很大的规模，乃至吸收掉很大一部分从美洲输入的白银。
>
> 亚洲和西方之间的白银流通，随着贸易差额的变动，有过互相交替的高潮时期与低潮时期。但是总的来说，这个世界性运动的历史大致可分为三个时期：第一个时期从17世纪起到1830年左右，第二个时期从1831年到1848年，最后一个时期从1849年到现在（1856年）。在第一个时期，向亚洲输出的白银，总的来说是增加的。在第二个时期，这种输出逐渐减少，直到最后出现回流，亚洲第一次把它在几乎两个半世纪内吸收去的财宝的一部分源源输还欧洲。在第三个时期，——目前仍然是这个时期的上升阶段——情况又变回去

了，亚洲以空前的规模吸收着白银。①

战争的开始，都需要一些堂皇的借口，比如销毁鸦片破坏贸易规则、"亚罗号"事件中国士兵侮辱英国国旗……但最根本的事实则是，在"自由贸易"中，只能强者获益，为了获益可以采取任何不道德的手段。如果你妨碍我获益，或者客观上我无法获益，我就对你动武。

中国人所认识的强权世界，从两次鸦片战争开始。对于世界究竟是不是绝对的丛林社会，后来者一直还是心存幻想，洋务派、维新派、革命派都对西方社会制度和意识形态有一定的玫瑰色想象。

直到第一次世界大战之后，中国社会还对威尔逊抱以"公理战胜强权"的期待——在这最后的一次期待破灭之后，中国人才真正彻底觉醒。

3. 衰落的"国祚"和太平天国的鞭子

中国近代史是一部耻辱史，而这部耻辱史是从道光时代开始的。清朝皇帝的气质变化，也从道光开始。

过去的皇帝一般杀伐决断，说一不二，但自道光以来，就变得左右摇移，立场非常不坚定。一时要战，一时要和，民族主义、改良主义和投降主义、逃跑主义交叉上演。

道光时期，是清朝"国祚"衰退开始表面化的时期。清朝统治者入关100多年后通过军事征服、文化融入、意识形态控制、对士人阶层的收买与"感化"以及政权建设而树立起来的统治合法性，从道光起进入了瓦解过程。这个过程是在与外部世界的互动中展开的，一步一步越发深入和艰难的互动，使得中国朝野建立于文化优越性基础上的自信心逐步崩溃。

面对英国人时，道光帝在战和之间反反复复，摇摆不定，这样的高层立

---

① 《欧洲的金融危机。——货币流通史片段》，载《马克思恩格斯论中国》，人民出版社，2018年。

场，严重影响军队士气。然而道光其实还不算一个坏皇帝。一般而言，历史上以"宣宗"为庙号的皇帝，大多并非昏聩无能之主。

1813年（嘉庆十八年），李文成、林清率领100多名天理教教徒，在内线太监接应下从隆宗门攻入紫禁城，当时的皇太子、后来的道光帝爱新觉罗·旻宁手持火铳，当场打死两名造反教众。这时的道光可谓英气勃发，年富力强的他喜爱西洋火枪，据说他第一次见到西洋人进贡的火枪就感慨万端，思考中国人何时才能制造出如此精致的产品。

把国势衰弱归咎于某几个皇帝或少数高层统治者，这样的思维既简单幼稚也没有任何意义。这个时代的中国，已经在"李约瑟难题"的笼罩之下，在西方近代科技优势的压迫之下喘不过气来。

而就在科学技术、社会制度、国家能力方面逐步倒转的过程中，中国反而越发封闭起来，对外部世界的认识、感知越来越稀缺。明朝的时候利玛窦就已经把世界地图和地球仪带到了中国，也有部分中国人了解了这些地理学知识。但是到了清朝，其开放程度比明朝大幅倒退，在与外界的科技交流、从外部引进先进技术方面大不如前。乾隆时，当英国使团出现在眼前时，几乎没有人知道英国在哪里。

第一次鸦片战争前夕，中国人还认为西洋人没有膝盖，腿是直的，所以只要突破火力范围进行近身搏击，把他们打倒在地他们就爬不起来了。由于西洋人对中国茶叶需求量越来越大，另一个说法也流传开来，即西洋人吃牛肉粉为生，如果没有中国的茶叶或大黄，他们就会因大便不通而胀死，因此只要不卖给他们茶叶和大黄，就可以不战而胜。

此类在今天看来十分可笑的"知识"，在当时却是举国共享的，就连第一个开眼看世界的士大夫林则徐，一开始也对此深信不疑。

如果中国还能维持着传统的区域性朝贡体系格局，不必与更大的世界交流，那么这种对外域的无知以及在生产方式、科技发展方面的落后并不会对文明生存产生恶果。正如梁漱溟先生所说，如果中国不与西方接触，"它将永此终古"。

然而问题正在于西方的蒸汽动力舰船已经开到了家门口。那些来往于广州的商人，连接着万里之外的工业生产，而在那被称为"资本主义"的社会，资本的自我循环、增殖与扩张是不以人的意志为转移的运行机制，一个个商人，事实上是"人格化的资本"。

这个时候的英国，机器生产已经逐渐普及，取代了封建时代的手工业和资本主义萌芽期的工场手工业。蒸汽动力的机器是高效的、不停歇的，这就带来了两个结果。一是维系这种新的生产方式，需要更广阔的原材料来源和更大的商品销售市场；二是机器的高效率积累了更多的剩余价值，而这部分剩余，作为新的资本投入生产，也迫切需要寻找新的出路。

正如大卫·哈维的分析，"如果他们不能找到它的出路，那么他们就会陷入麻烦之中"。在英国国内，凡勃伦所说的"有闲阶级"迅速扩大，资产者通过雇用更多的仆役来消耗剩余并向社会释放购买力，同时服务于机器生产的机器制造、基础设施建设、能源开掘等行业也在迅速扩大。然而这还远远不足以抵消机器加入资本主义生产体系之后带来的生产力膨胀。

一言以蔽之，马克思说："工厂制度的巨大的跳跃式的扩展能力和它对世界市场的依赖，必然造成热病似的生产，并随之造成市场商品充斥，而当市场收缩时，就出现瘫痪状态。"瘫痪是资本主义最可怕的状态，怎么办呢？唯一的出路就是，通过地理和时间的转移，来解决资本剩余的处置问题，在资本主义生产方式中这是一种社会必需。于是，"从1833年起，靠'毁灭人种'的办法扩大亚洲市场"。①

这个"毁灭人种"的办法，就是鸦片贸易。

要真正理解中国近代史，就必须把它放到比我们快一拍的西方现代史的视域下去打量，这是无法回避的。先进、落后、胜利、失败，都与当时客观的大历史条件息息相关。

资本主义是一个天生的进攻型机制，而传统的中国文明则是防卫型的。

---

① （德）马克思：《资本论》，郭大力，王亚南，译，上海三联书店，2018年。

过去的防卫有效,建基于冷兵器战争的背景,而现在打上门来的新的"蛮夷",是以机械动力和火器武装起来的。作为"数千年未有之大变局"的开局一战,第一次鸦片战争让清朝一败涂地,清帝国第一次向"蛮夷"低头,签下城下之盟。

外因推动着内因起作用,内患由此而生。

我们再次回首马嘎尔尼对北京的访问,当时提出的要求也是开放广州以北的更多港口。乾隆皇帝拒绝了所有要求。不仅是因为礼仪问题,还有现实考虑——担心突然的路线更改,会让传统的南北货物运输线上产生大量失业者。当时只开放广州一港,中国的物资由北向南,不仅要经历长距离运输,而且必须越过五岭的天然障碍才能抵达广州。这种低效率的物资移动需要大量劳动力,可以给运输业提供岗位。如果开放港口北移,省去运送劳力,其利益就落入英国人之手。

乾隆虽已年迈,但对内部问题的认识和判断却依然清醒。宫崎市定指出,开放的港口北移,的确产生了严重的失业,而且动摇了清朝国本——太平天国运动正是根据《南京条约》开放上海之后的畸变恶果。

> 因上海开港,内地物资通过更短的距离由外国船运来,单说这点,中国的劳动力产生剩余,也是显而易见的道理。同时,外国物资运往中国内地的路线也发生了很大变动,难免出现之前繁荣的路线骤然沉寂的现象。其中损失最大的是从广东经广西,再由湖南到长江的路线,特别是因为该路线是将广州卸货的鸦片运往中国内地的要道。因为鸦片是贵重商品,一般路线不便运输,因此偏僻山道恰可避开官府耳目,反而很方便。
>
> 可是,与其他贸易品一样,鸦片卸货的港口由广州移往上海,造成的是广西湖南线路鸦片商人的失业。说产生了严重结果,是因走私商人原本就多为失业者,善意而言,也可以说他们是失业保险金的领取者。此番失业,意味着无法再领失业保险金。失业者又失

业，他们到底何去何从？除了暴动叛乱，别无出路。①

一批愤怒的游民，在一个四试不第的愤怒的草根领袖洪秀全带领下，揭竿而起。正是沿着他们最熟悉的广东、广西、湖南再到长江的传统货运线路，一路杀去。历时14年，席卷大半个中国，创建新的国号，并定都天京（南京）。

祸不单行，由于马克思所说的"最后一个时期"——1849年到1856年，白银再次回流中国，英国和法国发动了第二次鸦片战争。联军打到北京城，放火烧毁了圆明园，咸丰皇帝仓皇"北狩"，分别与英法俄签订《北京条约》。

由于太平天国打着"拜上帝会"的旗号，自称与西方人有着共同的宗教信仰，将他们引为"兄弟"，对西方国家资产富集的上海也没有发动真正有效的攻击，所以前期西方国家对太平天国运动一直持观望态度。《北京条约》签订以后，西方国家基本确认了一个逻辑，那就是维持腐朽的清朝政府的统治最为符合自身利益，只有这样才可以对中国予取予求——这一立场一直持续到清政府被革命推翻。于是他们和清政府联合起来，一同对太平天国发起了围剿。

清朝在合作围剿中，看到西方武器的威力，士大夫深受震撼，同时也产生深刻的忧思。

本书开头提到的胡林翼"突然晕倒"的故事，反映的正是这一现实。太平天国的军队，其思想武装或曰控制工具，虽然是被歪曲的基督教思想，但这的确让他们对洋人以及他们的器物持有比清政府系统内部更为开放的态度。这支军队在前期和中期表现出来的战斗力，和他们大量使用西洋火枪密切相关。在长达14年的军事对抗中，他们的表现也推动着作为对手的清政府重新认识了西方器物，尤其是武器，并产生了态度转变。后来的自强运动，也称为洋务运动，在某种程度上正是被刺激的结果。

太平天国造成的影响还不止于此。其带有浓烈的绝对平均主义味道的《天

---

① （日）宫崎市定：《中国史》，焦堃，瞿柘如，译，浙江人民出版社，2015年。

朝田亩制度》，以及超前的主张仿效西方发展实业和改造社会制度的《资政新篇》，虽说并未真正得到有效实施，却以成文的形式给了中国知识分子以新的启发。

在革命过程中，太平天国还提出了"驱除鞑虏、恢复中华"的口号，试图从民族主义的角度进行社会动员，建立"统一战线"。我们知道，后来孙中山先生正是沿用并且完善了这一口号，用以号召共和革命。本来，这一口号应该是有煽动力的。清朝作为外族政权，合法性始终存在疑问，而当时面对西方侵略，结果都以丧权辱国告终，合法性危机正是爆发的时机。然而"拜上帝会"既纵容了太平天国领导者们的想象力，同时也限制了他们的眼光。

"拜上帝会"以基督教一神论，横扫一切民间信仰，拆毁庙宇砸碎菩萨，让贫苦人民突破思想障碍跟随起义，这对运动发展是有积极作用的。问题是，它对待儒家信仰，也采取了同样的态度，这就把自己和整个士大夫、知识分子系统对立起来。

洪秀全编造了一个非常有趣的故事——事实证明后果非常糟糕。他自称上帝次子，是耶稣的弟弟，称呼耶稣为"天兄"，称呼上帝为"天父"。因为这一特殊身份，他说自己见证过上帝召见孔丘的过程，上帝指责孔子写的书都是错误的，中国民不聊生，都是因为他的误导，把人教坏了，于是就动手把孔子暴打了一顿，打得他屁滚尿流，不断求饶。

这个瞎编乱造的故事无形中惹了大麻烦，士大夫、知识分子尊敬皇帝，但在皇帝与孔子之间，后者的地位更高——所谓"道统"，这是他们的精神信仰，存在的价值。你可以说后人对孔子的理解是错的——正如后来康有为所做的那样，但不能直接说孔子错了，这对士大夫、知识分子是一种极限侮辱。洪秀全不但这样做了，还说孔子被狠狠地揍了一顿。

人之常情，这么干谁受得了？于是我们就发现，"驱除鞑虏、恢复中华"本来应该能号召汉族士大夫、知识分子加入起义行列，但结果最后却是他们出头平定了太平天国。虽然清朝是外族政权，但它是归化儒家、尊崇儒家的，所以对于士大夫和知识分子而言，在"驱除鞑虏、恢复中华"和儒家信仰之间，他们选择了后者。

没有士大夫和知识分子参与的起义，用今天的话说是不够"高端大气上档次"的，而当我们回顾历朝历代的农民起义时，则发现这不仅仅是一个门面功夫，这些人是认同还是反对，直接决定了起义的最后结局。

太平天国的反儒家立场，之所以能激起汉族士大夫起而反对，是因为它提示了一个现实：当时中国的危机，不仅是政权危机，还是文明危机。也就是说，不但可能亡国，还可能亡天下。亡国因为亡的是异族之国，可以由他去，但亡天下是儒家文明亦即中华文明的灭亡，这是立志"为往圣继绝学"的儒生们所不能袖手旁观的。

当然，即便太平天国运动最后消灭清朝，也不见得就意味着"亡天下"，洪秀全尽管摆出彻底的反儒家姿态，但其本人却是儒家文化的产物，内心里是服膺这一个体系的。真正的"亡天下"的威胁力量，来自外部的帝国主义势力，在内部斗争中对此有了深入认识之后，这些人紧接着就成了自强运动的中坚。

对于"曾左胡彭"而言，他们的出手，是一场文化意义上的救亡运动，尽管这场运动是以器物的效仿为特征。历史是交错进展的，李泽厚把五四运动作为中国启蒙与救亡的分界线，但文化意义上的救亡，应该说从洋务运动就开始了。

我们说过，洋务运动的肇始，很大程度上是受到太平天国的刺激，它的刺激来自以下几方面。

一是"拜上帝会"，一个和儒家对立的伪意识形态，竟然可以发动半个中国，这是过去欧洲国家的在华传教活动从来不曾想象过的局面。

二是《资政新篇》里表述的虽然不曾"落地"但却系统性超前的设想，带来了制度忧思。洪仁玕这一套西式制度表述，在当时的中国是新鲜的，但对于少部分相对了解西方的中国人而言，这也已经是他们思考中西差别的知识背景。容闳造访过天京，和洪仁玕有过一番探讨，提出了一些建议，说明洪仁玕其实并不孤独——有些考虑，甚至比洋务运动之后的戊戌维新还要激进。

三是作为西洋文明的代表的器物——洋枪洋炮的威力在太平天国的采用、湘军淮军的引入以及欧洲雇佣军的演示下,造成了极强的军事、政治震撼。

从文明存续的角度,我们把这三个刺激条分缕析一下。

"拜上帝会"看上去当然就是要直接消灭儒家(尽管本意未必如此),所以汉族士大夫和知识分子就被惊扰了。

《资政新篇》对西方制度、经济和社会运作的介绍——更具现实威胁的是太平天国作为一个临时、局部的政权很有可能移植这个系统,让中国精英感受到了制度危机,而制度是保证儒家文化运作的强制力。

洋枪洋炮,以及发射洋炮的西方舰船告诉人们,意识形态、文明、制度,其实就是靠它们开路。

那么,如果我们掌握了近代(对于西方而言就是现代了)军事技术,可以对内平叛,对外御侮,就意味着制度可以保存,进而文明可以无恙。

在这种"天真"想法的驱动下,汉族精英奋起了,洋务运动开始了。

4. 第二次鸦片战争及其后果

把上一段用到的天真二字打上引号,意思是不要苛责前人,他们不是真的太过稚嫩,而是当时的政治、经济和社会环境只能允许他们做到这一步,这是历史唯物主义的视角。

洋务派在后人看来,步子迈得还不够大。"中体西用"以及在这个概念笼罩之下具化而来的"唯武器论",最后起不了多大作用,事后看来理所当然,但即便是"唯武器论",也已经非常不容易。

就在洋务运动兴起之际,大学士、理学大师倭仁作为极端守旧派的领袖,认为"立国之道,尚礼仪不尚权谋,根本之途,在人心不在技艺",主张"以忠信为甲胄,礼义为干橹"抵御外侮。蒙古学者倭仁先生的话是有经典出处的,《礼记·儒行》里记载,孔子告诉鲁哀公说:"儒有忠信以为甲胄,礼义以为干橹。戴仁而行,抱义而处。虽有暴政,不更其所。"倭仁先生在当时是代表清流,这是从汉朝开始,"道统"被政治化以来,中国政治运转当中一直存在的一股制约力量。它有时很先进,有时很"反动"。它的根本任务在于维护儒家的道德伦理体系——事实上中国社会在将近2000年时间里(表面上)确实是依赖这一套体系在运转,运转成功的条件在于,这是一个封闭的世界,而且在这个封闭世界里儒家文化圈是绝对的强者。到了清朝中后期,这个运转成功的条件已经消失了,但清流并未知觉——或者说,因为利益立场,无法知觉。

我们不能说倭仁是错的,只能说他们不知道世界变化,不了解一种强迫性力量的不以人的意志为转移的强大穿透力——前面已经由同时代的马克思解释得很清楚了。

在胡绳先生看来,洋务派和极端守旧派之间,其实没有根本的分歧,也就是说,他们的一致的目的,都是维护清朝的统治基础。只不过,洋务派认为不变等死,而极端守旧派认为变则速死。

反正,改革从来不是件容易的事情,它是历史的结果,也不能离开人力的赞襄。

太平天国运动带来了一些新意,让它和过去的农民起义有很大的不同,用宫崎市定的话说就是"动摇清朝国本"。这个道理我们在前面已经分析过,但它本身是动态延续的,也就是说,太平天国的震撼之后带来的一系列变化,持续地体现"动摇清朝国本"这一后果。

和太平天国同时,第二次鸦片战争让咸丰帝逃避到热河,皇帝把他的弟弟恭亲王奕䜣留在被英法联军占领的京城去张罗议和事宜,其中可能包含借用外力消灭这个精明的弟弟、至少让他身败名裂的意图,但谁知这次主持议和这一最重要的"朝政",反而成就了恭亲王,把他推到了世界的前台。

咸丰帝在《北京条约》达成之后迅即去世,恭亲王和慈禧太后通过政变成为真正的实权者。恭亲王,以及他所能运用的权力资源,从此以后就成为改革派的核心。

所以,恭亲王的"冒头",标志着洋务派的抬头。

恭亲王代表清朝签订的《北京条约》，涉及三国，第二次鸦片战争当事方的英国、法国，以及趁火打劫的俄国，每一方都有一个版本的《北京条约》。在中国人的感受当中，俄国是传统的强盗，目的是抢占土地，中国此番在它的趁火打劫中失去了40万平方公里土地。而英法则主要还是开放、赔钱，为一目了然计，我们把条约的概要内容罗列一下。

中英《北京条约》：

1. 清朝确认中英《天津条约》有效性；
2. 清朝割让九龙半岛给英国；
3. 清朝增开天津为商埠；
4. 增加中英《天津条约》的赔款至800万两；
5. 允许西方传教士到中国租买土地及兴建教堂；
6. 容许外国商人招聘汉人出洋工作，充当廉价劳工（苦力）。

中法《北京条约》：

1. 清朝批准中法《天津条约》，赔款增为800万两；
2. 归还从前没收的天主教财产；
3. 中文版条约第七款明定法国传教士在各省租买田地及建造自便，但法文版无此条；
4. 清朝同意开放大连为商埠。

在中国近代史上，俄国从中国取利最多，它的存在往往也成为多方博弈的撬动力，或曰借口。但就世界格局而言，俄国仍然属于与中国清朝同类的前现代帝国，它在趋势对抗中的角色意义并不特别明显，所以我们要重点研究的对象还是西欧列强。

定下了这个基调，我们再回头看作为第二次鸦片战争最后结果的中英、中法的《北京条约》。里面都提到《天津条约》，《北京条约》事实上是在此基础上的加码。

为什么前面会有一个《天津条约》呢？因为第二次鸦片战争原本应该在1858年就结束了，1857年英法联军攻陷广州，1858年攻陷天津大沽口，到了天津,清政府就已经受不了了,马上派人议和,签订《天津条约》。

"要盟无质"——被强迫订立的盟约,没什么诚信可守,这是中国的传统认知。清朝本来就在所谓"国际法"的系统之外,签订和约在朝廷理解上本就有羁縻、拖延的意味,于是后来又提出英法使节常驻北京、内江通商及内地游行、赔缴兵费始退还广东等节,"最为中国之害",需要再次商量。英法对此无法接受,要求按照一年后正式换约的约定进京换约,与清朝最高统治者最终确定条约内容。

这就涉及一个将近一甲子的老话题了——西方使节如何"面圣"。马嘎尔尼在1793年的到访,不是中国统治者第一次接触西方人,但从那一次以后,中国统治者就觉察到了一种真正的威胁。

我们知道,在中国,"皇帝"诞生于秦始皇,这是中国郡县时代的开端。在秦始皇以前,最高的统治者是王,而王是有统治范围的。皇帝的统治是没有范围的,孟子说"普天之下,莫非王土;率土之滨,莫非王臣","皇帝",就是对这样一种设想(理想)的现实化。皇帝不仅是中国人民的君主,还是地球上(天下)所有人的共同的最高统治者。也就是说,天下没有任何一种身份可以和皇帝对等,这是唯一的,是一个专有名词,因而不需要任何修饰,不需要任何限定。所以秦朝皇帝,按照秦始皇的规划,就是始皇帝、二世、三世至于万世。在时间上它也是绵延接续的,所以就连年号,都是后来汉朝的发明,秦朝并不需要。后世一直继承着对皇帝这一先验性地位的理解,在真正意义上的全球化——大航海——开始之前,这一理解也可以在以中国为中心的天下体系里通行无阻,历代沿袭。

清朝的不幸就在于,它是从"历代"中剔除出来的,它遇上了真正意义上的全球化。所以,所谓真正的威胁,就是西方人的对等要求。和中国交往过程中,英王乔治三世曾经两度给乾隆捎带私人信件,在第二次的信件中自称"大不列颠、法兰西、爱尔兰之王……信仰之守护者",以及"海上霸主"。[①]

---

① (美)罗威廉:《哈佛中国史·最后的中华帝国:大清》,李仁渊,张远,译,中信出版社,2016年。

一方面强调本国的强大和个人的尊荣,另一方面也有与中国皇帝对等的含义。

事实上在第一次鸦片战争之前,英国人就对被称为"夷"非常不满,屡提抗议。1832年英国商人林赛等到上海谋求通商,上海道台在复文中便称他们为"夷国"的"夷人",林赛等对此很不舒服。后来中英《天津条约》的第51款中,特别强调:"嗣后各式公文,无论京外,内叙大英国官民,自不得提书'夷'字。"于是往后的外交正式文书就以"洋"字代替"夷"字。

进京换约,必然涉及的就是对等问题,而皇帝最不愿意面对的也是这个问题。使节常驻北京的影响,用当时的话来说则是,朝廷已"为外夷所监守"。

中华文明衰落的危机,是各方已经感受到的,但如果"夷人"的国君可以和皇帝对等,就等于事实上承认了这一现实,而这将对帝国的统治基础造成信仰上的威胁。即便《天津条约》已不可更改,皇帝也不希望在北京换约,至少在京城以外换约还可以留点体面,表明屈辱的条约并非皇帝亲自负责的。所以尽管已经对西方列强难以招架,咸丰皇帝仍然拒绝他们的使团进京。

英法强行进京,在1959年二次攻击大沽口。这个时候防卫大沽口的是蒙古王爷、大名鼎鼎的僧格林沁,他率部奋起抵抗,在一昼夜的炮战中击沉敌舰4艘、重创敌舰6艘,击毙、击伤英法联军484人,重伤英军海军司令贺布。这是从第一次鸦片战争以来中国军队打的第一个像样的胜仗,连马克思都在文章中赞扬中国人的反侵略精神,他写道:"6月25日,英国人企图强行进入白河时,约有2万蒙古军队做后盾的大沽炮台除去伪装,向英国船只进行毁灭性的轰击。陆战水战同时并举,打得侵略者狼狈不堪。远征军遭重创后只得退却。"①

1860年初,英法两国派出了更大规模的兵力,再一次宣布同中国处于战争状态。咸丰皇帝多次在战与和之间反复,英法一步步逼近北京,1860年9月21日,他们向通州以西的八里桥一带发动进攻,僧格林沁的部队几乎全军溃散,侵略者兵临城下。咸丰皇帝在听到八里桥败绩的消息后逃到了热河

---

① 《马克思恩格斯论中国》,人民出版社,2018年。

行宫。

10月18日,英法联军在一番抢劫之后,纵火烧毁圆明园。

如果说洗劫对于西方军队而言是欧洲封建时代后期开始一以贯之的一个"传统",那么纵火则是一种附加的惩罚。一则为了惩罚清朝的缺乏诚信、"出尔反尔",二则报复僧格林沁在大沽口的胜利,三则他们进入北京后发现前面派出的使团被关押在天牢,受到了虐待,一部分人还被折磨致死——这是前现代中国的"传统"。按照《哈佛中国史》的说法,"暴怒的额尔金"曾考虑烧毁紫禁城,但后来只破坏了城北的圆明园。"他推论这样就足以惩罚清廷而罪不及中国的好人。"[1] 总之,烧毁圆明园在英法的视角下似乎是合理的,而且是一个比烧毁紫禁城更不坏的结果。

时至今日,国内也有一些人按照这种逻辑来评述第二次鸦片战争中英法联军的行为,显得非常冷静、理性,不带任何"民族主义"情绪。还有人认为,近代史教给中国人的一个道理就是,"贸易进不来,子弹就会进来",所以我们必须热情拥抱"自由贸易"。然而这是一种"荒谬的理性",因为观点脱离了基本前提,丢失了大是大非的历史视野。无论清朝多么保守、落后和不遵守"文明世界"的规则——这其实也是事后诸葛亮——基本前提是英法是侵略者,正义还是邪恶由动机和角色决定。不得不承认,具有这种朴素善恶观同时又有条件发出声音的人,古今中外一直非常稀少。第二次鸦片战争结束后,在欧洲,也就马克思、恩格斯以及雨果等少数知识分子能够坚持底线。

在一个丛林法则主导世界的弱肉强食的时代,在别人打上门来的时候,奢谈规则相当于"费厄泼赖",就连今天的刑法也用正当防卫原则嗤之以鼻。人们可以不喜欢清朝,但必须理解它的处境。

北京城被攻陷,圆明园被烧毁,"天朝上国"被肆意侮辱,迷梦堪醒。

---

[1] (美)罗威廉:《哈佛中国史·最后的中华帝国:大清》,李仁渊、张远,译,中信出版社,2016年。

5. 清朝的"改革开放"

负责议和的恭亲王奕䜣,就在此时登上了历史舞台。他在历史上留下的第一笔,就是和英法俄签订《北京条约》。

这位29岁的王爷,是道光帝的一个文武全才的儿子,一开始是个主战派。受命留京之初,曾主张整顿各军,固守京城,认为非战非守不能争得议和。和议开始时,他也曾态度强硬,要求英法联军退兵、释放战俘,然后才会商续约、盖印画押。但清朝军队一路溃败,战不能战,守不能守,"弱国无外交",最后只能全盘接受侵略者的要求。

英法侵略者都知道,对清廷的过度逼迫,最终会激起中国人民对他们的仇恨和对抗,所以达到目的之后,态度大变,以"讲情理代替武力恐吓",对恭亲王表现得非常谦恭、尊敬,这让奕䜣大感意外。在与额尔金和葛罗的交往中,产生了英法夷人"渐觉驯顺"的印象,特别是当英法联军遵约从北京撤兵,更让奕䜣感到西方侵略者与中国古代的夷狄入侵者不同,他们不想占领中国领土,没有破坏祖宗家业和皇家统治权,只是为了获得眼前的利益。因此他认为朝廷"犹可以信义笼络,驯服其性",此后便放弃了主站立场,主张"以诚相待""真心和好"。

和恭亲王一样有新的认识的高官大员甚多,如文祥、曾国藩、沈兆霖。户部尚书沈兆霖认为:"以万余众入城,而仍换约而去,全城无恙,则该夷之专于牟利,并无他图,已可深信。"

恭亲王前期主战,是对清朝国力缺乏真实了解,后期主张"以诚相待",则很大程度上由于对侵略者的善良想象,两者都是错觉。但无论如何,他在往后领导清朝外交中的总体风格取向,就在此时奠定。

对于中国而言,《北京条约》是近代史上的一个新的转捩点,意义极为重大。宫崎市定简单评述说:"《南京条约》时中国只是开放了港口,这回却不得不打开国门了。中国天子接见外国公使,不得不以对等礼仪交际,这在之前是不可想象的。"①皇帝最不喜欢《北京条约》的一点，就是外国可以派驻公使常驻首都。清朝政府不得不常态性地与外夷对等地打交道——这一点事实上根本性地终结了秦朝以来"天子"所具有的神圣光环。如果说第一次鸦片战争之后开埠通商的结果还能用朝贡体系来粉饰，那么第二次鸦片战争以后，就不仅在中国百姓所能感知的形式意义上，而且在实际运转的制度结构上，都已经无法再维持天子原有的尊荣。

使节驻京这一点，是咸丰皇帝在第二次鸦片战争过程中最强烈抵制的"开放"内容，按照皇家的逻辑，如果外国人不跪，那么中国人也会慢慢地不愿跪，而这显然不仅仅是颜面问题。

在过去，清朝政府的外交，就是处理朝贡事务，由鸿胪寺负责。鸿胪寺，在秦朝叫"典客"，汉朝改名"大行令"，武帝时又改名"大鸿胪"，直到清朝，这个官署的任务都是"引导仪节"。"引导"包含一个假定，即这一切都是按照皇帝的意思办，对内是流程的引导，而对外是规矩的传授。第二次鸦片战争以后，外交不再是实质的或表面的"朝贡"，而变成了西方民族国家所主张的对等接触，过去的一套全部作废。因此在1861年3月11日，在军机处下建立了一个特设委员会——总理各国事务衙门，简称"总理衙门"，领导者就是"成功"处理了《北京条约》缔结的恭亲王奕䜣，恭亲王断断续续地领导这个机构达27年。

第二次鸦片战争也意味着清朝衰落已经名副其实，如何在接踵而来的列强进逼下维系生存成了主要的"朝政"。所以总理衙门事实上的角色就是以前的军机处，手握重权。总理衙门下设三口通商大臣，加上虽非隶属关系但通过总理衙门进行上下沟通的南洋通商大臣，证明了支应外部危机成为清朝生存之所系。

中国，在坚船利炮的游弋、轰击下，"改革开放"了。

与我们所熟知的新中国改革开放在开放逻辑上截然相反，这是被迫开放。

---

① （日）宫崎市定：《中国史》，焦堃，瞿柘如，译，浙江人民出版社，2015年。

被迫开放意味着不情愿，甚至是恐惧。

这就引出了一个我们在今天仍然必须思考的问题：那时的中国，为何如此不愿意，甚至害怕开放？

第一，先要明确什么是开放。

简而言之，在当时的情势下，开放主要包括两点，一是贸易，二是文化交流，而文化交流又主要表现为欧洲国家的传教活动。

明确开放的意涵之后，就可以讨论中国不情愿甚至害怕开放的原因了。

从边沁主义①的角度考虑，最直接的因素就是统治结构的上层不在意同时也不能从与外国的商业往来中获利。

不在意是因为当时中国人对英国人的商品没什么需求，那时的欧洲商品在中国比较好卖的是钟表、鼻烟，都是上层阶级的奢侈消费品，所以这种贸易扩展的空间本身就非常有限。

有限的贸易给上层政治结构带来的收益也是有限的。鸦片战争之前全国只有广州一个海关，隶属于朝廷内务府，所以关税收入属于皇家的私人收入，这些收入主要用途就是购买西方的钟表，故宫博物院钟表馆的藏品大多就是在这个时期购入的，因此皇家对贸易的需求很少。第二次鸦片战争之前，清政府不承认鸦片贸易的合法性，因此也没有对鸦片贸易征税，这种实质上占据输入商品货值最大比例的货物对公共财政和皇家私人收入都没有意义。

上层收益不大，不意味着整个政治结构无法从中获益。管辖着通商口岸的地方政府，可以利用灰色地带获取巨额寻租收益。所以面对鸦片输入，中央和地方的态度是有差别的，这也是尽管属于非法行为，但鸦片输入仍然在18世纪上半期不断扩大的重要原因。

马嘎尔尼进京之前，英国内政大臣亨利·登达斯就提醒说："你必须小心他们可能会向你要求一项约定，即如同欧洲法律已经禁止的一样，将鸦片贸易排除于中国领土之外。如果这个议题被提出来讨论，则必须以最谨慎的态

---

① 边沁主义：边沁，英国功利主义哲学的创立者，经济学家、法学家，其学说的中心功利主义。

度处理。毫无疑问在我们印度生产的鸦片实际上销往中国的不在少数，但如果必须提出确凿的正式命令，或是拟以商业协议的条文要求我们不能把这些药运往中国，你必须接受，而不要因为护卫我们的自由而冒失去实际利益的风险。"[1] 由此可见，即便双方都认同鸦片贸易在中国不合法，但它仍然事实上进行着。这既是国家官吏自身腐败的结果，也有鸦片贸易的主动和持续腐蚀的推动。

第二，郡县时代的中国，意识形态是建立在农业基础上的，道德法则、文明教化、统治的方法论以及政治结构和相应的制度，都依赖于长时间里相对稳定的农业生产形态。尽管商税（如市税、关税、山泽税等）自先秦以来就已存在，各个朝代有不同的名目和种类，但支持中国社会伦理和政治运转的基础一直是农业。与外国的通商会改变贸易所及地域的社会结构，改变人们的文化观念，从而破坏政府的意识形态控制力。而且清政府非常清楚，一旦贸易渗透到某一地区，就"尾大不掉"，"夷人"来了就不肯走，并且注定会得寸进尺地要求各种权利，削弱主权。

第三，开放带来的传教活动严重破坏支撑整个上层建筑的底层基础。

《南京条约》的附件中有一项"利益均沾"条款，英国打了胜仗获得了利益，法国、美国随之而来，不需要亲自打败中国就可以仿照英国订立条约获取利益。中法《黄埔条约》就规定开放教禁，因为法国是当时罗马天主教教皇的护教国，它认为自己有支持宗教传播的责任。法国人只想开放天主教，但通过这一条约新教也获得了正式地位，而众所周知，太平天国起义就和新教的传入有关。

天主教主要在农村传播，第二次鸦片战争以后根据条约允许西方传教士到中国租买土地及兴建教堂，天主教迅速在乡村蔓延，很多教案就由它而起，引发了很大的纠纷。加入天主教的中国人，因宗教靠山而获得了很多特权，比如加入基督教的人常常挑战地方社群的传统规范，拒绝贡献向全村或全镇

---

[1] （美）罗威廉：《哈佛中国史·最后的中华帝国：大清》，李仁渊、张远，译，中信出版社，2016年。

收取的庙宇和年节基金，不再参与传统活动的凑份子，但却仍要享受其好处，因而与未入教的群众产生激烈冲突，从而撕裂了中国底层社会；当信仰基督教的家族卷入与邻居的财产纠纷时，经常在向县官陈述案件时主张自己受到了宗教迫害，让简单的事实复杂化，甚至让法条失效；此外女子入教、男女共处一室进行宗教活动等，也冲撞着中国根深蒂固的道德伦理原则。其中更为严重的冲突则是天主教禁止偶像崇拜，又把中国人的祭孔祭祖定义为偶像崇拜，这其实等于一铁锹挖向了中国社会的组织基础，从而动摇以孝治天下的政治合法性。

地方正统精英应对异教挑战的方式之一就是散布西方传教士耸人听闻的谣言，如绑架儿童、挖眼制药等，1870年著名的天津教案正是由此而生，天津教案直接导致前往调查的曾国藩仕途终结，并于1872年在羞辱与沮丧中去世。

第二次鸦片战争以后，新教对中国的影响越来越大，新教教士创办如《万国公报》这样的报纸，输入西方思想，打开信息渠道，对中国思想界和社会大众有客观上的启蒙作用。不过对于清政府而言，启蒙却是最危险的不稳定因素。

大致地说，以上便是清朝不情愿乃至惧怕开放的主要原因，正如马克思所说，开放会让它像木乃伊接触新鲜空气一样地解体。妄自尊大、自我闭锁和腐朽堕落是传统归因，尽管也是重要原因，但却是主观的，也是表象的。

第二次鸦片战争意味着开放已经成为事实，清政府已无法逃避，主动地自我调整在所难免，洋务自强运动正是在这一形势下应运而生。

同样地，与新中国的改革开放逻辑不一样，清朝的改革开放导向的客观结果不是自强，而是日益艰难的处境和渐趋崩溃的统治——所谓逻辑不同，归根结底在于是否"独立自主"。从事后的角度看，清朝统治的崩溃，本身是中国在新世界再度自强自立的历史必需，为后来中国共产党领导的扫清现代化障碍的社会革命奏响了前奏。

作为源头，这一事实又在社会上产生了另一个困惑，似乎列强的侵入是有利于中国的进步的,这种观念甚而愈演愈烈,在极端情况下发展为"侵略有功论""殖民有利论",乃至到了21世纪,仍然有人主张中国想要继续进步最好的办法就是成为西方的殖民地。奇谈怪论见怪不怪,一言以蔽之就是,无知者无畏。

的确,最早促使中国走向某种程度的现代化的正是西方国家发动的殖民战争,但其真实目的在于控制、掠夺与倾销,以"边缘地带"的受损来支持"中心"的发展,而不是像表面所说的那样"传播文明"。把中国变成一个真正意义上的工业国,不符合殖民主义者的利益,甚至与他们的利益根本相悖——事实就在眼前,这从今天中国通过独立自主的道路迈向复兴便遭受了美国特朗普政府不择手段的围堵便可以得到印证。

历史学家胡绳指出:"帝国主义在全世界所到之处,按照自己的面貌来改造一切社会制度落后的民族和国家,但并不是要使它们真正成为和自己完全一样,而只是使那里发生以有利于自己实行殖民统治为严格范围的朝向资本主义的变化。"

胡绳接着说:"在第二次世界大战后的历史条件下得到民族独立的那些原殖民地国家是明确的例证。它们经历过长期的殖民统治,有的甚至三四百年。在殖民统治时期,帝国主义主人支配着殖民地及其人民的命运。从帝国主义主人的利益出发,各种妨碍民族进步发展的前资本主义的社会关系被有意地保留下来(典型如印度的种姓制度,作者注)。资本主义在那里是有所发展,但只是在有限的范围内,而且得到好处的只是殖民地主人和当地人民中的极少数人,在取得独立后这些国家无一例外都处于贫穷落后的状况。"[①]

因此,即便清政府在第二次鸦片战争结束后"借兵助剿",在签订丧权辱国的不平等条约之后与侵略者形成了一定程度上的"朋友"关系,但后者的动机不在于帮助清朝发展,而是从农民战争中意识到,维持清政府的统治最有利于自身利益的实现。它们想要的结果是既让清政府继续存在,有能力去

---

① 胡绳:《从鸦片战争到五四运动》,华东师范大学出版社,2014年。

镇压人民的反抗，又让清政府保持腐败、羸弱，只能屈服于外国压力。事实上，这正是洋务自强无法达到目的的一个重要的外部原因，改革进行到一定程度，其进程就会被打断。

第二次鸦片战争签订了不平等条约，殖民主义者当时的诉求全部实现，随后欧洲的法国和普鲁士爆发战争，中国得到了一个暂时喘息的机会，而太平天国运动已让清政府意识到改革的必要性，改革应运而生。

洋务运动前后持续了30余年，在思想上首先做出有影响力的贡献的是林则徐，只是在林则徐那里，"洋务"还称为"夷务"。作为"开眼看世界"的第一人，林则徐主张学洋人制炮造船，从林则徐处获得西方国家制度、社会、文化等资料的魏源后来提出的"师夷长技以制夷"成为洋务运动核心精神的概括，这一思想事实上也是林则徐的主张。洋务运动的领导人之一左宗棠奉林则徐为师，受到林则徐精神与学识的深刻影响。后来左宗棠力主出兵，平定新疆，很大程度上也与林则徐的新疆经历以及对俄国侵略的忧患意识有传承关系。

洋务运动在中央的领导者是奕䜣、文祥等满洲贵族大臣，而地方代表也是实际的执行者则是曾国藩、李鸿章、张之洞、左宗棠等汉族士大夫。曾、左、李都从与太平天国的长期战争中出头，张之洞则是清流出身，立场转变后获得政治资源，随后平步青云。

历史就是如此具有戏剧性，在长达200年时间里，汉族士人受到清朝政治体系不同程度的歧视，但正是他们在风雨飘摇之际维护了清朝统治，并借此走进了政治舞台的核心。

洋务运动的目的是富国强兵，由于其动机在相当程度上受到"唯武器论"的影响，所以顺序上是先强兵后富国。军事上积极创办新式军事工业，训练新式军队，筹建南洋、北洋和福建三支海军；经济上兴办轮船、铁路、电报、采矿、纺织等各种民用企业；文化上兴办新式学堂，向外派遣留学生，培养洋务人才。当时创办的工业企业，大致上按照这样一个水到渠成的顺序出现：强军需要制造武器，因而兴办了军工企业；军工企业需要用到大量的煤炭，因而兴办了采矿业；矿业带来运输需求，因而兴建铁路提上日程；兴建铁路需要大量钢铁，所以又延伸到钢铁生产。

对洋务运动，不能简单以"失败"视之。它是中国近代化进程的重要一环，缺少了它，近代化的整个链条也就不成立。而且对待历史、对待前人，我们还是应当怀有必要的敬意，不能总以"不是坏就是蠢"的眼光来打量过去。

洋务运动强军事、兴实业，这些举措对于"强兵富国"而言是必由之路，但即便如此，仍然受到诸多非议与掣肘。朝廷中那些只善于动口的官员，动辄"奏请停办"。内阁学士宋晋奏请朝廷停办造船厂，理由包括"靡费太重"、"早经议和，不必为此猜嫌之举"、造出来也打不过别人等等；另一位大臣要求停办矿务，则以破坏风水、毁坏坟墓为由。这些站着说话不腰疼的言论，让实干的人疲于应付，不断重复着不改革将被历史潮流淘汰这类老生常谈，正是在这种言论交锋中，李鸿章提出了"数千年未有之大变局"这一论断。幸而朝中主政的恭亲王等也是改革派，对前线的实践者非常理解和支持。

尽管"形格势禁"，但洋务运动还是在工业近代化方面取得了一定的成就。

当时重视军事工业、交通运输业，李鸿章分别在1965年和1871年参与筹建的江南制造局和招商局，到今天仍然存在，并且在新中国发挥着重要作用。尤其是江南制造局，100多年后成为今天的江南造船厂，为共和国制造先进的海军舰艇，最具代表性的是国产新型航母。

当时由左宗棠主导成立的马尾船政局，在1869年制造出第一艘轮船"万年青"号，排水量是日本自造蒸汽机船"千代回"号的十倍，造船设备也堪与西洋媲美，远超日本同期水平。特别值得一提的是，左宗棠并不满足于聘请洋师洋匠帮助造船，还强调自身要掌握技术，1876年以后就逐渐改为由中国人自行设计制造。

军事建设也颇有成效。光绪十四年（1888年），北洋水师成立。这是中国近代实力最强、规模最大的海军舰队，根据《美国海军年鉴》的分析，当时北洋水师实力位居亚洲第一，世界第九。这支海军，也代表着洋务运动所取得的最高成就。过去的耻辱，最直接的原因当然是国防能力太弱，尤其是没有自己的海军，外国军舰在沿海和内河如入无人之境。

北洋舰队似乎昭示着，中国扬眉吐气了。但历史证明，自强远比想象的复杂。

6. 微光与熄灭

作为北洋水师的实际控制者，李鸿章在洋务运动期间颇为得意。

唐德刚写道："1891 年，应日本政府的邀请，李鸿章率北洋舰队的定远、镇远等六艘军舰访问日本，一时军容之盛，国际侧目。但当东京湾防卫司令东乡平八郎应邀上中国旗舰定远号参观时，他便觉得中国舰队军容虽盛却不堪一击。原来他发现中国水兵竟在被视为庄严而神圣的两门主力炮的炮管上晒衣服。"[①] 后来的学者们就"炮管上晒衣服"有不同意见，常理推断，舰队出国访问，并且主帅有炫耀铁甲巨舰之意，这种情况出现的可能性不大。然而东乡平八郎一样可能通过观察到其他情况而作出上述结论。中日甲午战争，印证了东乡平八郎的判断，北洋水师全军覆没，镇远、济远、平远、广丙等军舰被俘。

关于甲午败绩的原因，有一种经典说法是李鸿章"以一人敌一国"。尽管修辞上有夸张之处，但亦不无道理。

对抗太平天国的主力，不是八旗兵，也不是绿营，而是曾国藩建立的湘军和李鸿章建立的淮军。曾国藩早已看到清朝原有军队腐败不堪，八旗军"怯于公战，勇于私斗"，无法与太平军为敌，说白了就是缺乏价值观、道义感，不知为谁而战，彼此各不相干。于是他就到湖南的偏僻地区、深山老林里招募乡民，将领是当地乡绅，士兵是当地乡农，以同乡之间互相照应、彼此负责的方式组织了一支共同体式的军队。后来曾国藩分了一支部队给李鸿章，让他独自行动，李鸿章回到老家，按类似湘军的办法拉起了淮军。这两

[①] 唐德刚：《晚清七十年》，岳麓书社，1998 年。

支军队都不属于国家,而是准私人武装,除了其统帅者,谁也无法调动。而且,随着太平军向苏南、浙江进发,占据了清朝最重要的财税来源,而镇压起义军所需的军费日益增加,无奈之下,清廷只得下令"以本省钱粮,作为本省之军需",事实上等于把军队的控制权转移到了地方。"兵为将有"的态势,就在太平天国时形成,在洋务运动过程中进一步巩固。

"以一人敌一国",显然与北洋海军绝对服从李鸿章一人息息相关。另外,"以一人敌一国"还有悲凉意味,朝中清流的刻意作对,让实干者确乎有点"形格势禁"。但话说回来,即便北洋水师由国家所有,当时的技术条件、制度反应能力,以及相当程度上由此决定的作战效能,可能比"兵为将有"的情况下更糟。这就涉及深层的国家体制、国家能力问题,而这也是更加根本的问题。归根结底,当时的日本已经完成了近代化,成为西方的一员,中日两国已经不处在同一个时代,甲午战争事实上是两种社会形态的交战。

日本民族自古以来就有一个非常突出的个性——谁强大就学谁,价值服务于实际。自唐朝以来学习中国,是因为中华文明强盛,进入近代以后西方船坚炮利,转而学习西方也是基于同一逻辑。

林则徐编《四洲志》,魏源在林则徐提供的资料基础上写成《海国图志》,徐继畲著就《瀛寰志略》,介绍世界地理知识和制度文化,鼓励中国人向西方学习,"师夷长技以制夷"。但在当时,他们的著作都受到上层社会的各种责难,也没有引起真正的重视。1853年美国军舰叩开了日本的大门,日本人一下子发现了自身的落后,这些中国知识分子的著作一经传入,就受到了极大的重视,成为日本明治维新的思想资源,产生很大影响。日本人盐谷世宏曾惋惜地说:"呜呼,忠志之士忧国著书,不为其君用,反为他邦兴,吾不独为默深(魏源的字)悲,亦且为清主悲也夫。"①

历史就是这般奇诡,中国人在东亚首先睁开眼睛,但获益的却是日本人。中国自弃良机,延误了近代化进程,而日本则抓住机会,成为东亚领先者。

---

① 丁贤俊:《洋务运动史话》,社会科学文献出版社,2011年。

后来中国向日本大量派遣留学生，对西方文献的翻译也多从日本转口，日本成为中国政治与社会革命的思想来源，后世却大多不知道日本的近代化乃是受到中国著作的启发。

在这种令人唏嘘的对比中，也显示了两个民族在性格上的巨大差异。日本社会学家竹内好在《何谓近代》一文中，指出面对近代化，日本为"转向型"，而中国为"回心型"。日本一经与西方接触，就完全放弃了自身的文化，真正"全盘西化"；而中国借鉴西方是为了寻找一条能够与自身文明相契合的道路。

从大历史角度看，180年的中国近现代史的确是"回心型"的，不过我们不能把历史的结果当成目的论的结果，而赋予洋务运动时代的中国精英以"回心"的主动性。其实就是一种两头艰难的情况，以倭仁为代表的极端保守派坚决捍卫孔孟之道，见不得任何改革，而奕䜣、李鸿章等改革派在各种现实牵制之下也不可能迈出太大的步子。左右两派，都以保存清王朝为同一目标，生发于镇压太平天国起义期间的"中体西用"思想在洋务运动中被继承、贯彻，反映的正是这种主观矛盾，只是在历史进程中客观上似乎表现为"回心型"。

总之，在同一时代起步（事实上中国起步更早）的近代化进程中，日本快速彻底地实现，转变为一个民族国家，而中国则试图用资本主义的装甲，包裹起前现代的躯体。所谓两种社会形态之间的战争，正是基于这一理由。在西方话语里，民族国家就是现代国家，现代国家具有强大的国民凝聚力和战争动员力。而中国在甲午战争时期还处于前现代，天高皇帝远，上层、中层和庞大的底层之间缺乏组织纽带，彼此断裂，用孙中山的话说就是"一片散沙"。且不论技战术问题，以这样的传统国家体制和现代国家体制对抗，本身就没有多少胜算。

在战败之前，一段时间里中国士大夫阶级是充满自信的，将自强运动前期称为"同治中兴"，不过这种中兴是未经检验的，因此很大程度上只是自我感觉良好。宫崎市定很不客气地指出："同治中兴其实没有什么，只是平定内乱，但'中兴'是知识分子的评价，灌输了一种自信，实际内里是国家主义的抬头……认为连番屈辱皆因太平天国内乱，如今内乱平定，就产生了对外也可安泰的自信。因此，曾国藩与李鸿章被视为国民英雄而信望聚集。"①

　　甲午战争开始后，中国社会总体上抱持乐观预期，万万未料败得如此惨烈，对于中华民族而言，这是一次极为强烈的刺激。过去面对西方现代国家——包括俄国，打不了胜仗在心理上还可以接受，因为中国人对它们可以说几乎毫无了解。而日本是传统的邻国，一直都是中国制度文教的模仿者，是微不足道和令人鄙视的，在自以为国家军事力量最强盛的时候输给这样一个对手，令人眼冒金星、悲愤莫名。S.C.M. 佩因评论说："自此役之后，清朝外交政策的焦点都在平复其结果，而日本外交政策的焦点则是确认其结果。"②这场战争向世界展示了被"同光中兴"这一自赋的光环笼罩着的清帝国令人难以置信的脆弱，所谓中兴只是一次回光返照。对于日本而言，则检验和证实了近代化改革的成功，日本成为东亚强国。

　　甲午战败，标志着自强运动的结束，它以耻辱的事实向许多中国人阐明，不计任何文化代价进行日本式的西化有绝对的必要性。因而有更多的中国人被送往日本和西方留学，中国的变革将走向更加激进的阶段，"变法"渐渐浮出水面。与洋务运动之初"中体西用"都受到强烈抨击不同，此时再谈变法，甚至相当激进的想法，受到的舆论阻力也要小得多了。

　　另一个变化也出现了。中国人对于"中国威胁论"可谓耳熟能详，随着冷战结束，中国埋头自身发展，国力逐渐增强，从20世纪90年代初开始，"中国威胁论"就在美国出现，进而在西方世界日益发酵，至今已有近30年历史。尽管事实一再证明中国的崛起带来的是共同的发展机会、新的以和为贵的国际关系倡议，但这一论调从未停息。追溯历史，"中国威胁论"其实正起源于中日甲午战争。

　　作为黄种人的日本人，可以通过西化改革而强盛起来，那么如果资源比日本更丰富、人口也比日本更多的中国也按照一定的路径崛起，那将是多么

---

①（日）宫崎市定：《中国史》，焦堃、瞿柘如，译，浙江人民出版社，2015年。
②（美）罗威廉：《哈佛中国史·最后的中华帝国：大清》，李仁渊，张远，译，中信出版社，2016年。

恐怖的事情？趁着目前机会尚存，西方国家应该加强对中国的侵略，既为了攫取利益，也为了预先阻止中国崛起……这就是"文明世界"的逻辑，中国一败涂地，反而引起了它们的假设性恐惧，并且加快了侵略步伐，"瓜分中国"开始提上日程。

在西方盛行的社会达尔文主义世界观的加强下，"黄祸论"由此产生，在中国数亿人遭受白人世界深重祸害的时候，他们却认为中国人才是祸害。于是在19世纪的最后5年和20世纪的前10年中，西方对清朝展开了前所未有的凶猛攻击。

1904年到1905年，日本和俄国在中国的土地上发生战争，日本再次展示了自身近代化的成绩，击败了作为列强之一的俄国。两个外国在自己的国土上大战，清朝还为之划定交战区，令区域内的百姓饱受荼毒，但战争结束后，清朝却从中"看到了新的希望"，认为只要能让内部团结就能恢复国力，因为东方击败了"西方"。

此时，一个叫杰克·伦敦的美国冒险作家在其寓言中再次呈现了西方新一波的"黄祸"想法，在20世纪初对70年后的世界展开想象：

> 1904年在逻辑上标志着七十年后震惊世界的发展的开端。那一年，日俄战争爆发，当时的历史学家严肃地指出这一事件标志着日本进入了国际大家庭；但它真正标志的是觉醒——而这种期待已久的觉醒本来已经被放弃了。西方国家曾试图唤醒中国，他们失败了。出于自身的乐观主义和种族自我主义，他们得出结论：这项任务是不可能的，中国永远不会觉醒。
>
> ……
>
> 中国终于醒来了。日本在西方失败的地方取得了成功，将西方文明和成就转化成了中国人可以理解的术语。当日本这样突如其来地觉醒时已经震惊了世界，而她当时只有四千万人口。中国是带着她的四亿人口和科学进步醒来的，这加倍令人震惊。她是世界的巨

人,她决断的声音很快便在国际事务和会议中响彻全球。日本鼓动她发言,骄傲的西方人则恭敬地倾听。

中国迅速而引人注目地崛起,最重要的原因或许是她最高质量的劳动力。中国人完美适合工业文明,一直如此。在纯粹的工作能力上,世界上没有任何工人能与之相比。工作是他们的鼻息。对他们而言,在遥远的地方游荡、战斗、冒险是别人的事;对他们而言,自由只有在争取劳动方式的过程中才能得到。无休止地耕种和劳动是他们唯一要求的生活和权利。而中国的觉醒不仅让她庞大的人口得到了无限的、自由的劳动方式,而且得到了最高级、最科学、借助机器的劳动方式。

中国复兴了!这只是中国开始猖獗的第一步。[①]

杰克·伦敦于1904年发表《黄祸》一文,1908年和1910年分别写了两部小说《中国佬》和《空前绝后的入侵》,以及其他涉及中国海外移民题材的《白与黄》《黄丝帕》《陈阿春》《阿金的眼泪》等多篇作品。在这一连串精心炮制的"黄色传说"里,作者抨击中国人为"劣等民族",是对欧美白人世界构成威胁的"黄祸",必须对之实施"种族灭绝"。

这位作家预言了中国的崛起,并且在100年后应验,这是他目光如炬之处。问题是,这位在美国同情底层人民、积极参与社会主义运动的知识分子,在其作品中却对一个正在遭受群兽啃咬的民族发出"种族灭绝"的起哄。"黄祸论"是从更早的巴枯宁开始的,但在美国的发展,很大程度上导向了实际行动——臭名昭著的排华行动,甚至到今天,以美国为代表的西方国家对于中国的敌视和围堵,与"黄祸论"也有一脉相承的关系。

文明的生与死,的确全在自强。以自强为目的的洋务运动一般场合下都被认为失败了,但"自强"直到今天仍然是中国人必须时刻牢记的目标。200

[①] (美)罗威廉:《哈佛中国史·最后的中华帝国:大清》,李仁渊、张远,译,中信出版社,2016年。

多年的现代世界,一直是一个丛林世界,这一性质从未改变。

甲午战败,《马关条约》割让辽东半岛(后因三国干涉而未能得逞)、台湾及附属岛屿、澎湖列岛,赔偿2亿两白银,增开沙市、重庆、苏州、杭州为商埠,允许日本在中国的通商口岸投资办厂。紧接着,德国租借胶州湾,俄国租借大连、旅顺,英国租借威海卫和新界,法国租借广州湾,一系列链式反应让领土主权事实上分崩离析,流传后世的《时局图》就是在这种形势下绘就的。

《时局图》的第一位作者是谢瓒泰,后来这幅画又被增加内容、上色,进一步美术化,在印刷品中广为流传,因为它的警醒功能非常突出。图上各种动物所代表的列强,除了俄国、日本是以割让的方式侵占之外,真正的西方列强均以"租借"这种"文明"的办法取得领土,披着契约交易这一资本主义时代的典型外衣。

也是在这个时候,中国人回眸半个世纪,才警觉地发现部分祖宗之地已经以租借的形式存在多时了。

第一次鸦片战争以后,上海成为中国最重要的对外贸易口岸。当时在上海的外国人不愿意在城内居住,希望在城外规划土地建房。当地官员也觉得管理外国商人比较棘手,于是上海道的官员就跟外国人签订了一个租地的条约,成为租界的雏形。1845年11月29日,时任上海道台官慕久公布了《上海土地章程》。这个被视为上海租界"根本大法"的章程划定了租界界址：南至洋泾浜（今延安东路），北至李家场（今北京东路），东至黄浦江，西至界路（今河南中路，1846年确定）。面积约830亩，每亩年租金1500文，由于银贵钱贱，1500文钱在当时连一两白银都不到。至此租界正式得到了清朝官方的肯定。清朝缺乏现代主权意识，并不知道管理权的让渡意味着领土性质的根本变化，地方上以"甩包袱"为目的的管理懒政促成了租界的出现，后来又出现了导致大清律法无法管辖自己的土地的领事裁判权蔓延。

如果说在过去半个世纪遭受侵略的历史里人们还是混沌的，那么甲午战败则让中国社会心理出现了显著变化。"亡国"的可能性，在美梦以痛苦的方式结束之后被中国人自觉意识到了，严复在写于1895年的《救亡决论》中喊出了"救亡"口号，"救亡"开始成为中国社会一部分人的自觉意识。

甲午战败，推动着中国走向了更加激进的改革。

7. 南海康先生

签订《马关条约》以后，李鸿章的历史戏份基本上就结束了，因为这个条约受到国内的广泛关注，以"卖国"的定性被举国唾弃。

当然，我们知道把账都算到李鸿章头上是没有意义的，国家如此，个人又如何能在战败的条件下力挽狂澜？但李鸿章的政治生命基本上到头了，以至于后来他向康有为、文廷式发起的强学会捐款，也被拒绝。

属于李鸿章的时代过去了，另一个时代降临了，这就是历史的步伐，不以人的意志为转移。下一个时代指向对制度的改革，康有为、梁启超登上历史舞台。

1895年4月，《马关条约》签订的消息传回京城，正在北京参加会试的康有为便组织18省1200多名举子，一同向皇帝上万言书，痛陈改革之必需，要求拒和、迁都、练兵、变法。这是康有为首次在历史上露面，也是他的政治资本积累的第一步，他将在三年后拉开一场变法运动。

历史是交错进行的。"洋务—维新—革命"，只是在粗线条上呈现给我们的一个文明挣扎、重生的顺序，但每一种前台的表演，都是以后社会条件渐进积累为基础。在"公车上书"前一年，1894年，孙中山就曾和他的朋友陆皓东一起在今天投书李鸿章，建议改革，未获回应，于是转向革命，在1895年组织了第一次的武装暴动——广州起义，陆皓东为革命而牺牲。而孙中山采用的"驱除鞑虏、恢复中华"的民族主义口号，早在太平天国时期就已由农民起义者提出；康梁那种看似激进的政治改革观念，也早在洋务运动时期便由开明官员、清朝第一位驻外使节郭嵩焘阐述过，他认为富强的根本不在于器物，而在于制度、文化——"朝廷政教"，维新领袖之一的梁启超，以及后来暴动的"自立军"首领唐才常，都明确表示自己是受郭嵩焘的启发。

民族主义——在今天的意义上是"狭隘民族主义"的觉醒，是这个时代的一个显著特征。由汉族士大夫起来维护和巩固清朝统治的可能性渐渐丧失。清朝建立之前，爱新觉罗氏也认同，"中国""中华"主要指汉族以及被汉化的少数民族一起组成的政治体和文明共同体，征服明朝夺取政权之后，清朝统治者逐渐把"中国"的概念转化为一个多元一体的大民族家庭，皇帝是满汉共主，又是蒙古人的大汗，新疆人的"可汗"，藏族人的"转轮王"。

然而到了甲午战争之后，这种艰难形成的共识已经难以维持，激进的汉族改革者和革命者已经把满族统治者视为外人，当作文明的异质体。梁启超在长沙安排再版王秀楚的《扬州十日记》，此前它一直被清廷视为最高等级的禁书，这本书以亲身见证的视角细数清朝征服过程之血腥，以及现今统治者对汉族百姓欠下的血债。知识分子回头从王夫之的著作中寻找汉族民族主义理论作为救亡的起点，谭嗣同的著作就以"科学"的形式宣扬反满意识形态。如果说太平天国并未对清廷产生真正的文化意义上的威胁，那么甲午战争之后，清朝统治的合法性的确开始动摇，这一进程一直延续到辛亥革命。辛亥革命之后，中国人的民族认同方才再次回归"多元一体"。

许多人感叹，中国近代史不忍卒读，的确如此，很大程度上这是今天的中国人对中国现代化过程不够了解的重要原因。当我们潜下心来，从目的论的角度看待从第一次鸦片战争到中华人民共和国成立的历史，就会发现每一步都是若合符节，似乎有一只"看不见的手"在精心安排和铺垫，每一步的艰难和每一次的屈辱，都是走向文明复兴的必由之路。

甲午战败，"瓜分"局势形成，中国精英就采取了进一步的自救行动。现在，历史发生了巨大的转折，一个来自文明深处的声音在召唤康有为、梁启超。

到了这样一个大转折的时代，中国社会的英雄气开始回归。历朝历代，危亡之际，总有英雄人物出来肩挑社稷，赴汤蹈火，深刻体现中华文明的价值观，即便无力回天，也能舍生取义，以行为与品德震撼世人。南宋末年，有张世杰、文天祥、陆秀夫，南明时代，也有李定国、张煌言、李来亨、阎应元，但对于晚清的叙述，饱受欺凌达半个世纪之久，除了林则徐、冯子材、刘永福、邓世昌等寥寥几人，人们几乎看不到多少传统印象里的铁血英雄的影子，反而出现了许多汉奸、买办和侵略者的利益同盟。

人心不齐，忠诚难觅，大体上有两个原因。一是清朝是异族政权，它对占据最大多数的汉族人的歧视政策让它很难获得真诚的认同；二是清朝统治者本身立场摇摆，道光、咸丰都是一时要战一时要和，摇曳不定的态度消解了斗志；三是朝廷本身对百姓的力量戒心重重，很大程度上在遭受外侮的同时站在人民的对立面。

直到甲午战争之后，中国人作为一个文明共同体，一同感受到了亡国灭种之忧，在外敌压迫下，国族认同凝聚起来，一批批优秀中华儿女如雨后春笋般破土而起，决意为中国的前途和未来流血奋斗，百折不回，社会英雄气又陡然焕发。不在其位而谋其政，先天下之忧而忧的同胞精英纷纷出世，灿然生辉。谭嗣同为制度改革殉难，留下"各国变法，无不从流血而成，今中国未闻有因变法而流血者，此国之所以不昌。有之，请自嗣同始"的铿锵之声，孙中山的战友陆皓东为了共和革命，成为牺牲第一人。

此后中国社会风起云涌，英雄辈出。

康有为、梁启超提出的变法主张，代表着当时整个社会的主流意志，各种力量把他们推到了历史的前台，因此可以说，戊戌变法不是康梁欲变，而是人心思变。

"数千年未有之大变局"下的晚清中国，进入了一个频繁剧烈变动的时期。洋务运动在不同层面其实已经推动着中国向近代化迈进。近年中外都有一些研究认为，其实直到甲午战争之前，中国的自强运动取得的成绩在各方面都不比日本差，甚至更好，比如造船、造机器、开矿这些能力。

这告诉我们，在近代那个丛林世界里，器物层面的实力还不足以让一个国家自立，去赢得一场战争。19世纪后半期接近20世纪时，世界的军事技术积累加快，战争的体制也在发生变化，很重要的一点就是出现了所谓的总体战。清政府虽然编练了近代军队，但它不是一个整体的国防军。近代军队必须有近代的后勤和财政体系来支持，但清朝的军队都是通过允许各地设卡来自行筹饷的。这种做法带来的问题是产生了无数"国中之国"，以国家名义训练的军队，实际上却被掌握军权者视为私人武装。当中国和日本打起来，就不是一个国家对一个国家，而是几个省分别去对付日本的全民动员。一省打仗，别省似乎事不关己，南洋有事，北洋不去救。军事体制加上通信能力、情报能力等方面的弱点，导致清朝军队一不了解对方的实力，二不知道对方的动向。

而日本有一个近代体制支持，对清朝军队的举动和战略意图就都一清二楚，而且在国际舆论上也做足了功夫，其备战体制是举国动员的。北洋水师作战很英勇，对敌舰的射击也很精准，但这挽救不了整个体制上的落后。

甲午战争彻底打醒了中国人。中国过去一直瞧不起日本，战败激起了整体的反思，中国的政治、社会、思想各方面都随之发生深刻变化，一系列变革也由此埋下伏笔，1895年康有为通过"公车上书"走到了历史前台。

一部分学者研究认为，康有为的背后是翁同龢一派的势力，他提出的主张，比如拒和、迁都，都是翁同龢的主张。翁同龢在军机处，是高层主战派的一员，他主张坚持到底，暂时失利可以迁都，迁到西安或者其他地方，然后再战。但他这些主张在高层得不到支持，正好这一年举行科举考试，他就想了个办法，发动这些举人来上书。有人发动，需要有个人出头，康有为的禀赋就让他担当了这一角色。

翁同龢最担心的,是割地带来的后果,这是比较有远见的。当时相当一部分士大夫对孤悬海外的台湾岛了解甚少,也不太关心,对于割让台湾没有什么切肤之痛。而翁同龢认为,丢掉的也许是一个海外小岛,但背后的政治信号是难以承受的,它意味着国家失去了保护领土的能力。这个地方可以割,另一个地方也就可以割,割地会让人心尽去。

割地引发的后果确如所料,战争还没有结束,严复已经开始讲"救亡"了,"亡国"真正成了一个严肃的问题。

康有为是一个旧式读书人,早年去香港,通过传教士了解了一些西方知识,对西方社会的秩序和效率印象深刻,于是思想受到刺激,强烈主张变法,为此做足了理论准备、舆论准备。然而他毕竟只是一个边缘的知识分子,试图通过科举渠道,在正常体制中按部就班去获取权力,再来推行自己的改革主张,那他可能一辈子也等不到机会。现在历史提供了一个新的机遇,这个机遇就是时代潮流彻底变革的呼声早已有之,起初是个别的、零星的,但甲午前后形势大变,不再是某个人的声音,而已成为社会洪流。乙未广州之役就发生在1895年,严复提出教育救国、学术救国、西学救国的道路也是1895年,高层、中层到底层的知识分子都被强烈刺激起来,纷纷参与对中国前途的设计,变革成为"不是共识的共识"。这就让康有为可以通过为有政治地位的力量代言而快速地走到台前。

为了接近权力中心,康有为调动了很多资源,其中包括乡土关系,比如得到张荫桓的大力支持。但最重要的还是大势,当时主张变法的人占据多数,变法的声音成为主流是这场改革能够发动的思想前提。无论什么派,在当时都是主张改革的,因此,变法事实上是大多数人共同推动的。

不过,呼声归呼声,改革一旦具体化,就涉及许多人的切身利益,障碍也就随之出现。比如中央试图集中权力,收回太平天国运动中被地方分去的一些财权、人事权和军权。有人就会在改革中受损,比如李鸿章的权力会被削弱,他倾向改革但未必会支持正在进行的改革。还有突然罢斥礼部堂官,这些人就会成为改革的反对者。包括发动军事政变，对改革者而言无可厚非，但这么大的一个政变实在对当前的权力结构和利益结构震动太大。既得利益者不一定是反对改革的，但他可能被迫反对改革路线，因为后者关乎他的生计。

官僚体制和运作的架构由来已久，要改变它，坐而论道容易，实践推行很难。如果置新官而不罢旧官，会造成很大的财政压力。后来清末的改革遇到的难题之一就是持续的财政扩张，达到边界吃不消了。1911年辛亥年，预算赤字就有8000万两白银。有些问题在设计时是想不到的，做起来才知道有多难。

普遍主张改革，后来却出现那么多反对者，这一结果并不意外。康有为原本不在体制内，把改革想得过于简单，拿出来的方案很具有挑衅性。于是谣言四起，成为改革阻力的一部分，而谣言在当时的政治文化中，经常是以"清议"的面目出现的。

举个例子，当时没有近代化的国民教育体系，甲午战败之后朝廷上下都认识到，要想强国，首先要"得人才"，要培养人才，就要向西方学习办学堂。办学堂的钱从哪里来？地方从哪里来？没有近代财政体系，没有钱去建新的公共建筑，顺理成章，就把各地的宫观祠堂直接转换过来，于是就提出了废淫祠、兴学堂的改革主张。这是中国近代性的一部分，因陋就简，因势利导。不过它会对固有的利益格局产生冲击，就有人会反对，他们就制造谣言，说康有为入了洋教，这样就方便人们以形象的思维去质疑这一改革的正当性。

改革者心理上的急切，也让他们在行为上表现得非常反常。包括皇帝在内的维新派，103天里发布了110多道诏书，这在清政府过往施政中是前所未有的。清政府的一般决策过程，先要下发到军机大臣，然后还要下发到地方督抚讨论，有了共识再推行。即便是乾隆这么强硬的皇帝，想编《四库全书》，也是颁布上谕两年后不见反应，再三催促才把事情办成。光绪皇帝一下子雪片似的发诏书，地方官员就摸不准中央究竟发生了什么。

因为它违反常规，地方督抚就会习惯性地观望等待，不敢跟得太紧。张之洞、刘坤一都是名臣,都了解世界大势,他们有自己的判断,督抚相互之间还有他们的一个舆论场。在官场看来,发生这么多事,没有一个镇得住场面的人在掌舵,正如李鸿章的一个幕僚说的,不会木工的人挥斧子,会把自己的手弄伤,越是身在其中的人越会觉得危险逼近。

变法的失败非常快,很大程度上与"围园杀后"的军事冒险计划把所谓保守派逼到了墙角有关。以这样有些荒诞的方式收场,感觉就像是一场意外。宫廷政变很有戏剧性,后来的研究也多集中在此。光绪皇帝发布的"求救诏书"原文比较隐晦,让杨锐他们想个办法,既能推进改革又能调和和西太后的矛盾,但是他们就理解为皇帝遇到了大麻烦,要出来放手一搏。这一反应和这一批改革者自感力量渺小有关,他们想不到缓和办法,就采取了军事冒险方案,最终失败,康有为、梁启超流亡日本,"戊戌六君子"流血牺牲。

戊戌变法遭受挫折,大部分新政都被停止了,但后来清政府的改革还是重新启动,甚至更为激进,所以它的影响是延续性的。因为变法是从潜流变成洪流的,不是一两个人的独见,是一个时代里一批人的主张,而且成为社会共识。

就像对待洋务运动一样,不能仅仅把戊戌变法简单看作一场失败的变革。这次变法,清政府有它的主体性,地方士绅、社会中层这些人和组织有它们自己的行为,外国势力有它们的影响,是各方面相互激荡,才在中国上演了这样一出活剧,中国由此进入了和世界接轨的序幕。在此过程中,中国发生了很多重大变化,比如新式知识分子诞生,公共意识、国家民族意识勃兴,近代媒体雏形出现,近代政党组织萌芽,近代国家运作的尝试,很多激进分子现身,以及后来革命洪波涌起,都在这个时候崭露头角。

它的影响,甚至延续到五四新文化运动,用今天的话说,陈独秀、鲁迅等新文化运动干将,都是读着《时务报》长大的。

8. 革命与民族

戊戌变法失败之后，改革势力受挫，清朝在政治上出现了相当程度的倒退，保守思潮一定程度上回到权力中心。

改革的目的，诚然是富国强兵，但在形式上则是为了维系和巩固清朝统治——这是一切改革展开的前提。戊戌变法让掌握实权的统治阶级感受到权力受到威胁，掐灭改革就成了他们的必然选择，同时在掐灭改革之后，对失去权力的担忧也成了一根敏感的神经。

戊戌政变之后，传言外国使节要求慈禧太后"还政于光绪"，触及了这根敏感神经，于是慈禧便决心利用反对外国侵略者的义和团运动，向列强"宣战"。

1900年，八国联军打进北京，慈禧逃到西安，清政府与列强签订《辛丑条约》。且不说拆炮台、驻军队、派员谢罪等条款让清朝已经毫无尊严可言，条约规定的巨额赔款，事实上已经在经济上制约了清朝的发展。

这一条约规定清朝向各国（共11国）赔款白银4.5亿两，分39年还清，年息4厘，本息共计约9.82亿两，以海关税、常关税和盐税作担保。4.5亿两相当于清朝六七年的财政收入之和，而之所以规定这一数字，还有另一个意味：当时中国大约有4.5亿人，每人赔款一两。

5年前，《马关条约》规定向日本赔款2亿两白银，已经让清朝的工业近代化无以为继，再加上这一笔，基本上已宣告清朝走到了末路，改革的机会完全丧失了。之后发生的"清末新政"，以辛亥革命画上句号。

回顾从鸦片战争到辛亥革命期间这一甲子的历史，我们可以梳理出两条交错进展的线索。

其一，清朝统治逐步失去人心。一开始，清政府对于侵略还时常说不，采取了尽可能的抵抗措施，所以义和团运动兴起的时候，老百姓愤怒的对象主要还是帝国主义，对政府还是采取扶持的态度。但在八国联军侵略过后，清政府就不再抵抗，完全沦为帝国主义利益的代理人——所谓"量中华之物力，结与国之欢心"。于是原来老百姓和帝国主义之间的矛盾就发生了转移，转而将矛头对准了清朝政府。

其二，民族意识慢慢形成。在传统的天下主义意识支配下，中国人的国家观念非常薄弱，两次鸦片战争的耻辱，加上俄国趁火打劫抢夺大片领土，促使中国社会萌生了国家及国民自觉。朝野上下起初拥戴清廷，希望自强御侮，这正是洋务自强运动的心理背景。甲午战败更是进一步激起了民族意识的形成，越来越激进的改革要求和革命主张，反映着共同体观念的凝聚。

两条线索交错进展到最后的结果，就是清朝和帝国主义一起成为人民的敌人，反帝反封建成为革命的双重任务。

朝廷的变质和人民的觉醒，已经凑成了革命发生的可能性，清末的新政，就像举着火把不断靠近革命的火药桶，并最终把它点燃。

1905年废除科举制，这一改革举措切断了"学而优则仕"的传统通道，又没有建立新机制来消化、吸纳人才，无法处理科举废除之后知识分子的出路问题。各级衙门招选公务员，都变成了买官卖官，这就导致知识分子从政府体系内游离出去了。本来半辈子苦读，是为了报效国家，现在变成了反政府的力量。

立宪派本是最期望通过清政府自身改革来扭转社会危机的一群人，但最终也被推到了清朝的对立面。为了实行新政，清政府派五大臣出洋考察，历时数月，回来之后交了一份报告。报告认为西方的民主政治诚然是好的，但其基础是西方国家的民众素质比中国高很多，中国人的素质还不能够支持立宪，为此应该先搞预备立宪。

预备立宪是个空架子，而且给了很长的拖拉期限，让康有为为代表的文化人士、张謇为代表的地方绅士，渐渐对清朝失去信心。对预备立宪不满意，张謇发起了全国性的立宪请愿运动。作为回应，清政府组建了作为立宪的重要标志的内阁，后来被称为"皇族内阁"。这个内阁的主要成员都是满族人，只有三四个闲职给了汉族人，国防、外交、财政等重要的权力全部握在代表皇族利益的满人手中,令汉族官员积累了怨气,"同治中兴"时代汉族士大夫为朝廷卖命的景象一去不复返。

清政府的回收路权,让资本家群体遭受损失,于是资本家也成为煽动革命的力量。

进入20世纪的清政府日渐成为孤家寡人。革命者,因改革而与清朝决裂的同盟者,因改革而新树的敌人,以及因为巨额赔款向社会摊派而生存艰难的人民大众,一起成为清朝统治的送葬队伍。

煽动革命的手段,主要是通过排满言论。在饥饿问题都无法解决的情况下,民主共和的说辞是没有吸引力的,要让人们参加革命、支持革命或者同情革命,只有利用人们对造成他们的痛苦的满族统治的憎恶。因此,排满只是一种革命策略,革命一旦成功,孙中山和革命党人就迅速改口,表明不是反对满族人,只是反对清政府,部分地方出现过的杀戮满族人的行为也就迅速停止了。

辛亥革命成功之后,对满族人的怨恨随之消失,满足也被纳入共和范畴之中,用以建构新的民族意识。孙中山先生通过对共和内涵的阐述,给梁启超首先使用的"中华民族"这一概念赋予了政治内涵。

1912年元旦,孙中山在《中华民国临时大总统宣言书》中郑重宣告:"国家之本,在于人民。合汉、满、蒙、回、藏诸地为一国,即合汉、满、蒙、回、藏诸族为一人……是曰民族之统一。"在《中华民国临时约法》中,也用法律形式将民族平等规定下来:"中华民国人民一律平等,无种族、阶级、宗教之区别",这就是"五族共和"的思想。

"五族共和"的提出,在中国民族关系史上是一个历史性的变化。此前的中国,无论是汉族还是蒙古族、满族建立的统一政权,都会歧视其他民族,使得国家内部纷乱。"五族共和"的提出则让各民族团结起来,形成了"中华民族"这一后来被费孝通称为"多元一体"的共同体格局。这样对民族关系进行宏观处理是中国的特色,在内部,各个民族平等相处,对外就用"中华民族"代表中国,56个民族是兄弟民族,大的"民族"包含小的民族。西方一般是一个民族建立一个国家,而在多民族国家里,中国的民族黏合是最成功的。

"中华民族"共识的巩固,对中国这样一个多民族国家得以成为一个现代民族国家进而迈向现代化意义重大,对于文明复兴而言,这也是必须首先解决的问题。

辛亥革命以后,民主共和理念深入人心,历史不可能再倒退。不过,民国的"共和"是名不副实的,接下来的袁氏当国和北洋军阀统治,没有摆脱封建主义的影响和帝国主义的控制,军阀之间的战争把中国人的生活进一步推向了痛苦深渊。历史证明,没有进行社会革命的民主共和制度,是没有社会文化根基的,因此在运行上也只能是虚有其表。

一场思想文化变革,在共和之后酝酿。

9. 改造我们的文化

1915年,陈独秀创办《青年杂志》,第二期更名为《新青年》。一场思想革命的种子,从此播下,并迅速破土。

创刊号上,陈独秀写下了《敬告青年》一文。"青年如初春,如朝日,如百卉之萌动,如利刃之新发于硎……青年之于社会,犹如新鲜活泼细胞之在人身。新陈代谢,陈腐朽败者无时不在天然淘汰之途……"

进化论的思想,被应用于社会革新领域,国家的希望,寄托于青年。继之而起,1916年,李大钊发表《青春》,提出"青春中华"概念,号召青年"以青春之我,创建青春之家庭,青春之国家,青春之民族……"

一颗颗震撼弹,接连炸响。

排斥青年,轻视新生命,强调长者的经验及道德权威,是漫长农业时代里中国社会强固的意识形态,中国自孔子以降2000多年的社会理想,都是向后看的。

《新青年》向前看。五四运动参与者杨振声回忆说,《新青年》惊醒了整个时代的青年。

> 他们首先发现自己是青年,又粗略地认识了自己的时代,再来看旧道德,旧文学,心中就生出了叛逆的种子。一些青年逐渐地以至于突然地打碎了身上的枷锁,歌唱着冲出了封建的堡垒。①

随着胡适、钱玄同、周氏兄弟、刘半农等思想者的加入,一场新文化与旧文化的激战波及全国,一次轰轰烈烈的青年运动被召唤而至。

打碎身上枷锁,冲出封建堡垒,形象的话语,描述的是思想的转折。1840年以后,船坚炮利的西方列强作为一个外部因素介入了中国社会,步步深入、得寸进尺的贸易、传教、战争、赔款、割地、经济掠夺、治外法权和政治控制,时间越前行,亡国亡天下的景象越清晰。

维新前夕,康有为感叹:"生机已尽,暮色凄惨,气象如此,可骇可悯。"②

试看:太平天国起义,让清朝统治阶级认识了西方火器的威力,其后洋务运动勃兴。

这个阶段,只重器物,而未动制度变革的念头,"泰西各国,一切政事皆无足取法"(内阁学士梅启照语)。所以"中体西用",办实业,练新军。但实业排挤民营资本,新军最后"兵为将有"。甲午战争,战前国人信心充足,事实却令人大跌眼镜。北洋水师全军覆没、割台湾赔巨款的结局,让制度变革成为人心所向。

在洋务运动之初,即便仅仅是器物变革,也已招致强烈抵制,理学家、文渊阁大学士倭仁所代表的极端保守派,对"奉夷为师"就坚决反对,主张"以忠信为甲胄,以仁义为干橹",坚决捍卫孔孟之道。在强大舆论压力下,以学习外语为主的京师同文馆投考者寥寥。甲午战败之后,反对变革的声音方才

---

① 中国社会科学院近代史研究所《近代史资料》编译室:《五四运动回忆录》,知识产权出版社,2013年。

② 梁启超:《戊戌政变记》,岳麓书社,2011年。

变得稀薄。仅变器物无济于事,血泪现实,召唤来了指向制度变革的戊戌维新。

不变不行,在甲午年(1894年),孙中山在天津上书李鸿章,阐述的还是改革建议,未获回应,1895年,他就组织了广州起义,宣告一个百折不挠的职业革命家横空出世。

维新失败,政治倒退,最终酿成义和团运动,《辛丑条约》羞辱中华。清朝的最后10年,再次沿着维新路径推动改革,但历史没有再给它机会。光绪、慈禧先后去世,政权落到了以摄政王载沣为代表的少壮派满族权贵手上,重满轻汉、重内轻外的历史倒车,最终导向了革命成功,帝制退出历史舞台,共和的曙色亮起。

但表面的制度变革,并未触动中国的社会基础,共和的外衣,包裹着专制的文化。没有社会基础的共和,一闪即逝。当政者无力建立权威与秩序,回头折向国民最习惯的"皇帝",以及诉诸惯性的传统社会伦理控制方式。

皇帝总是想回来。康有为的"三统、三世说"预言,中国将从君主专制的"据乱世",演进到君主立宪的"升平世",再到民主共和的"太平世",但共和之后,仍然"据乱"。从鸦片战争到辛亥革命,改革、变法、新政、革命环环相扣,自强与救亡的努力,不折不挠,但共和之后,国家积弱、民心未醒、权力只是列强的代理人的现状,没有根本改变。《新青年》诞生之前,复辟已经进行了长期的思想准备。

在前一年,袁世凯颁布了《祭孔令》,并在9月28日孔子诞辰,举办了祭孔典礼。1915年末,袁世凯称帝。这让民主主义的知识分子集体感到幻灭与愤怒。

一个新的认识诞生:政治革命不能代替思想革命。陈腐的文化,让民主共和如墙上芦苇,风来即偃。陈独秀醒悟:"欲使共和名副其实,必须改变人的思想。"

新文化运动暴烈地燃起。按照主流史观的"三段论",这时的中国,从器物、制度走向了思想变革的当口。

从晚清到五四运动之前,历史进程不能说没有带给人们希望。洋务运动,海军建设高歌猛进，北洋水师一度号称亚洲第一、世界第九。日俄战争，近代以来东方国家第一次战胜"西方"国家，也让中国人振奋，同为东方黄种，"我们也可以"。第一次世界大战，中国参战，数十万劳工远赴欧洲修战壕、保后勤，争得"战胜国"称号，也曾举国雀跃。

但每一次，都以中国受损、受辱而告终。巴黎和会的受辱，最终激发了五四运动。而五四运动，则以新文化运动作为思想铺垫，后人常常把它们合称为五四新文化运动。

青年，起来！36岁的陈独秀率先发出了呐喊。

我们不知道，当他把希望寄托于青年时，是否受到1900年梁启超《少年中国说》的启发，但他本人确实曾是梁启超作品的忠实读者。后来他回忆说，戊戌维新时期，稍微有一点变革思想的知识分子都是"康党"，梁启超所办的《时务报》，激扬文字浇灌了一代精英。陈独秀"始恍然于域外之政教学术，粲然可观，茅塞顿开，觉昨非而今是"。①

后来受《新青年》召唤而起的斗士鲁迅，一样是受到《时务报》的启蒙。历史一脉相承，现在，这些人要启蒙中国。

呼唤青年，不止陈独秀。作为其中的最激烈者之一钱玄同认为，"人过四十，皆该枪毙"。鲁迅在《我们现在怎样做父亲》一文中，用进化论的思想论证父权之荒谬、新生命的意义。

呼唤青年，对抗陈腐。我们的文化当中缺乏逻辑，缺乏理性精神，亦即科学精神。因为个人深度嵌入集体，"己"被"群"绝对支配，缺乏民主精神，也就缺乏个体责任感，民众的力量无法被动员。过去那未经改造的文化，不足以应付现代性的挑战。

以托尔斯泰为代表的人道主义被高高扬起，他们呼喊，人是人，不是奴隶，更不是牛马；以易卜生、尼采为代表的个人主义被热情赞颂，他们宣称，人是个体存在，不是附属之物。

---

① 《陈独秀著作选编》第一卷，上海人民出版社，1984年，第214页，第230页。

这样的呐喊，旷代未有。在中国传统意识形态里，个人价值的实现，是以完成国族义务、扮演好机械性角色为前提的。新文化运动的学者们带来了另一种辩证关系。胡适在《介绍自己的思想》一文中说："争你们个人的自由，便是为国家争自由！争你们个人的人格，便是为国家争人格！自由平等的国家不是一群奴才建造得起来的！"

后世认为，新文化运动对传统的攻击是过激、过度的。但这批先驱，却是对传统文化感情深厚的一群人。陈独秀、胡适、鲁迅、周作人、钱玄同、刘半农、吴虞……每一个都是中国传统文化的底蕴深厚的继承者，但他们在行动上却坚决地与过去分道扬镳。

新文化运动的意旨，首先是解构。鲁迅先生在《无声的中国》里写下的一段话足够说明当时的动机："中国人的性情是总喜欢调和折中的，譬如你说，这屋子太暗，须在这里开一个窗，大家一定不允许的。但如果你主张拆掉屋顶他们就来调和，愿意开窗了。"

鲁迅拆屋顶，胡适开窗，历史就这样在争执与唱和中前进。吴虞受鲁迅发表于《新青年》的中国第一篇现代小说《狂人日记》的启发，在成都喊出了"打倒孔家店"的口号，北京响应。钱玄同、刘半农在《新青年》唱了一出"王敬轩双簧"，林纾坐不住了，蔡元培也被卷入。

"无声的中国"，众声喧哗。青年，被新的意见洗礼。妇女、孩童的权利，也以现代的视角重新定义。

个人主义，在新文化运动时代，拥有了一个全新的语境。

无论是先行者还是后来者，都不认为中国人缺乏自由，相反，是自由过度。比如梁漱溟和孙中山，都持此论。梁漱溟认为，西方之所以主张个人主义，是因为近代欧洲脱胎于中世纪严密的社会控制，因而自由是对"过度的集团生活"的反动及其结果。而中国不但不存在这种过度的集团生活，反而正好缺乏它。孙中山的中国"一片散沙"论，也断定其原因之一在于"民众过分的自由"。

新文化运动之新在于，它给了个人、自由以现代内涵。传统中国之所谓个人、自由,是在农业社会"皇权不下县""帝力于我何有",乡村士绅依靠伦理规范维系着一定程度"自发秩序"的前提下来描述的。这样的个人、自由,不是一种权利,而是因为权利概念缺失同时责任义务也无所附丽而呈现的愚昧状态。归根结底,这种个人、自由,其实是个体、自私。

这也是新文化运动不得不面对的矛盾之一,先贤们一方面猛烈攻击儒家秩序对个人的控制,另一方面也深刻揭露身在其中者的极度自私,被纳入"国民劣根性"之中。

胡适就不得不在文章中澄清两者的区别,指出个人主义有真假两种。在《非个人主义的新生活》一文中,他说:"假的个人主义就是为我主义,他的性质是只顾自己的利益,不管群众的利益。真的个人主义就是个性主义,它的特性有两种:一是独立思想,不肯把别人的眼睛当眼睛,不肯把别人的脑力当自己的脑力;而是个人对于自己思想信仰的结果要负完全责任,不怕权威,不怕监禁杀身,只认得真理,不认得个人的厉害。"

诠释非常简洁,但已经足够清楚。就是寻求真理,要靠独立思想、自由精神,认定真理,则肩负责任,勇敢追求。为此,胡适甚至表示了对马克思主义的认同:"马克思、恩格斯都生死在这个时代(维多利亚时代)里,都是这个时代的自由思想独立精神的产儿。他们都是终身为自由奋斗的人。"

陈独秀正是这种人的典型代表,他在《每周评论》第25号上所说的"出了研究室就入监狱,出了监狱就入研究室",可谓是他五四以后的人生写照。他的战友李大钊,则以"铁肩担道义,妙手著文章"的知识分了风范,以及大无畏的牺牲精神,彪炳史册。李大钊认为,社会主义代表民主的方向,而陈独秀则称,唯物主义学说就是科学。五四新文化在这两位先驱的擘画与行动中,部分转化为马克思主义的前导。

张国焘、罗章龙、邓中夏等一批中共干部,在其中受到思想和组织历练,一个叫毛泽东的青年,更在五四前后受到李大钊和陈独秀的当面启发。

在98天的关押结束以后,1920年初陈独秀被李大钊护送离京,"南陈北李"的格局在那一刻形成,又一年后,中国共产党诞生。五四之后,全新的社会理想出现。

一个个独立思想的人，起来担当，起来负责，追求自由，一起告别"暂时做稳了奴隶的时代和想做奴隶而不得的时代"，建造"人国"，这是五四新文化运动对普通大众发出的最震耳的呐喊。

1919年5月4日，青年正是被这样的呐喊所激励。罗家伦在《北京学界全体宣言》里写道："国亡了，同胞起来呀！"

五四新文化运动，客观上拆散了原先整合个体的社会文化结构，借重现代思想文化，重新在个体之间建立新的共同体纽带，建构新的组织基础。

中国的现代化史，从这里转折。

10.180年的工业自强

第一章叙述，到这里本来应该结束了。但正如我们在前面说过的，不能整体上理解180年的历史发展脉络，也就无法真正理解中华人民共和国的70年历史演化的内在逻辑。反过来也一样，我们只有把从鸦片战争到五四运动这一段历史和后面100年结合起来，才能更清晰地了解晚清在中国现代化过程中承担的历史功能。

所以我们在这最后的一节里，准备"风物长宜放眼量"，以简洁的笔墨梳理从1840年直至今天，180年的现代化全景。这个任务非常艰巨，但我们可以把切口缩小，从工业化道路看中国一个多世纪的民族自强之路。

1840年是中国近代史的开端，每一个中国人都知道，这四个阿拉伯数字代表着两个汉字——"挨打"。

"挨打"这个词听上去就像是儿戏。但对于中国人而言，这就是现代化的动力，改革、革命、再革命、继续革命、和平建设……都是为了摆脱"挨打"的处境，100余年一以贯之。放眼世界，没有另外一个民族，100多年的发展是依据这样一种逻辑的。

鸦片战争，清军的红夷大炮射程为4公里，英军火炮最大射程超过5公里，结果就一目了然了——"挨打"。

鸦片战争以后,中国人开始了洋务运动,师夷长技以制夷。当时的先辈对事情的肯綮把握是到位的——中国之所以输了战争,是因为对方船坚炮利,而这一表象的差别背后是国家工业能力的差距。于是,曾国藩、李鸿章张罗起江南制造局,左宗棠办出了福州船政局,前者制造武器,专心炮利,后者塑造平台,注重船坚。

中国的近代工业,从避免"挨打"起步。官方可调动的资源,都倾向于军事工业,造船,制枪,铸炮。军事工业需要煤炭,煤炭需要采矿、冶矿,采矿冶矿需要运输能力,于是提出对铁路的需求,铁路建设需要钢铁……洋务运动拉出了一整个重工业链条。

所有的环节,都依靠制造。而曾国藩知道科学原理和技术知识是制造能力的基础,所以江南制造局不但从事生产,而且还翻译和传播西方科技。江南制造局,是今天的江南造船厂的前身——江南造船厂制造了中国第一艘国产航母。

中国的工业化,从重工业开始,从今天的视角看,这很不符合常理。然而,近现代的世界的"常理",就是丛林社会,弱肉强食。因此,中国近现代工业的发展一直以来就有一个"自强"底色,正是从洋务运动肇始。

洋务运动是中国的第一次工业化努力,彼时,以英国为代表的西方早已完成了工业革命,而中国当时还没有解决"挨饿"的问题。清朝的人口,从初期的几千万,到18世纪增长到超1亿,19世纪增长到超4亿。 方面是因为粮食作物变革,番薯和玉米传入中国,让人的食物供给更充足;另一方面是政治支持,康熙的"盛世滋丁,永不加赋",雍正的"摊丁入亩",都为人口增长创造了条件。这里暗示的一个事实是,在一个前现代社会里,所有的农业生产效率盈余,都会被增长的人口所消耗殆尽。

在西方经济学理论里,这叫作"马尔萨斯陷阱"。马尔萨斯说:"人口若不受抑制,便会以几何比率增加,而生活资料却仅仅以算数比率增加。懂得一点算术的人都知道，同后者相比，前者的力量多么巨大。"①

所以有西方学者说，康乾盛世，是一个"饥饿的盛世"。饥饿问题，一直到 200 多年后才解决。解决的手段，只能是工业化。

马尔萨斯的整个人生，正好处于英国工业革命从开始到完成的时期，但他一生中从未察觉这个革命。工业革命是缓慢的，持续半个世纪以上，所以，不但马尔萨斯，古典经济学的鼻祖亚当·斯密、大卫·李嘉图同样身在其中却未能知晓。

然而后面两位，仍然以他们的真知灼见，给我们提出了非常现实的问题。

"马尔萨斯陷阱"从历史的角度看是一个真理，但它起作用的范围仅限于前现代时期。

为什么今天仍然被人一再提起？因为，500 年来，全世界真正实现工业化的国家寥寥无几。除了西欧、北美、东亚，很难找到其他在现代化上有说服力的国家和地区。也就是说，今天的世界其实大部分地方还处于前现代社会，真正实现工业化（约等于现代化）的国家，手指加脚趾，差不多就数过来了。

在工业化以及与之紧密相关的现代化问题上，人类掉入了另一个理论陷阱。

在早期，后发国家的所谓现代化，基本上就是资本主义化，但资本主义是有体系、有严格的阶梯性的。这个阶梯性，用沃勒斯坦的话说就是"中心—边缘"格局关系。资本主义世界体系的不平等，体现为产业分工的不平等——中心地区从事高质量的产业活动，边缘地区从事低质量的产业活动。

产业分工的主要依据，是李嘉图的比较优势理论。"葡萄酒得以在法国和葡萄牙酿制，谷物得以在美国和波兰种植，而金属制品和其它商品得以在英国生产。"②

比较优势理论加上亚当·斯密的自由贸易理论，逻辑上就非常严密了。你有我无，互通有无，工业国生产工业品，农业国出产资源，中心从事技术

---

① （英）托马斯·罗伯特·马尔萨斯：《人口原理》，王惠惠，译，陕西师范大学出版社，2008 年。
② （英）大卫·李嘉图：《政治经济学及赋税原理》，丰俊功，译，光明日报出版社，2007 年。

密集型产业，边缘从事劳动密集型产业，两下互补，公平交易，彼此不存在压迫性关系。

自由主义经济学家将此奉为圭臬，到今天依旧坚定如初。这一设想在理论上是完美的，唯一的问题是它从来没有真正实现过。因为在这个十分理想的模型里，没有考虑政治因素，因而就显得非常天真。

事实上在19世纪德国经济学家李斯特对此已洞若观火，他分析了历史后，发现主张自由贸易的英国在实践中并未实施自由贸易政策。"当两个国家彼此之间有着自由贸易关系时，售出制成品的一方所占的是优势，而只能供应农产品的一方居于劣势地位"，为了保持优势地位，英国"甚至不许那些殖民地造一只马蹄钉，更不许把那里所造的输入英国"。①

李斯特用非常生动的比喻揭示了自由贸易理论和比较优势理论被政治操纵的结果："一个人当他已攀上高峰以后，就会把他逐步攀高时所使用的那个梯子一脚踢开，免得别人跟着他上来。"②

占据优势的国家，会利用这一套理论，试图把处于劣势的国家永远锁定在产业链低端。

历史证明，每一个工业强国都会这样做，而这正是今天中国面对的麻烦。

李斯特在当时就主张处于劣势地位的德国和美国必须抛弃"比较优势"的桎梏，不能满足于提供原材料从而成为工业国的附庸，而应该起而发展工业。李斯特的主张直接促成了德意志关税联盟的建立，为德国工业化廓清了思想障碍，美国的后来居上，同样是在这一主张影响下的结果。

在中国的工业化婴儿期——洋务运动时代，中国人并不清楚这些已经存在的理论辩驳，但清朝有切肤之痛，这左右着它的行动。完成了工业革命的英国，名义上和清朝进行自由贸易，但直接结果就是它的东西卖不动。于是炮舰政策为之开路，鸦片贸易成为尖刀。正如有学者所言，"贸易进不来子弹就会进来"，同样，纺织品卖不动，鸦片就会开路。

---

① （德）弗里德里希·李斯特：《政治经济学的国民体系》，邱伟立，译，华夏出版社，2009年。
② 同上。

所以，中国一开始的工业化就不满足于做原材料产地和工业品倾销的市场，而是直接切入高端的军工领域，洋务运动，又叫"自强运动"。

自强，一直以来就是中国工业化的基本动机，或曰精神动力来源。

"马尔萨斯陷阱"的意思很明白，那就是——尽管不是他的本意——无论任何国家和民族，如果不能实现工业化，那就无法摆脱"挨饿"困境。

所以工业很重要。

工业可以干什么呢？

它生产很多东西，吸引人——今天的人们也许无法理解这个多么重要，如果没有什么能吸引人，人在劳动之外无所事事，就会造人——生孩子，从而消耗土地产出。

它否定了"马尔萨斯陷阱"——人类可以通过工业手段来解决生活资料增长速率跟不上人口增长速率的问题。举个简单的例子，农业是靠天吃饭的，旱涝风雨，都可能让人食不果腹，而工业的介入可以无视四季与天气，在技术控制下实现旱涝保收，以及更高的生产效率——这就是工业带给我们的福祉。

因此，除了国家和民族的自立自强，中国的工业化还有另一个更加民生主义的意图——它可以解决"挨饿"问题。

洋务运动，在中日甲午战争后破产了，中国的第一轮工业化灰飞烟灭。林则徐、魏源开眼看世界，研究西方，著书立说，在中国没有引起足够重视，但在日本，他们的著作却作为思想资源开启了明治维新。1894年的甲午战争，日本击败中国，在其中起决定性作用的，正是以工业化为基础的近代化。

对日战败，近代化梦碎，让一代人幻灭，也让一代人奋起。

所以维新，所以革命。所以，像张謇这样的状元郎，会顶住漫天的流言蜚语去兴办实业。

革命以后，1912年，孙中山先生在上海机器工会成立大会上讲话，他说："无论何种工厂，造何种货物，不用机器必不能发达。我中国开矿屡屡失败，亦因往昔不用机器之故。所以机器可以灌输文明，可以强国。"

孙先生这段话平淡无奇，但它直接击中了中国人的心理软肋，挑逗了中国人的民族主义情绪——泱泱中国，因为工业不振而任人宰割。之后适逢一战，列强无暇顾及中国，"纵容"了中国民族资本主义的发展，棉纺、面粉、丝绸、钢铁、造船等工业都有了相对宽松的竞争环境。我们熟悉的荣氏家族，正是在这个时代异军突起；朱志尧创办求新制造机器轮船厂，希望"稍酬义务于祖国"。还有范旭东、杨俊生等，纷纷起立。

不可否认，这一批真正的民族工业家中，大部分是受发家致富的动机驱使的，但在另一个维度上，从自强运动中继承而来的实业报国思想，也是不容置疑的精神指向。

即便是蒋介石政府，也深知工业的重要性。"九一八"事变之后，有识之士钱昌照等人力促国民政府成立资源委员会，希望及早实现工业化，以应对即将到来的战争。1936年资源委员会开始了工业建设，一年多时间里创立了21个工矿单位，主要领域仍是重工业，试图解决的仍然是"挨打"问题。

中国传统的实用主义精神，和工业主义是并行不悖的，这是中国能够最终迈向工业化的重要文化背景。然而无论是清朝还是民国，政治、军事上的弱势乃至附庸地位，决定了它们无法安定地通向目标。日本在甲午战争中打断了中国的第一次工业化尝试，又在全面侵华战争中打断了中国的第二次工业化努力。

在百年期待中，中华人民共和国登场。

总有一种声音，担心当下的中国在开放进程中倒退，回到"自我封闭"状态。这一忧虑非常善意，但显然是多虑。在中华人民共和国的70年历史上，确实有一部分时间是闭锁的，但并不是因为主动"自我封闭"，而是无可选择。立国之后的"一边倒"，是意识形态阵营对立的必然结果，这是保存这个新生政权的唯一选项。

从"巴统"的出现就可以一窥全貌。1950年，"巴黎统筹委员会"成立，全称是"对共产党国家出口管制统筹委员会"，这个有17个成员国的秘密组织，是资本主义阵营对社会主义阵营实施贸易管制的工具。美国政府在1954年的一份文件中清楚地阐明了意图:"对共产党中国的贸易管制,不仅要阻碍其战争潜力本身的增长,而且要阻碍其工业化。"

此时即便想对西方开放,岂可得乎?

立国之初就爆发了朝鲜战争,百废待兴的中国迫使美国撤回三八线以南并坐下来谈判。在近现代历史上,这是中国第一次和西方国家交战而没有失败。这一战,提高了中国的国际地位,确保了中国数十年的和平环境。也正是因为朝鲜战争,中国更加清醒地意识到工业化的重要性。李奇微说:"要不是我们拥有强大的火力,总能得到近距离空中支援,并且牢牢地控制着制海权,中国人可能早就把我们打垮了。"[①] 这句话背后的含义,就是美国的工业优势让志愿军无法取得更大的战果。

此后在苏联帮助下,中国开启了新一轮工业化,"156项工程"动工,方向是重工业优先,目标是国家的独立与安全——一如既往,避免"挨打"。1953年,周恩来总理指出"如果不努力建设自己的工业,特别是建设重工业,那就不能立足于世界","孙中山先生说过,我们要迎头赶上"。后来"超英赶美"的"大跃进",也与百年的自强动力直接关联。

新生的中国在1956年制造出歼5战机,成为世界上少数能制造喷气式飞机的国家之一;1957年建成武汉长江大桥,这是长江上的第一座桥梁。当时的中国没有市场机制来引导生产和刺激创新,替代性方案是劳动竞赛和技术革新运动,这种精神动员,一样来源于中国工业化的自强底色。

今天人们看"大跃进",主要看到的是一种荒诞。中国的确在此过程中付出了惨重代价,但并非毫无成就,武汉汽轮发电机厂、南京飞机厂和徐州的机械工业兴起,都是成功的例子。这段时间里建设的基础设施,以及中苏关系破裂以后出于备战动机的三线建设带来的工业扩散,成为改革开放后中国工业崛起的重要基础。

这个时代的中国人"勒紧裤腰带过日子",是在"挨打"和"挨饿"之间

[①] 《李奇微回忆录》,王宇欣,译,新华出版社,2013年。

优先解决前者，不解决前者，后者也没有可能性。

1963年，毛泽东在审阅《关于工业发展问题（初稿）》时特意加了一段话："我国从19世纪40年代起，到20世纪40年代中期，共计105年时间，全世界几乎一切大中小帝国主义国家都侵略过我国，都打过我们，除了最后一次，即抗日战争，由于国内外各种原因以日本帝国主义投降告终以外，没有一次战争不是以我国失败、签订丧权辱国条约而告终。其原因，一是社会制度腐败，二是经济技术落后。"

在毛泽东看来，新中国成立后第一个原因基本解决了，但第二个原因，"要彻底改变，至少需要几十年时间"。所以"如果不在今后几十年内，争取彻底改变我国经济和技术远远落后于帝国主义国家的状态，挨打是不可避免的"。

寄托于工业化的忧患意识中，凸显的还是百年的老问题。

20世纪六七十年代是中国最艰难的时期。前半期是孤立的，中国面临着苏美的双重压力，后半期和西方关系缓和，中西合作的工业化"四三方案"上场。无论是从孤立还是合作中，中国人都更加认识到独立自主的重要性，延续到今天就是一句话："核心技术是买不来的。"

所以，即便在最艰难的时代，中国仍然取得了一系列技术突破，以增强国家自立能力：原子弹、氢弹、核潜艇、12000吨小压机、歼8战机、轰6战机、无人机、导弹驱逐舰、69式中型坦克、远洋船舶、杂交水稻……

1978年，改革开放。邓小平带着中国开始了新一轮工业化努力。事实证明，他的高瞻远瞩最终让中国真正接近了100多年的工业化梦想。

从乡村集体工业开始的原始积累，到面向全世界的市场腹地，中国的工业化真正以一种有自生能力的面貌活跃起来了，从而也真正靠近了现代工业。

市场告诉人们应该生产什么，以及应该如何改进生产；自由贸易让生产出来的东西卖得出去，从而为生产规模的扩大与生产效率的提升供能；劳动力、自然资源、环境容量、制度灵活性以及政府参与的地区竞争，成为中国在世界市场上的优势。

在改革开放后20多年的时间里，亚当·斯密、李嘉图的真知灼见发挥了作用，得益于世界范围内的自由贸易和按照比较优势进行的产业分工，中国在轻工业领域如鱼得水，新自由主义经济学成为独步天下的显学。

然而这种与世界老大两情相悦的局面不会持续太久。一方面，中国经济体量不断增大，改变着世界经济格局；另一方面，中国产业自然地以及有意识地向价值链上游漫溯，必然就会动了他人的奶酪。

有意识的漫溯，仍然是受历史形成的自强动力的驱动，同时也来自当下的自尊需求。

技术引进换不来真正的先进技术，对此，北京东风电视机厂的厂长黄宗汉的体会很有代表性。在合作中他最终发现："人家就是腾出自己的场地、资金、技术力量来搞更先进的东西，才把这些东西给你了……它（日本三洋公司）不把这些东西都转给我，在日本就是一堆破烂货。"[①]

技术引进的结果当然有利于提升中国工业的技术水平，因为自身落后太多。但对于技术先进国家而言，中国这个庞大的市场不过是在帮助他们消化落后的产能，并且这些落后产能还能卖出高价。

董明珠在2001年试图向日本企业购买多联式中央空调技术，但对方说，"这种技术我们是不会卖的，因为它现在是世界上最先进的技术"。董明珠说："日本人一句话打醒了我们……所谓合资技术是落后的，先进的东西不可能到你这里来，那么，唯一能够改变我们命运的是什么？就是自己独立创造。"[②]

很快，格力就自主研发了中国首项多联式中央空调技术，又相继生产出世界第一台超低温数码多联机组，以及具有自主知识产权的离心式冷水机组。

这样的例子不胜枚举。中国工业化在20世纪初形成的利益驱动与实业兴国的复合动力结构，100年后，再一次回到了工业家们的心胸。也正是在21世纪初，中国再次开始了重工业化战略。

---

① 杨善华，等：《缝隙中的改革：黄宗汉与北京东风电视机厂的破冰之旅》，生活·读书·新知三联书店，2014年。

② 沈伟民：《新常态下的变革：对话37位企业家》，东方出版中心，2015年。

这一次是在市场推动下的自然升级，它在各个产业领域都共同指向了核心技术。航天、高铁、大飞机、先进战机、港口机械、特种船舶、信息工业、大口径射电望远镜、量子通信……纷纷崛起，这一阶段的特点，概括起来就是"用机器来批量生产机器"。

而此时，中国和美国的矛盾就真正出现了，正如李斯特所说，先上去的人开始踢梯子。

华为的任正非先生，对此早有预计，也正因如此，他成为中国工业自强的代表性人物。2000 年，华为曾考虑以 100 亿美元的价格把企业卖给美国，但在最后时刻放弃了。任正非预料华为很快（他精确预计到 2020 年）就将和美国在山顶上狭路相逢，于是早早开始了自主研发上的"备胎战略"。

和历史经验完全一致：当政治走到了台前，自由贸易就迅速失效。接下来的 10 年、20 年，注定是中国工业化史上另一个荡气回肠的时代。我们置身其中，应该深感幸运，也应该意识到每一个人身上的责任。

在第二章中，我们将把时钟再往回拨一点，从帝制终结、民国诞生开始，继续探索中国的革命史和现代化史。

第二章

为什么共产党能赢

1. 制度移植的失败和新型政党的出现

随着清王朝的覆灭，中国 2000 多年的王朝体制从此走入历史。
新的一页翻开了。历史在此刻似乎展现了点新意。

共和难建

1912 年 2 月 12 日，清朝历史上的最后一位皇帝，同时也是自秦始皇创立皇帝制度以来中国的最后一位皇帝——爱新觉罗·溥仪，颁布退位诏书。

退位诏书中称："今全国人民心理，多倾向共和，南中各省既倡议于前，北方诸将亦主张于后，人心所向，天命可知，予亦何忍因一姓之尊荣，拂兆民之好恶？是用外观大势，内审舆情，特率皇帝，将统治权公诸全国，定为共和立宪国体……即由袁世凯以全权组织临时共和政府，与民军协商统一办法，总期人民安堵，海宇乂安，仍合满、汉、蒙、回、藏五族完全领土，为一大中华民国……"①

王朝覆灭并不是中国历史上的新鲜事，但不再有皇帝了，可是头一遭。至少，当时满怀理想与荣光的革命者以为中国的历史终于要翻开新的一页了。

新的一页应该怎么书写，换句话说，应该怎么建立新的国家，依照什么政体，采取何种制度，革命者的心中其实是有答案的。

当时世界上凡强大国家，无不采两种制度，一为君主立宪，一为民主共和，不过这只是形式上的分类，从政体精神来看，英国与美国相近，反倒与同为君主立宪制的德、日相去甚远。

早就对皇帝深恶痛绝的革命党人对君主立宪无感，况且，清末时对日式君主立宪的试验早已失败过，所以当时以孙中山为首的革命党人心中的理想是英美民主主义，期望建政时亦以英美政党制度为楷模。

---

① 章永乐：《多民族国家传统的接续与共和宪政的困境——重审清帝逊位系列诏书》，《清史研究》2012 年第 2 期，第 1-7 页。

尤其在袁世凯挤走孙中山成为大总统之后,孙中山和宋教仁更是希望借助议会政党竞争的形式,组织政党内阁来限制袁世凯的权力。

但是,英美的议会民主制是基于其社会结构,自下而上地形成的,是他们的社会自发选择了那样一种政治制度。而在一个强大的集权政治逻辑通行了几千年的中国社会,突然要空中楼阁般地架起一个议会民主制的壳子,并且靠这个壳子去套住个人权力,实在显得万分无力。

事实也的确如此,政治强人袁世凯不仅没能按照孙中山和宋教仁的设想被议会民主的壳子限制住,还几乎不费力地拆解了它,并在拥戴的欢呼中,重新回到了帝制的老路子上,而宋教仁也因此丢了性命。

袁氏帝制草草收场后,北洋军阀政府又回到了形式上的共和制,但共和民主的精神却难以发扬,国家政体的维持根本上还是依靠手握军队的强人。

段祺瑞执政期间,虽加强责任内阁制,削弱总统权力,但也不过是为了予他自己方便。而且皖系、直系、奉系,每隔四年轮番上场,打得不可开交,对北洋政府彻底失望的孙中山则回到广东重建政府,自任非常大总统,国家还一度陷入两个政权并存对峙的局面之中。

即便在军阀政治混乱不堪的境况中,心怀民主共和之理想的人也没有完全放弃希望,基于自由主义的政治原则,包括胡适在内的一些具有强烈社会责任感的知识分子和部分政治精英一度攒出过一个"好人政府"的理念,并将它投入实践。

在这些精英看来,当时中国无休止的军阀混战、严重凋敝的社会经济、腐败丛生的政治制度、民不聊生的悲惨现实等,全是因为好人自命清高,不愿参与政治,让坏人当道造成的。因此他们提出"作为现在改革中国政治的最低限度的要求",[①]应该由知识分子中的"好人"来组成"好人政府"。

他们为"好人政府"设定了几条标准,一是"要有正当机关可以监督、防止一切营私舞弊的不法官吏";二是"充分运用政治的机关为社会全体谋取

[①] 胡适:《我们的政治主张》,载《胡适文集》,北京大学出版社,1998年。

充分的福利","充分容纳个人的自由,爱护个性的发展"。另外,他们还提出了今后政治改革的三项基本要求,即"宪政的政府""公开的政府""有计划的政治";提出了几项具体主张,主要有南北议和,召开旧国会,制定宪法、裁兵、裁官、财政公开、改良选举制度等。

在他们的努力下,1922年9月19日,直系军阀控制下的北京政府组成了新一届内阁,即"好人内阁"。这届内阁被时人寄予了极大的期待,10位阁员身上似乎都具有一些"好人"的共性。比如他们都拥有良好的教育背景,其中8位还有留学欧美或日本的经历:国务总理王宠惠、外交总长顾维钧曾留学美国,财政总长罗文干、海军总长李鼎新、交通总长高恩洪曾留学英国,陆军总长张绍曾、司法总长石志泉曾留学日本,教育总长汤尔和曾留学日本和德国。内务总长孙丹林、农商总长高凌霨虽未留学国外,但前者曾考入山东大学,后者则是前清举人。

"好人"们在政治上也有着基本一致的倾向,比如都曾反对过袁世凯称帝。其中王宠惠、孙丹林、石志泉、汤尔和还是同盟会会员。

但是,这样一个被寄予厚望的"好人政府"还是因为国家财政崩溃,不得不像之前的内阁一样乞讨借款,游走于军阀势力之间。

由于王宠惠与吴佩孚关系交好,使曹锟、吴景濂为之不满,他们积极倒阁。1922年11月18日,众议院议长吴景濂和副议长张伯烈以财政总长罗文干在与华义银行签订借款合同时没有经过国会和总理的批准即签字,涉嫌受贿,要求黎元洪将其逮捕(即"罗文干案")。

曹锟稍后也通电支持国会严查此案,得到各地不满吴佩孚的都督的相应。吴佩孚在压力下最终让步。11月29日,王宠惠内阁请辞。就这样,"好人内阁"从充满希望地上台到狼狈不堪地下台,不过72天。

在军阀横行的时代,空谈"好人政府",实在是隔靴搔痒。

"好人内阁"只是北洋军阀时期政治乱象的一个缩影,在实行西式民主宪制的短短十来年间,内阁颠覆30多次,无一任能长久,更无一任能有所建树。

所以中国的历史钟摆再一次偏向强大的中央权威的一边。

党治出现

这次的钟摆是由孙中山来拨动的。

与袁世凯的斗争失败让孙中山不断反思为什么自己会失败,军阀混战的局面又让他思考国家的出路在哪里。

实际的斗争给了他答案:国家还是需要有强有力的权威,并且可以依靠党这种组织形式来掌握并贯彻国家权威。

但是在当时的世界,还没有一党制或"党国体制"的先例,早已走上资本主义发展快车道的一批先进国家都是在国家发育成熟之后才有政党,政党作为持有不同理念、利益的群体代表去分配、运作国家权力,这一点与后发民族国家很不同,后者往往还面临着建立现代民族国家的课题。

如何建立呢,正在苦苦思索中一筹莫展的孙中山,突然看到了苏联的党国模式的成功,便立马对它产生了强烈的兴趣。在孙中山看来,俄国革命之所以成功,"即因其将党放在国上","俄国完全以党治国,比英美法之政党,握权更进一步,可为我们模范"。①

对于后发外生型现代化国家来说,政治秩序和社会秩序尚未确立,在此种情况下,以"以党治国"先来强化中央权威,进行国家的秩序安排与社会建设,的确是一种可行的选择。因为现代化不能在战乱和动荡中成长,需要内部安定、外部和平的环境,所以落后国家要想实现现代化变革,需要有一个强有力的组织来对各种社会力量进行干预和调节,对外部势力进行抵抗。

孙中山鉴于辛亥革命的失败,学习苏俄的党国模式,改组了国民党,以"民主集权制"的形式建立了从中央到基层的组织,以图实现对国家政治和社会生活的全面统治,事实上这也是20世纪非西方的后发国家运用苏联模式的开端。

不过,孙中山对苏联的一党制虽然表现出了强烈的兴趣,但对于和一党

---

① 孙中山:《关于组织国民政府案之说明》,载《孙中山全集:第九卷》,中华书局,1986年,第137页。

制紧密联系的共产主义意识形态却并不推崇，对他来说，中国的正统政治思想应该是基于中国传统的三民主义，而非马克思主义。但出于调和的考虑，孙中山也为三民主义和共产主义寻找共通之处，甚至还一度直接把三民主义称为共产主义。

抛掉共产主义的意识形态，孙中山最希望学习的是苏联的办党经验和建军经验。

办成什么样的党呢？孙中山希望把国民党办成类似苏共那般权力高度集中的，绝对服从领袖的，具有铁的纪律的党，而后，以党来领政，以党来训民。

在孙中山看来，"民国之主人者，实等于初生之婴儿耳，革命党者，即产此婴儿之母也。既产之矣，则当保养之，教育之，方尽革命之责"[①]。

怀着这样一种保姆心态，孙中山和国民党上层集团为国家设计了"军政—训政—宪政"的路径，规定"在军政时期，一切制度悉隶于军政之下。政府一面用兵力扫除国内之障碍；一面宣传主义以开化全国之人心，而促进国家之统一"，从而为强力党治的合理性提供了理论解释。

但历史的偶然性在此刻展现出来了。

正待孙中山大施抱负之际，他却留下一句"革命尚未成功，同志仍须努力"就早早离世，而更为遗憾的是，他生前所制定的"联俄、联共、扶助农工"的三大政策也因此中断。

此后，国民党极速右转，通过四一二、七一五反革命政变结束了国共合作的局面，由一个包容性的政党转变为排斥、打击异己的政党。党治模式出现了巨大的裂痕，并不断蔓延扩散开来。

党政冲突

孙中山死后不久，国民党内部即发生分裂，从此派系林立。

其中比较大的有以汪精卫、陈公博为首的改组派，以邹鲁、谢持为首的

---

① 《孙中山选集：上卷》，人民出版社，1956年，第153页。

西山会议派，以胡汉民、邓泽如为首的胡派和以孙科为首的太子派。

除去这些，在蒋介石集团内部，又有政学系、CC系、黄埔系，这几大派系之间又长期斗争。而蒋介石自己也私心自用，嫡系与非嫡系，划分得很清楚，蒋系统内部也是矛盾重重，战场上各自拥兵自重，见死不救，时常发生，而作为一党领袖的蒋介石又不能解决这一严重问题。

国民党还几度分裂，1930年8月，先后发生北平反蒋的国民党扩大会议、南京国民党和国民政府的对抗，之后1931年5月又发生广州的国民党非常会议、南京国民党与国民政府的对峙。1932—1936年，以胡汉民为精神领袖的广东、广西几乎独立。

这样一个连自身尚且难以统一在一起的党，又如何能够完成它曾自诩的"以党领政、以党训民"的历史使命？

虽然历史曾一度出现过统一的迹象，随着北伐的成功，国民政府的建立，乃至东北易帜，国民党在"军政"期内势如破竹，国家在形式上终于具有了唯一的政治中心。但国民政府的实力实际上只局限于沿海沿江的江苏、安徽、浙江等几个省份，由于将共产党排斥出党外，日本对华步步紧逼，国民党的权威一直受到地方军事实力派、日本、中国共产党这三个方面的挑战。

许多省是在既不忠于蒋介石，又擅自巧立军政名目的"省主席"统治之下的，即使在国民政府直接控制的省份里，中央的权威也难以直达底层，基层权力机构也常常由中央政府难以控制的地方士绅所把持。

比如，1938年1月，四川省主席刘湘在南京的医院咽气之后，其妻子和川军部下指控这是中央政府为了撤掉执掌川政的障碍，才将他暗杀掉的。于是，四川的实力派拒绝中央政府任命的张群接替刘湘做省主席。

就更不必说在山西俨然土皇帝的阎锡山和国民政府的关系有多么脆弱。

阎锡山虽然被蒋介石任命为二战区司令长官和军事委员会副委员长，但是八年抗战期间既没有到过重庆，也没有见过蒋介石一面。据美军的情报资料，阎锡山的一个将领曾说过，在二战区，写在墙头标语中的敌人，首先是共产党，在阎锡山的名册上，二号敌人就是不时插手山西事务的中央政府，再后是日占区的汉奸，最后才轮得上日本鬼子。①

在这样分裂的局面下，蒋介石的"一党、一国、一领袖"不啻从未实现过的梦幻。

究其原因，不仅仅是国民党自身的统合出了问题，它曾设想过的"以党统政"也存在着党制和政制的内在冲突。

唯一实现了"以党统政"的部分只是在中央一级，因为省以下实行党政完全分开，所以在省以下的地方和基层，国民党的组织形同虚设，其对农村治理就更是失败。

党的机构和行政机构之间的关系又经常处于矛盾的状态。借鉴美国的三权分立的架构，国民政府机构的设置采用五院制，分别设立行政院、立法院、司法院、考试院、检察院，而党的组织又是苏式的集中制，因此，党的机构非常影响和干扰国家行政机构的正常运行。

而蒋介石又难以约束自身，党成为中央的党，中央的党又高度集中于蒋介石一人。可以说，蒋介石走到哪，党的权力就到哪，政府的权力也跟着到哪。

比如同一个职位，他是否担任，其权限完全不同。1928年2月至10月，谭延闿担任国民政府主席时，主席一职形同虚设，但当10月由蒋介石接任国民政府主席后，其实际职权"较总统制国家元首有过之而无不及"。1931年12月至1940年，林森担任国民政府主席，主席一职又成了礼仪性的荣誉职务。继而蒋介石接任林森的主席后，该职位的权力又实现了集中。

蒋介石在国民党之外，又建立三青团、力行社等其他组织，依靠秘密组织来实现统治，与正规国家行政机构相冲突。

可以说，国民政府行政建制的理念与它的党治模式之间存在的根本冲突，也是国民党失败的根由之一。

---

① （美）易劳逸：《毁灭的种子：战争与革命中的国民党中国（1937—1949）》，王建朗，王贤知，贾维，译，江苏人民出版社，2009年，第2页。

2. 被羞辱的"站起来"及对世界的重新认识

一战后,中国成为战胜国,国际地位有所提高,外交活动更加主动,利用列强矛盾与制衡一定程度上恢复了部分主权和治权。

但这也是一次屡被羞辱、无法站得住的"站起来",救亡图存危机始终压制着民族复兴的"精耕细作",刺激中国人重新认识世界,重新思考中国的未来。

巴黎和会上的失望

一战是中国历史的十字路口。无论是其中的"胜利",还是其中的"失败",都戏剧性地将中国合力推向了新的方向。

历史正在进行的时候,谁都很难预料,参加一战并且加入协约国的决定到底是对还是错。

至少战争初期的中国是不想卷入其中的。在1914年7月28日这天,中国提出了一项二十四点申明,表达了想要在战争中独善其身的态度。① 在申明中,中国要求交战国不能利用并占领中国的领土、领海,更不能在中国交战。对于强国俱乐部内的矛盾争夺,中国只求自保,实无介入的意图。

但对于弱国,置身事外终不过一厢情愿,早有邻国虎视眈眈。

趁着战争,新兴强国日本获得了借机渗入中国的极好机会。

日本向德国宣战后,趁机封锁了德国租借地内的青岛,而后日本军队在山东半岛北部登陆,后来直接占领通往济南的山东铁路全线,并且攻占青岛。

在日本进犯山东的整个过程中,没有任何其他力量予以牵制。英、法、德专注于欧洲战场,正在策划对华渗透的俄国不反对日本的行动,唯一对中国抱有一点同情的美国,也不希望中国与日本对抗,在这种情况下,中国陷入孤立。

---

① 费正清,费维恺:《剑桥中华民国史:下卷》,社会科学文献出版社,1994年,第97页。

在孤立无援的境况中，外交次长曹汝霖向日本转达了总统袁世凯希望与日本进行谈判的意愿，作为回报，袁世凯则希望日本严控在日本的中国革命党人。

在一系列谈判后，有了后来为国人所恶的"二十一条"，也即1915年5月9日外交总长陆征祥和次长曹汝霖在日本使馆所签下的那份在五四运动中成为反抗焦点的协约。

从内容来看，"二十一条"并不比中国之前曾签订过的一系列条约更"丧权辱国"，基本上，它是一个在符合列强在华顺序的前提下，再分日本以一杯羹的条约。

但借此，日本在中国大陆站稳了第一个脚跟。

袁世凯死后，中国的政局随即变动。在一战问题上，参战与否，时任北京政府总统黎元洪和段祺瑞发生了分歧。在得到皖系军阀、曹汝霖集团和梁启超保守共和党人的支持的情况下，段祺瑞的意见最终胜出，1917年8月14日，中国向德国和奥匈帝国宣战。

在战争的后期，这个明智的决定终于让中国第一次扬眉吐气，得以跻身战胜国俱乐部，万千国民也企盼着借此将列强在华势力清除出去，摆脱半殖民地的国家现状。

但为国人所不知的是，密谋早已完成。

当初，战争正酣时，为了对付德国的潜艇活动，协约国求助于日本海军，日本则趁机要求英国支持日本获得以前德国在山东的权益，同时，日本也向俄、法、意等国提出了相同的要求，四国都私下保证，将来在任何和平会议上都将支持日本的要求。

有了这份默契，在随后的巴黎和会上，德国在山东的权益便"顺理成章"地被转移到了日本手中。

强权赤裸裸，公理无处讨。威尔逊美国的十四点原则没能成为和平使者，资本主义和帝国主义世界没能给亟待从落后状态中挣扎出来的贫弱国家以好的示范，知识分子理想中的国家形象不再是盎格鲁—撒克逊式的民主模式了，本满心憧憬的民众也由期待转而失望，失望转而愤怒，愤怒继而反抗。

旧的神话破灭了，新的信念将唤起人民。

五四运动：平民主义兴起

当巴黎和会的消息传回国内的那一刻，"公理战胜强权""民族复兴"的梦想倏然破灭，本以为晚清以来的国家衰败主要缘于屡战屡败的战争挫折，可没想到，哪怕赢得了战争，成为战胜国，国家还是无法避免"由人宰割"。

如此，救亡图存再一次成为最紧迫的任务，而且，在"胜利"的失败面前，民众第一次清醒地意识到，没有什么公理，也没有什么救世主，甚至国家政府也难以倚靠，一切唯有民众起来自救。

当然，巴黎和会之于随后的五四运动只是一个导火索，始于1915年的新文化运动早为这场民众的游行自救运动铺垫了深厚的思想基础。

在梁启超为我们所提供的思想框架中，新文化运动是继器物改革、制度改革无果后，在思想文化层面的深刻反思。

以陈独秀、鲁迅等一众新文化运动干将为代表的新知识分子，在进行文化反思时，纷纷将批判的矛头指向国人的国民性，因为"凡是一国的兴亡，都是随着国民性质好歹转移"[①]。

所以，中国衰弱的真正根源，便在于"国民性质"出了问题。

陈独秀借尼采的奴隶道德之说，认为"国民性质"的问题在于国人不以自我为中心，即总是作为他人或团体的附属物而存在，没有自我，所以他才提倡"伦理革命乃吾人之最后革命"。所谓伦理革命，正是要打碎束缚在个体身上的一切伦理枷锁，让个人不再成为任何家庭的、团体的、纲常礼教的附属物，而只是他自己。

与陈独秀类似，鲁迅也作出"中国的历史就是做稳了奴隶的时代和想做奴隶而不得的时代的循环"的断语，他对国人"奴性"的批判，就是为了将

---

① 《陈独秀文章选编：上》，生活·读书·新知三联书店，1984年，第53页。

一个大写的"人"立起来。

民权立,而后民主张。

新文化运动请进了赛先生,第一次把人人都应当拥有自主人格的信念传递给普通大众,中国大地上,一种"平民主义""民主主义"的意识观念由此而生,正是在这个基础上,大众的力量才得以被真正组织,否则,便仍是一盘散沙。

所以,一开始以北京学生为主体的五四运动才能迅速蔓延到上海的工人和商界,在抗议最烈之时,总商会内部还传出"改良总商会"的呼声,认定当时的总商会"一味与官僚派接洽,暮气太深,官派太重,麻木不仁",所以必须重选明哲之才。

所以当第二年总商会进行换届选举时,改革派占了大半。①

新的力量起来了,各界的联合可能了。在学界、工商界乃至普通市民的一齐努力下,运动终于取得了形式上的成功:中国外交代表团拒绝在《凡尔赛和约》上签字。

这是一种此前从未有过的民主主义,它在国内表现为主张人人为自己负责,为国家负责的"个人主义"思潮,在国际上则表现为以"驱除列强""民族自决"为主要内容的国际民主。

五四运动作为对巴黎和会上中国外交失败的回应,第一次把政治外交的失败与普通平民的政治无权联系起来,也事实上是将民主作为对抗强权的重要力量。

这两股思潮合起来,让知识分子以外的普罗大众都日益清醒地意识到自己在国家民族危机之中的力量和责任,他们开始尝试发挥自己的作用,以图改变国家的现状,改变自己的命运。

如陈独秀在1932年受审时,为自己做的辩护词中所说:五四运动是他思想发展中的一个重要转折点。在此之前,他呼吁振兴中华,是针对知识分子

---

① 费正清,费维恺:《剑桥中华民国史:上卷》,社会科学文献出版社,1994年,第749页。

阶层所说的，但此后，便转移注意力到普罗大众身上。

在陈独秀所创办的政论刊物《每周评论》中，有一番对时人心理状态的极好描绘："真正的解放，不是央求人家网开一面，把我们解放出来……不是仰赖那权威的恩典，给我们把头上的铁锁打开，是要靠自己的努力，把它打破，从黑暗的牢狱中，打出一道光明来。"[①]

废约的努力及其失败

巴黎和会给予中国以当头一棒，如前所说，它激发了五四爱国运动的兴起，中国历史上第一次启蒙性质的思潮由此生发。

在外交领域，也并非一无所获。借着宣战之机，中国废除了对德、奥两国的所有旧条约，终止了德国在华扩张的势头，也开了此后废约外交的先河。

巴黎和会3年后，由美国推动的华盛顿会议召开，此次会议在一定程度上实现了对巴黎和会的矫正，在原则上确立了尊重中国主权与独立，领土与行政完整，任何国家在华不得谋求特殊利益的准则。

事实上，它也的确达成了一些有益的外交成果。

1921年11月1日到1922年2月4日，日本和中国通过直接谈判解决了山东问题，两国签订了一个条约，把以前德国的胶州租借地归还中国，日本从山东撤回所有军队，青岛海关并入中国海关，胶济铁路及所有财产移交中国。

但相比于华盛顿会议所提出的高理想，以上矫正，也只是局部利益的收回，中国国家的半殖民地境况并没有得到根本扭转。中国的主权仍受不平等条约体系的损害。

除了当时的中国已经嵌入格局暂定的世界体系而难有根本改变外，部分原因也是中国在1922年分裂为北京和广州两个政权，没有一个单独的政府能行使主权。

---

① 陈独秀：《每周评论：第30号》，1919年7月13日。// 杨奎松：《"中间地带"的革命：国际大背景下看中共成功之道》，广西师范大学出版社，2012年，第10页。

历史在这里陷入了一个吊诡的恶性循环，即列强各国政府需要看到一个统一、有力，并且能够实现法治的中国中央政府，非如此不能轻易地交换他们所握有的在华特权，但是中国的分裂与混乱，以及中央政府的无力和虚弱，很大程度上又恰恰是因为列强坚持维护它们在中国的势力范围，由此产生的外国人需要特殊保护的理由也就难以消除。

国家内部尚且没能统一，又何来强大的国家能力以与列强争胜？正是"弱国无外交"的一次次挫折与失败，让救亡图存始终是横亘于国人心头的核心焦虑。个人主义的发现，民主主义的崛起，也最终指向了这一最终目的：国家的富强。

正在此时，苏俄的经验予国人以新的希望。

"俄国人民啊，我们当速联合全世界的被掠夺者，为全世界为全人类而战，为正义人道而战，为自由平等互助而战，日本英法美和其他诸国的资本家政阀军阀，都是我们的大敌，我们当芟除之。"（《浙江学生联合会答俄国劳农政府书》，1920.5.2）

法德不足取，英美亦不足取，对于急于改变自身境况的民族，马克思主义展现了极大的号召力，从此，渴求改变自身命运，敢于战斗的中国人民，将用新的理论思想将自己武装起来。

3. 马克思主义降临

五四之后，救亡图存成为时人最热烈的关切。但爱国与救国不能停留在思想启蒙的层面，还要解决如何行动的问题，此时便遇到指导思想，也即理想与途径的问题。在巴黎和会后，西方的民主主义的光环已不再，对国人也已不再具有吸引力，新的出路亟待找寻。

恰在此时，十月革命后的马克思列宁主义传入中国，布尔什维克的胜利，连同它废除此前沙皇在华的特权，似乎为中国的解放指明了一条新的道路。

走入中国

在知识分子还没有广泛接受马克思主义之前,思想界各派学说争相登场,没有任何一种能成为主流。不论是巴枯宁或克鲁泡特金、小路实笃还是托尔斯泰,又或者罗素和柏格森,都很容易为中国学者所信服。彼时,各种无政府主义思想拥趸尤其多。

在新思潮广泛涌入的当口,马克思主义最初也是以一般学说的面目进入中国的思想市场的。只是后来颇为戏剧性地接连发生了十月革命的胜利和巴黎和会的失败等事情,马克思主义才迅速地为一批知识分子所接受,进而成为指导他们实际斗争的有力武器。

如最早接受马克思主义的陈独秀,曾信服无政府主义,也满含热情地和李大钊、蔡元培等人发起成立工读互助团,进行空想社会主义实验,只是很快就失败了,这也促使了他们转向马克思主义。

同其他传入中国的思想类似,马克思主义初步传入中国主要通过两条途径,日本的译介和欧洲留学生的传播。

学人统计,1919年中国人译介的日文马克思主义文章主要有9篇,1920年为9篇,1921年为12篇,1922年为7篇。[1] 中国人介绍十月革命和马克思主义的文章,大多也是根据日本译介的马克思主义著作,加上自己的理解著成的。

如最早介绍马克思的朱执信,就是因赴日留学接触了马克思主义的学说,1906年1月,朱执信写了《德意志社会革命家小传》一文,介绍了马、恩二人的革命活动和翻译了《共产党宣言》《资本论》的片段。他评价《共产党宣言》,说"马尔克(马克思)之事功,此役为最"[2]。

西欧渠道则是1917年之后,中国大批先进青年知识分子到法国和德国勤工俭学,在这期间苦读外文,努力钻研,翻译了《共产党宣言》《社会主义从空想到科学的发展》《国家与革命》等马列著作。

---

[1] 左玉河:《马克思主义传入中国的三个渠道》,《毛泽东思想研究》1991年第1期。

[2] 朱执信:《朱执信集:上册》,中华书局,1979年,第10-11页。

真正在中国系统地宣传马克思主义，是在十月革命后由李大钊开始的，他在中国大地上率先举起马克思主义旗帜。

李大钊于1918年7月发表《法俄革命之比较观》一文，认定资本主义文明"当入盛极而衰之运"。后又发表《我的马克思主义观》一文，明确地把马克思主义称为"世界改造原动的学说"，并对马克思主义的唯物史观、剩余价值学说和阶级斗争理论做了比较系统的介绍。

最初，马克思主义的接受与传播都以各大城市的学校为中心，如北京大学、上海大学、华中大学及其附属中学、成都高等师范学校等当时都是各个市或者地区马克思主义宣传的基地。日本、法国、俄国也都以留学生为中心宣扬马克思主义的学说。

而据学者统计，在五四运动后的5年里，在改信马克思主义的人当中，只有12个人出身于无产阶级，其余不仅受过教育，有的还出身于较为富裕的小资产阶级家庭。①

这些先行者，一旦改信了马克思主义，则认定"从前种种，皆是错误，皆是罪恶"。

走进工农

马克思主义学说的逐渐译介只是为他们打开了一扇门，真正使他们被马克思主义所吸引，并最终转向列宁的马克思主义的，是缘于苏俄革命现实的鼓舞。

按照经典马克思主义理论，共产主义革命在一国实现的前提应该是该国存在发达的资产主义，但是列宁根据俄国革命实践发展进行了新的诠释，在资产阶级薄弱的农业国家，也即帝国主义的最薄弱环节，不仅可以出现革命，而且会首先出现革命。

十月革命吸引了国内激进者的目光。随着革命的胜利，列宁、托洛茨基

---

① 费正清，费维恺：《剑桥中华民国史：上卷》，社会科学文献出版社，1994年，第497页。

等人的思想理论也一并传入国内。在这一时期，列宁的《国家与革命》《帝国主义：资本主义的最高阶段》《共产主义运动中的"左派幼稚病"》，以及托洛茨基的《共产主义与恐怖主义》《布尔什维克主义与世界和平》都被翻译为中文。

在《新青年》的第八卷上，列宁于1919年12月苏共第八次代表大会上所作的《关于党的纲领》中的"民族自决"与"过渡时期的经济"也都被翻译为中文登载。

在主持《新青年》的陈独秀看来，1920年的中国，资本主义尚处于萌芽状态，与俄国的社会经济发展水平不相上下，既然俄国可以实现跳跃，那么中国也可以。曾经那个通过"西洋文明 vs 东洋文明"的对比来赞扬西方个人本位、批判中国集体本位的陈独秀在此时已然转变。

因为十月革命的成功实践，抽象的理论似乎得到了现实的印证，因而具有无可比拟的号召力。

在1919年底时，陈独秀针对建立在私有制基础上的西洋制度文明所造成的道德败坏进行了猛烈的攻击："西洋的游惰好利，女人奢侈卖淫，战争，罢工种种悲惨不安的事，哪一样不是私有制度之下的旧道德造成的？"[1]

他曾鼓吹"伦理革命乃吾人最后之革命"，但现在，他又意识到个人的解放不再是能够通过伦理革命和教育便能实现的了，因为个人也是嵌于整个社会结构中的个人，如果社会结构本身带有压迫性质，那么个人的解放也要从砸碎这个结构入手才有希望。

也即是说，唯有从根本上发起一场社会革命，打倒压迫阶级，国家的丑恶和人民的苦难才能被改变。由此，辩证唯物主义、阶级斗争成为新的信仰。

为了与之前他费大力气请进门的"赛先生"相区分，陈独秀又把民主区分为资产阶级民主和无产阶级民主，认为只有无产阶级专政才是"最民主"的政权。

---

[1] 陈独秀：《独秀文存：卷2》，外文出版社，2013年，第72页。

以他为代表的知识分子开始认识到,仅仅"开几个公民大会"是无法取得实际斗争的胜利的,必须联合无产者将有产者阶级战争的社会制度予以破坏,所以知识分子开始注意与工农大众产生联系,其所创办的刊物更加关心底层劳工的境况。

由陈独秀所创办的《每周评论》,即以社会调查为基础,刊载了一系列关于上海、汉口和唐山工人工作和生活状况的文章。越来越多的人走入底层,如彭湃走进广东海丰的农民中,毛泽东走进长沙的农民中,恽代英走进武汉的工人中,张国焘和邓中夏走进北方的铁路工人中。[①]

中国的革命活动也受到列宁的关注,让他欣喜地看到,东方殖民地和落后国家中民族主义运动正在殖民地宗主国和帝国主义列强的后院造成震荡,列宁相信马克思在《哥达纲领批判》中的论断:无产阶级革命的胜利注定了只能与资本主义在世界范围内的灭亡相辅相成。

在列宁看来,一国社会主义的首先胜利,将意味着资本主义链条的集体崩解,世界范围内社会主义胜利的即将到来。因而中国的革命,也被纳入全球性的革命战略之中。而且为了加速链条的崩解,首先成功的无产阶级国家有责任指导落后的东方国家进行革命斗争,中国的革命也呼唤组织化的力量。

在此背景下,共产国际派遣维经斯基来到中国指导革命实践。

完成组织化

1920年4月,苏俄外交人民委员部远东事务全权代表维经斯基来到中国,指导筹建共产国际远东局和共产党组织。

他先到北京,由鲍立维和伊万诺夫介绍,与李大钊接触。

两人的见面颇有趣。一见面,维经斯基就称李大钊为"达瓦西里",意为同志,李大钊则自谦地解释自己不过还在学习,还称不上是"同志"。维经斯基则说他已读过李大钊所写的宣传马克思主义和十月革命的文字,认为已经

[①] 费正清,费维恺:《中华民国史:上卷》,社会科学文献出版社,1994年,第497页。

达到了他们"同志"的水准,但是,马克思主义者不能仅仅停留于钻研理论,要实现革命的理想,就应当走入实践,组织起来。① 由此,维经斯基向李大钊提出建党的问题。

如何建立一个组织化的党,将马克思主义付诸实践,在这一时期也是萦绕在陈独秀等人心头的大问题。

得此俄国人南来的契机,李大钊将维经斯基介绍到上海,与当时威望极高的陈独秀联系。

长期以来苦于找不到救国救民出路,对社会主义心存向往却无系统认识的陈独秀,在很短的时间内,就被列宁主义折服了。

他在当年9月发表了《谈政治》一文,公开表明自己试图追随俄国布尔什维克,在中国推行以"阶级战争"和"劳动专政"为核心的俄国式社会革命的决心。

1920年5月,维经斯基在上海建立了共产国际远东书记处。与此同时(7月19日)经由维经斯基等人预先制定议程后,陈独秀积极邀请各地的社会主义和无政府主义者,在上海召开中国的社会主义者同盟。共产国际远东书记处的主要工作正是建立起中国的共产党组织,并对军队、工会施加影响,进行宣传。

6月,维经斯基在给远东局的一份报告中,讲到当时组织工作的开展情况:

"目前,我们主要从事的工作是把各革命团体联合起来组成一个中心组织,'群益书店'可以作为一个核心把这些革命团体团结在它的周围。中国革命运动最薄弱的方面就是活动分散。为了协调和集中各个组织的活动,正着手筹备召开华北社会主义者和无政府主义者联合代表会议。"②

之后,在上海社会主义同盟以及在华俄共党员的亲自参与下,中国的社会主义者和无政府主义者在1920年8月之后陆续在上海、北京、广州、武汉、长沙、日本等地建立起一些联合的组织,8月17日,在北京成立了全国性的

---

① 唐宝林:《陈独秀全传》,社会科学文献出版社,2013年,第248页。
② 《维经斯基给某人的信》,《共产国际档案资料丛书:第1辑》,1920年6月于上海,第28-29页。

社会主义青年团组织。

1920年8月，陈独秀、维经斯基等人成立中国共产党发起组，这时的名称还是"社会共产党"或"社会党"，当时的参加者之一俞秀松的日记中记载，"后来陈独秀写信给北京大学的李大钊、张申府征求意见，叫社会党还是共产党，最后共同确定叫共产党"。

随后，1920年11月，在十月革命3周年之际，《共产党》月刊创立，《中国共产党宣言》发布，"共产党"的大旗，以及相应的政治主张被正式表明。《宣言》主张：必须把全世界"视为一个资本家的机关"，要求中国共产主义者确信"俄罗斯历史发展的特征，也是全世界历史发展的特征"，并且俄国革命所经历的阶级斗争和无产阶级专政是"世界上任何国家都要经过的"。

此后，社会主义者同盟又在短时间内瓦解，其中的无政府主义者被排除出以陈独秀为首的社会主义者阵营。

一切都已准备就绪，只差一个关键性时刻。

1921年7月23日，13个平均年龄28岁趁着暑期，共同聚集在上海法租界的一所女子学校。

他们都是各地小组中真正信仰列宁主义的社会主义者，正在举行第一次全国代表大会，会中由于一身份不明者的突然闯入，他们临时乘火车改换了地点。

第二天，在嘉兴南湖的一艘游船上，这些人通过了党纲，宣告了党的成立。

从此，一个真正革命的政党，中国共产党诞生了，中国革命有了新的领路者。

4. 民族工商业的死与生

历史在近代的新意之一，是诞生了民族工商业。

不过，它是个畸形儿，不仅出生颇不容易，还经历了许多的曲折。它从小在夹缝中生存，靠吸吮本土的乳汁长大，而它与官僚权力、官僚资本的互动，更是充满心酸与无奈。

民族工商业起步

鸦片战争打开了清王朝的大门，也用坚船利炮将步履蹒跚的老王朝轰入世界资本主义体系之中，自明清以来就萌而未发的"资本主义萌芽"终于在欧风美雨的"滋润"下，发展壮大。

在这一进程中，一个叫作"民族工商业"或"民族资产阶级"的新生儿出世了。不过它还有一个远比它强壮的哥哥，叫"官僚资产阶级"。

追溯起来，"官僚资产阶级"诞生于清末的"自强""求富"运动，最早是手握重权的曾国藩、左宗棠、李鸿章等朝廷大员为引进并制造西式武器炮艇、促进实业发展、增强国家工业能力而创办的军事企业。如最为支持实业发展的李鸿章于1873年创办的中国第一家轮船公司——轮船招商局。

以此公司为样板，李鸿章又在各地开办了诸如矿务局、棉纱厂、棉纺织厂等企业。

与李鸿章类似，张之洞在出任两广总督和湖广总督期间，也先后创办了棉纺织厂、丝厂、皮革厂、铁矿、煤矿以及汉阳铁厂。

张之洞的贡献之大不亚于李鸿章，由李鸿章、张之洞这些朝廷官员主导创办的企业模式都是"官督商办"或"官商合办"，这种模式是在上级官员监督之下，由商人来从事经营。

比如李鸿章创办的上海轮船招商局里，李鸿章不仅是最高领导者，还是最重要的股东，任命总经理，选择何人来管理招商局的权力握在他的手中。在政府对企业的干预程度极高的情况下，招商局的风险虽然由全体股东共同承担，但商人其实基本没有权力管理企业。

这种官督商办的企业所拥有的最大优势是对市场的垄断权，比如轮船招商局每年都会受清廷的委托从南方往北方运输贡米，其比例高达全国贡米运输总量的20%，可见，垄断权是帮助公司运转的一个重要保障。

但是，具有先天优势的官办也不能保证企业的成功，它的运转并不遵循商业的逻辑。

张之洞的汉阳铁厂开始为官办，由政府拨给巨款，前后六七年间共花费了560多万两白银。但因靡费过多，亏耗甚大，产品成本高而销路不畅，企业运转到了无法维持的地步。加之产量和质量都不高，燃料供应不足，质疑、批评之声四起，面对重重困难，张之洞一筹莫展，最后不得已，张之洞把汉阳铁厂及大冶铁矿交给亦官亦商的盛宣怀，由他招商股100万两接办。①

这是一个无法更改的趋势，在工商业的发展中，官僚资本主义变得越来越少国家行政色彩，商人的地位不断上升，与之伴随的，士优商贱的传统慢慢也变易了。

如张謇之成功，在于他首先是一个商人而不是官员，行事高效，以盈利为目标。当然，企业领导人亦官亦商的双重依附关系，依然构成了官僚资本主义的重要甚至唯一的基础。

状元出身的张謇，其成功与他能结交张之洞、刘坤一等有权势的官员，因此能从政府那里获批大额度贷款和投资却无须将企业管理权交给政府有着莫大的关系。

但如张謇这般商人，毕竟还是单打独斗，所以未敢进入需要巨量投资的重工业领域，其起步——创办大生纱厂——专注于侧重民生的轻工业。

真正纯私营的企业，以被称为"面粉大王"和"棉纺大王"的荣氏家族为著。

1901年，荣德生、荣宗敬兄弟在无锡创建一家面粉厂，之后又在上海、武汉陆续创建11家面粉厂，面粉产量占全国面粉近四分之一，到1932年，他的企业所产纱和布已占总量的18.4%和29.3%。

荣氏家族并非出身官宦世家，荣家祖上虽曾家世显赫，但到了荣宗敬兄弟的祖父这一辈，便开始家道中落。荣宗敬的父亲荣熙泰，很小就进入铁匠

---

① 谢放：《张之洞与汉阳铁厂》，载《近代中国（第七辑）》，上海中山学社，1997年，第20页。

铺当学徒，成年后在外给人当账房先生、师爷，勉强养家糊口。

由于家境贫寒，荣熙泰的两个儿子荣宗敬和荣德生都在很小的时候就与父亲一样去做学徒，完全靠着自己的聪颖机灵和努力打拼，将生意做得蒸蒸日上。

荣家既是异类，自然是少数，而且其虽然一度繁荣，但规模都相对较小。与强大的哥哥"官僚资本"相比，完全靠自己运营的民营工商业很难吸引到巨量投资，只能从夹缝的边缘地带做起。

荣氏家族第一家棉纺织厂启动资金只有3万两白银，而官商合办的华盛纺织总厂则是以35万两白银起家的。

但是，就在这夹缝中，它们硬是给自己撑开了一片天地。

所谓黄金时代

不过，这并非一个单纯的励志故事。

诚然，民营工商业在民国初年获得了强劲的发展势头，诞生了如荣家兄弟所经营的这般大企业，但实际上，它相当程度地得益于竞争者的退场。

1914年，第一次世界大战爆发。

大战时期，外国竞争者不再以出口为目的，转向满足本国战时需要来进行生产活动，于是纷纷退出中国市场，而同时，中国成为欧洲市场的原料输送国。

如日本对中国的棉纱出口量在1914年至1919年间大幅下降，因此欧洲人对中国商品，如锡、钨等战略性矿石、丝绸、羊毛、蛋制品等的需求大幅增长。

与此同时，1918年到1919年期间，海运运费比战前增长了10—20倍，这起到了保护关税的作用。高额运费使中国的菜籽油和矿物等出口原材料在收益上有所提升，由此中国的加工业也得到了发展。

总之，大战使中国的资产阶级打开了国内市场，一代新型企业家——银行家和实业家从商人中分化出来，并夺取了旧式商人手中的领导权。

国内金融市场为民族工业提供了大量资金。过去出于安全和利润的考虑，一直投资于外国企业，现在却转向民族工商业了。

大战时期和战后年代（1914—1922），也因此被称为中国民族工业的黄金时代。这段黄金岁月可以从当时全国纺锤总量和织机总量的增长上窥见一斑。

1914年到1922年期间，中国和外国在华工厂两者拥有的纺锤总量从86.6万增长到300万，增长率达317%，织机总量在这一时期则从4800部增长到了1.9万部，增长率为300%。这种增长率居世界首位。①

正是在此时期的快速发展，给予了民族工商业以相当的底气。

1919年发端于学生的五四运动，终不是只属于学生和工人的抗争，上海的工商业者和店铺老板也加入了这场轰轰烈烈的爱国反帝运动，与学生、工人结成了同盟。

不过，黄金时代的经济狂热，却很少影响到重工业领域，尤其是煤矿和铁矿，仍然有75%以上归外国资本控制。②

而且，即使在这段所谓的黄金岁月中，民族企业家的发展依然有限，并没能够快速地扩大规模。比如，纺织业生产商当时就没有买入提升产量所需要的织机、纺锤、发动机和另一些资产设备。

因为外国供应者转而为战时需要从事生产活动，而中国的机械厂还没有能力生产相对复杂的机器。

民族资产阶级的软弱和摇摆，在五四运动期间表现了出来。具体表现为民族资产阶级内部对外国势力和侵略的反应不尽相同。

一方面，大部分新式民族工业都依赖外国人，因为外国银行一直为中国工业提供直接贷款。

如亚细亚银行就向郑州豫丰纱厂投资；日资东阳拓殖会社、东亚兴业会社、中日实业会社，也都向中国企业投资。同时，由于缺乏资金，中国的民

---

① 易劳逸：《家族、土地与祖先：近世中国四百年社会经济的常与变》[M]. 苑杰译. 重庆：重庆出版社，2019年，第32页。

② 费正清，费维恺：《剑桥中华民国史：上卷》，社会科学文献出版社，1994年，第738页。

族企业家不得不向旧式钱庄贷款，而这些钱庄部分又是依赖外国银行提供资金。

在另一些情况下，民族企业家与一些外国人存在着程度不同的经济合作关系。如此，自然会倾向于妥协。因此，在五四运动开始时，上海总商会采取了亲日的立场，还闹出了所谓的"佳电"风波。

这场风波，是指 1919 年 5 月 9 日上海总商会领导人致电北京政府（时称"佳电"），提出由中国任命专使，"径与日廷磋商交还手续，和平解决"的主张，此种主张与当时力争在巴黎和会上直接由中国收回青岛、恢复山东主权的舆论要求存在着较大的差别，因而引来争议。

由此也可见，虽然工商界的爱国主义情怀在总体上是一致的，但因为各自的利益不同，资产阶级内部的政治倾向是混乱的，其爱国主义有的激烈，有的温和，但总体上还是依然希望维持秩序，而非打破秩序。

如此，中国的革命也难以由民族资产阶级来完成，民族资产阶级最终还是以依附者和被统战者的身份汇入中国无产阶级革命的洪流之中。

走向共产党

1927 年南京国民政府的成立，对于国家统一是个好消息，但对于民族资产阶级，却是个坏消息。

因为，随着官僚主义和军事专制政权的复活，政府对工业的干预进入了新阶段。资产阶级中最富有活力、最富有创业精神的人，遂即失势，代之而来的是高级官僚的资本主义的登场。

对民族工商业打击最甚的，首先是因财政吃紧而征收的重税。

在国民党统治的最初三年时间里，上海 182 家中国卷烟厂中的三分之二都歇业了，在相当程度上就是因为赋税太重。

一个香烟制造商在 1930 年曾抱怨："现在要交的税是过去的五倍，我们又不能加价，因为每次加价，这个曾经承诺鼓励中国商业发展的政府就会向我们征更重的税。"①

到 1937 年，当时最大的中资卷烟厂——南洋兄弟烟草公司，因为再也交不起高达其总收入 37% 的高额税赋，该厂老板将工厂转让给了宋子文。②

但与民族工商业的难负重税形成鲜明对比的是，外资工厂因其强大的政治影响力而能够免于缴纳重税。

1935 年，中资纺纱厂每生产一包棉纱需要上缴的税和偿还的利息加起来高达 15 银圆，而同样情况下的外资工厂，只需要缴纳 2.7 银圆。③

虽然官方一度认为政府只应掌控和运营重工业和基础工业，应将轻工业和日常消费品生产交由私营。然而事实证明，这一点并没有实现。

另外，为支持发动对共产党的内战，并消除因过量印刷纸币带来的通货膨胀，国民政府曾公开经营企业以增加财政收入。政府及国营企业与私营企业展开直接且不公平的竞争，经常导致私营企业破产。

不公平竞争的例子随处可见。

比如，国营企业可以从政府掌控的银行那里以每月 3% 的利息拿到贷款，但私营企业每月的利息却高达 15%。

国营企业可以获得非常稀缺的原材料，比如在战争时期，当国内棉纺织业遭到破坏而无法供应相应生产所需时，政府掌控下的棉纺织厂能够获得进口棉布总量的 80%。

再如，私营公司经常遭到燃料和动力奇缺的冲击，但国营企业却能从政府垄断的燃油附加公司那里得到货源稳定且价格便宜的燃料和动力。

另外，由于备战，政府尝试在中国西部建设工业基础，但很少有私营企业有能力将整个工厂迁到遥远的西部，或在那里重建大规模的工厂。

据《剑桥中华民国史》，到 1947 年前，政府已经成为工业生产领域的

---

① （美）易劳逸：《家族、土地与祖先：近世中国四百年社会经济的常与变》，苑杰，译，重庆出版社，2019 年，第 329 页。
② 同上书，第 330 页。
③ 同上。

最主要参与者。政府或其下属公司的钢铁产量和发电量分别占据全国总量的 90% 和 83%，政府还掌控了 100% 的石油生产。

此外，由政府经营的纺锤和织机数量分别占全国总量的 38% 和 60%。而且，从全国工业生产总量来看，政府所有企业所占份额从 1945 年的 15.6% 增加到 1946 年的 27.1%，到 1947 年又提升到了 42.4%。

与官僚资本的做大做强形成巨大反差的，是民族资本的迅速萎缩和衰败。

1935 年《纺织周刊》的第五卷第七期中刊登了这样一则新闻：

荣氏家族的荣宗敬，其产业下的申新七厂被拍卖，起因是当时的荣宗敬开的申新纱厂向英国汇丰银行贷款了 300 万元，然而周转不灵，被英国汇丰银行拍卖掉申新七厂用来抵债，这家工厂最后被日本人以最低价获得。

这则新闻很短，但很重要。因为即便是荣氏家族都已经难保自己的产业，可想当年还有几个企业能够繁荣发展。按照当时的报道，荣氏家族在欠债仅仅 300 万的情况下，当时中国的银行竟然无一个帮忙。有钱的大富豪宁愿把钱存到外商银行，也不肯伸出援手。

由于国民政府对工业生产介入程度日益加深，蒋介石、宋子文、孔祥熙、陈立夫四大家族"通过官僚资本主义聚集大量财富"，成为时人批评最烈的地方之一。

官僚资本主义，也成为与帝国主义和封建主义所并列的压在中国人民身上的三座大山之一，成为共产主义革命的主要对象。

一边是官僚资本对民族资本的压榨，另一边，中国共产党对民族资本家的政策也在发生着转变。

经过 20 年的摸索，到了 20 世纪 40 年代，随着对中国革命认识的不断深刻，毛泽东在《中国革命与中国共产党》和《新民主主义论》等作品中表述了他对中国资产阶级的看法。

"资产阶级有带买办性的大资产阶级和民族资产阶级的区别"，"带买办性的大资产阶级是直接为帝国主义国家的资本家服务并为他们所豢养的阶级"，民族资产阶级则是带两重性的阶级，"他们在一定时期中和一定程度上能够参加反帝国主义和反官僚军阀政府的革命,他们可以成为革命的一种力量……至今仍然是我们较好的同盟者"。

将民族资产阶级与官僚资产阶级区分开,并认清其两面性之后,中国共产党正确地将民族资产阶级确定为革命的动力,肯定了其革命性为主要的一面,并不断引导,克服其软弱性和妥协性。

团结一切可以团结的朋友,孤立和打击主要的敌人,在正确的策略下,中国革命最终获得了民族资产阶级的支持。

但这还远没有完,对于并不强大的共产党,还有一个问题更为重要,也更为棘手。

5. 打通基层:土豪劣绅是怎么回事

从清王朝到民国,不仅意味着旧秩序的崩盘,也伴随着正式机构的新建和重组,但旧秩序的重要社会基础——地方士绅的权威并未被动摇。

基于现代国家建设的逻辑,中央权威开始向基层延伸,但在这一进程中,原来温情脉脉的士绅,却开始"劣绅化"了。

超稳定结构中的传统士绅

从广义的民主革命来讲,辛亥革命并不是一场彻底的革命,清王朝的崩解更多的是一场自上而下的变革失败的结果。

此前的改革,不论是器物、制度,还是思想,都没有真正触及中国社会最广大的群体——农民阶级。

与上层建筑的不断变革形成鲜明对比的是,以农村社会为代表的中国下层虽历经变革,但并没有从根本上受到太大影响。

如果看过孔飞力《中华帝国晚期的叛乱及其敌人》,那么就知道他在这本书中做出了相近的判断。

孔飞力将清朝的衰亡与中华文明的衰落区别开来。在他看来,尽管清王朝的行政机构在分崩瓦解，但旧秩序的重要基础——地方士绅的权威并没有受到动摇。

在传统中国这样一个农业大国，农村社会秩序基本决定了国家的秩序，而农村社会秩序的基础则有赖于传统士绅阶层的维系。

既如此，传统士绅究竟是一种怎样的存在，能维护农村社会的基本秩序结构？

这要从士绅的身份及功能讲起。

按照瞿同祖先生在《清代地方政府》中的归纳，在中国乡村社会里，现职、退休或罢黜的官员，举人以及正式或捐纳的生员等，都可以划归士绅之列。这些人并非都有正式官职，只是因为拥有知识和学衔，所以在乡间拥有举足轻重的威望和权力。①

中国古代有着"皇权不下县"的传统，也即是说，国家政权只到县这一层级，县之下的乡村并没有被纳入国家正式制度框架内。

国家权威没有深入底层并不意味着这里权威的缺失，在乡村这样一个相对"自治"的范围内，正是士绅阶层作为政府和百姓之间的中介，维持着基本的秩序。

士绅阶层在社会结构中有几重不同的身份，在经济结构中是地主，在政治结构中则为官员，做官需具备功名，功名的取得主要是受儒家知识教化，通过科举制度的选拔。

这几重身份合一，使士绅同时作为权威象征、领导人物、道德楷模而存在于乡间。

对于地方性的公益事业，士绅们自认为负有义不容辞的责任。如兴修水利、兴办慈善、赈济灾民等，都是由士绅而非州县政府出面组织进行。

士绅们也自认为肩负着道统责任，当政统出了问题时，他们有必要出面干预。

---

① 瞿同祖：《清代地方政府》，法律出版社，2003年，第284-296页。

不过士绅的立场总体上仍倾向于现实统治，但士绅的责任承担更多是在地方，他们可通过体制外渠道，代表地方利益与官府谈判，缓和上下矛盾，既能使君主权力贯彻至底层，也能在适当程度上保护农民。

可以说，千百年来传统中国社会秩序有条不紊，全赖士绅阶层之力。

按理说，乡绅，本是中国传统社会中道德和精神的维护者，也是现实秩序的守护者，同样的一帮人，到了近代，他们的面目突然就变了，变成了革命话语中无恶不作的"土豪劣绅"，变成了欺压民众的坏地主。

这是为何？

乡绅是如何劣绅化的

"土豪劣绅"一词，是伴随革命话语而被广大人民所接受的，它代表着欺压农民的封建地主阶级，因为"豪"，因为"劣"，所以要打倒。

老一辈的中国人都熟悉"半夜鸡叫"的故事，在这个故事里，地主周扒皮为了能让长工们多干些活，不让他们拿到应得的工钱，想出半夜学鸡叫的鬼招。可怜的长工劳累了一天刚想躺下睡觉，周扒皮就蹑手蹑脚地溜进鸡舍里学鸡叫，长工不得不勉力起床干活。

这种恶地主的形象几乎是中国无产阶级革命时代地主的普遍形象，这种形象是那么深入人心，几乎替代和模糊了地主作为个人的其他人性维度。

直到改革开放后，这种革命叙事和话语方式才逐渐从公共生活、从学界逐渐退场，才开始被更多国人反思。

但当我们二次反思，深入历史的细节中，又会发现"土豪劣绅"好像不仅仅是一种带有革命目的性的叙事那么简单，在近代中国，士绅的劣绅化是确实存在的。

为什么会这样？

我们可以借助费孝通的分析[①]对此进行一番探讨。

[①] 费孝通：《中国士绅》，生活·读书·新知三联书店，2009年。

在他看来，中国现代史上之所以大面积出现土豪劣绅，原因可能是两个：一个是产业全球化，另一个是中国城市化。

中国近代以来，西方现代工商业侵入国内，由沿海往内地，从通商口岸到广大农村，致使农村陷入濒临破产的境地。

因为随着洋货涌入，国产商品，无论是价格还是品质，都无法与工业化大机器生产的商品相比，因而原来农户自己织的土布，完全丧失了竞争力。

农村不是以种地收粮为主吗？为什么农民的生计会受到这么大的影响？

因为农民的收入结构中，家庭手工业也占据了一部分，这即是所谓"男耕女织"的传统。女性在家里织出来的布，不仅自己穿，也是当时农户的一种重要的生产剩余，可以拿去卖钱，用于补贴农业收入的不足，这是农村家庭的重要收入。

如果这一部分收入受到影响，就意味着农民所有的收入压力都落在了种地所得上，这时候，农民和士绅，也即佃户和地主的关系，就会随之变得脆弱。

因为没有家庭手工业收入做调节，双方之间就完全变成了零和博弈：地主多收一点，农民就得少吃一点。如果地主还是正常收租，可能就意味着这家农户今年的口粮不够了，而农民又没有其他渠道可以补足这笔收入。

这时候，地主作为债主的面目就可憎了起来，而如果士绅——地主阶级能降低租息，或可缓解一点农民的艰难。但第二个原因，也即中国的城市化，不仅没有缓解问题，反而加剧了农民与士绅之间的紧张。

本来乡间是一个小圈子的熟人社会，彼此低头不见抬头见，地主纵使收租，也不会逼得太紧，可是城市化之后，城市里的生活质量开始大幅度超越乡村，大量的士绅开始搬到城里居住。士绅们需要在城里买房居住、生活消费，让孩子接受新式教育。

总之，居住在城镇的士绅，因享用新型的西方消费品而提高了消费水准，因而更依赖田地租息，更增加了农民的压力。

另外，也更为根本的是，由于士绅们不在农村，就需要通过委托其他人代为收租，这些"经纪人"是以"收到租"为行为导向的，而不会在情感上有多么在意与农民的关系。在这种情况下，原来乡里乡亲的关系，就变成了一个执行契约的冷冰冰的组织关系，失去了很多处理问题的弹性和人情。

于是，士绅和农民之间的关系就彻底恶化了。"土豪劣绅"的现象就这么被塑造出来了。

从费孝通的分析逻辑来看，以上农民与士绅关系的恶化，是经济原因所导致的。

但是，按照杜赞奇对中国华北地区农村的研究，士绅的"劣绅化"，实际上是伴随着中国现代国家政权建设而生的。

士绅阶层在现代国家政权建设过程中，虽然没有崩溃，却发生了变异，并且这种变异并非是简单地发生于"农民—士绅"或者"佃户—地主"内部。自20世纪初就开始的国家权力扩张，本来是想重构乡村秩序，将政权延伸进最基层，但不仅不能如愿，反而起到了相反的作用，让乡村诞生了"土豪劣绅"这个新物种，也广泛地改变了乡村社会中的政治、文化和社会联系。

那么，这一切又是如何发生的？

国民党基层改造的失败

现代国家建设的重要一环是对基层的整合控制和资源汲取。民国政权不外于此。

在整合控制方面，民国时期，为实现政权整合和全国统一，政府在农村政权建设上开始改变传统的"皇权不下县"的政权架构。

如在制度建构上，力图使国家力量由县下移到区、乡层级。在政权实践上，设立具有军事化性质的防"匪"组织，并采取"寓保甲于自治之中"的措施，来强化农村社会的控制网。

从表层上看，国民政府在管制力度上确实改变了原来国家权力不下县的政权格局。但从一些个案来看，农村基层政权建设实际上并不成功，也难以完成乡村社会的动员问题。

国家能力在相当程度上取决于国家的征税能力。在资源汲取方面，国家政权对农村的重组努力从征税、摊款等地方着手。

但是，据杜赞奇的研究，国家对乡村社会的控制能力要低于其对乡村社会的汲取能力，这是中国国家政权的扩张过程所呈现出的特点。

在他看来，虽然中国的国家政权都力图将纳税责任固定在一个稳定的、可靠的正式组织上，但在实际的过程中，效果往往不理想，现代化国家政权也不得不使用非正式的关系和力量，或将非正式的关系融入正式的机构之中。

这一过程被杜赞奇称为"国家政权内卷化"，也即国家没能创造出新的有效率的治理方式，而是复制或扩大旧有的国家社会关系来维持统治。

旧有的国家社会关系是什么样的呢？

在他看来，是通过一种被他称为"国家经纪体制"的机制来实现对税收和对基层的管理。

所谓"国家经纪体制"是说利用下层吏役，也即中间人进行治理。但现代国家的政权革新，其实是希望将县级吏役官僚化，来更好地征收赋税。

近代中国的频繁战争导致了庞大的财政需求，但这与传统农业经济的发展不相适应。

它首先表现在摊款的分配、征收以及契税征收的过程之中，比如说，一个村子需要征收各种税赋，在正式的收税机构没有有效建立起来的情况下，就会求助于各种有手段的中间人去收，这些中间人极有可能增加课税，其存在本身也使原乡村领袖与村庄政权结构不断分离。

在这一过程中，原来的乡村政权陷入困境，逐渐失去其原有的权威和保护能力，而那些中间人，便纷纷"钻入村政权"，窃取国家转让给村庄的部分权力。

总体来说，它造成这样一种恶性循环：国家捐税的增加造成巧取豪夺的中间人的增生，而中间人的增生则反过来要求更多的捐税，在这种环境下，传统村庄领袖不断地被非正式的中间人所替代，这些人被村民们称为"土豪""无赖"或恶霸，他们无所不在，影响极坏。所以在20世纪二三十年代，国民政府也不得不掀起打倒土豪的运动。

而更严重的是，甚至一些村长和保甲长也承担了土豪劣绅的角色，"村长或保甲长，和当地的公安局，常常是农民暴力抗租行为的目标，远远超过地主本身"。

杜赞奇根据1942年对华北地区侯家营和吴店村的调查，讲述了这样一个故事。①

侯家营所属的镇的镇长是一个臭名昭著的恶棍，倚仗父亲为军队采办粮草而成为地方一霸，他步父亲后尘，成立镇公所后贿赂保长，被推举为镇长。

任职之后，他对下属各村实行恐怖统治，各村无法忍受，3个人代表3个村向法庭控诉其"会账不清，人格卑劣"，但因为镇长在县中的后台颇硬，从而赢得了官司。上诉者被迫远走他乡，但镇长却得寸进尺，以补偿诉讼损失为由，向各村加派5000元。

在这种环境下，德高望重的乡绅也不再想担任公职，侯家营的保长成为镇长的走狗。而像他这样的（乡）镇长并不少见。

从国家政权角度来看，制度改革本是为了更好地加强国家行政机构，以催征钱粮、清丈土地，但是同时，为了完成这一任务，往往迫使乡村领袖和村民对立，结果逼走真正有德之人，留下地痞恶棍充斥于乡村政权，这又降低了国家政权在民众心目中的威信。

而中国共产党在基层的成功却恰恰在于其能够了解民间疾苦，从而动员群众的革命激情。

当动员农民起来成功革命之后，政权也就改天换地了。

国民党时代曾经无法解决的问题，终于在20世纪50年代实行合作化后得到彻底解决，因为征税单位、土地所有权和政权结构完全地统一起来了。

---

① （美）杜赞奇：《文化、权力与国家：1900—1942年的华北农村》，王福明，译，江苏人民出版社，2010年，第187-189页。

6. 马克思主义中国化

中国共产党逐渐走向成熟的过程也是把马克思主义经典论断与中国社会实际更好地结合起来的过程。

它表现在政治话语重塑、对中国社会性质的认识、发动民众等等方面，而通过农民、知识分子等群体的片段，也可以一窥马克思主义中国化的历程。

为什么要中国化

全世界几乎再找不出第二种原创学说，具有马克思主义这般惊人的生命力和战斗力。

它像一粒适应性极强的种子，在世界各地生根发芽，种在苏联的土壤则苏联化为列宁主义，种在南斯拉夫则南斯拉夫化为铁托主义，埋入中国大地则中国化为毛泽东思想。

"化"意指所谓马克思主义原理与各地实际的结合。

结合当然是必要的。

倘若激进地去理解马克思主义，无产阶级革命根本不应在落后的农业国家先开始，连发达的工业尚且没有，资本家还尚未形成一个成熟的阶级，谈何无产阶级与无产阶级革命呢？只有当现实与理论产生了错位，才有了"化"的必要。

但"化"不是一个自然而顺利的过程。

在苏联，有斯大林和托洛茨基的明争暗斗，在中国，也有"正统派"与"本土派"的分歧。

马克思主义进入中国，是已经穿了一件"苏联化"的外衣的。

五四运动与俄国十月革命的成功实践，一起开辟出马克思列宁主义进入中国的大道。当它进入中国并被一批先觉者接受后，在最粗线条的意义上，可以划分出两类人，一类以陈独秀、王明等人为代表，倾向于更"原典"或者说更"教条"地理解和使用马克思列宁主义。

中国共产党成立初期，党的领导者多是这一类，由他们所领导的党的工作也是按照马克思列宁主义的原典与苏联老大哥的指示亦步亦趋。

先从城市开始革命，深入到工人中宣传马克思主义、提高工人思想觉悟，吸收工人入党。在此基础上发动大规模的工人运动，但如此的结果，虽然一度掀起工人运动高潮，却难以为继，导致后来斗争的一次又一次失败。

另一类以李大钊、毛泽东等人为代表，倾向于更"自主灵活"和更"本土化"地理解和使用马克思主义，尤其是在第五次反"围剿"之后，以毛泽东为代表的中国马克思主义者就不再是对苏联和共产国际言听计从的乖学生，而是独辟蹊径，向反动统治相对薄弱、工人分布比较稀少的广大农村，寻找符合中国国情的革命道路。

先不论这两种倾向之间的具体分歧如何，至少，他们在使用马克思主义以应对中国革命现实之前，要先共同面对马克思主义中国化的第一层问题：如何通过马克思主义来理解中国社会的性质，如何理解马克思主义与中国传统的关系。

先来看第二个问题，在某种程度上可以说，对这个问题的认识和解决才真正决定了马克思主义能否真正融入中国社会。

理想：马克思主义与儒家

中国传统不是一个完整而单一的"东西"，它内涵丰富，包含很多政治——宗教性的思想流派，最主流的儒、道、法、佛，程度不等地融汇于中国的政治文化传统之中。

它们不都是宗教，但具有宗教的某些特征，如成体系的思想，对修身行事的指导意义。它们也是学术，但常被纳入政治体系中，为权威提供论证和支持，尤其是儒家，基本上构成了官方的意识形态体系的基础，支撑起了中国人基本的精神结构和生活方式。

当马克思主义进入中国，它一定要面对并想办法解决它与儒家之间的关系。

看起来它们之间的确矛盾深重，诞生于小农社会的儒家思想与脱胎于资本主义大工业时代的马克思主义实在难以类比：一个以维护既存秩序为目的，一个以砸碎既存秩序为目标；一个亲和贵族，一个体贴底层；一个满口仁爱，一个高喊斗争。

而且，在五四时期，儒家已经被视为拖累中国的万恶之源，被包括陈独秀在内的一批最早服膺马克思主义的先哲所猛烈攻击。

但是也有一些学人力图弥合这两种学说之间的分歧，如郭沫若，在1925年12月16日出版的《洪水》第一卷第七号上发表《马克思进文庙》，提倡孔子与马克思的会通。

这篇文章很有意思，大致叙述其内容。

孔子和他的得意门生颜回、子路、子贡三位在上海的文庙里吃着冷猪头肉的时候，文庙里闯入一位脸如螃蟹、胡须满腮的西洋人，这人是马克思。

马克思对孔子说：我是特为领教而来。我们的主义已经传到你们中国，我希望在你们中国能够实现。但是近来有些人说，我的主义和你的思想不同，所以在你的思想普遍着的中国，我的主义没有实现的可能性。因此我便来直接领教你：究竟你的思想是怎么样的？和我的主义怎样不同？而且不同到怎样的地步？这些问题，我深望你能详细地指示。

谈下来，马克思和孔子彼此间越来越有知音之感，他们发现，自己与对方的"出发点可以说是完全相同的"，都是积极地肯定入世。而彼此的理想竟也是相同的。

马克思理想的世界，是人类所生存的世界，万人要能和一人一样自由平等地发展他们的才能，人人都各能尽力做事而不望报酬，人人都各能得生活的保障而无饥寒的忧虑，这就是所谓"各尽所能，各取所需"的共产主义社会。这样理想的社会相当于在地上建筑一座天国。

有意思的是，听了马克思的话，庄重的孔子不禁拍起手来叫绝了，惊叹这个理想社会和他的大同世界竟不谋而合。

文中孔子还特意背了一段《礼记·礼运》给马克思听："大道之行也，天下为公，选贤与能，讲信修睦；故人不独亲其亲，不独子其子，使老有所终，壮有所用，幼有所长，矜、寡、孤独、废疾者皆有所养，男有分，女有归；货恶其弃于地也不必藏于己，力恶其不出于身也不必为己；是故谋闭而不兴，盗窃乱贼而不作，故外户而不闭，是谓大同。"

为了贴近马克思，孔子还一并论说尊重物质也是中国的传统思想。如洪范八政食货为先，管子说过"仓廪实而知礼节，衣食足而知荣辱"，他和马克思都要先把产业提高起来，然后才来公平分配。

文章末尾，马克思也称呼孔子为"老同志"了，并感叹他们的"见解完全是一致的，怎么有人曾说我的思想和你的不合，和你们中国的国情不合，不能施行于中国呢？"

这种弥合的努力在当时实显无力，并不见得获得大多数人的认同，但亦不失为一种尝试。

不过在革命年代，真正让马克思主义在中国社会焕发出生机的，乃是一批批革命者的努力，尤其通过毛泽东的不断阐释，它才真正同中国底层的传统话语生动结合起来。

斗争：唤起农民

中国传统中，除了儒家，革命的传统从未断绝，自陈胜发出"王侯将相宁有种乎"的一声怒吼，哪怕中国的底层百姓也获得了"皇帝轮流做，明年到我家"的自信。

近代中国的无产阶级革命运动，从参与主体来看，与以往朝代更迭的农民起义相近，但是无产阶级革命又当然不同于中国历史上任何一次改朝换代，因为在新的历史条件下，它获得了科学社会主义理论的武装。

在马克思主义进入中国之前的晚清，社会达尔文主义曾一度流行于中国，但后到者马克思主义以更科学的面貌赢得了中国人的欢迎，它不仅肯定了改变中国低下的国际地位的进步变革是不可避免的，而且还通过宣扬现代性来做到这一点。

革命现实，迫使中国的大多数人更倾向于在现实斗争中来理解马克思主义。革命先行者们抓住它最具斗争性的面向，如阶级斗争、剥削等概念和分析方法，这些观念对于中国人摆脱当时的处境无疑具有非常强大的号召力。

但是马克思主义的话语毕竟还是学术的，让广大中国人民听得懂，并且心甘情愿，甚至热情高涨地参与到中国共产主义革命中，需要高超的政治智慧和语言能力。

如阶级斗争学说，根据马克思主义的观点，国家是统治阶级对被统治阶级进行剥削和压迫的工具，与之相配合的，社会上的制度规则、道德观念、文化传统皆是系统性的压迫的一部分，都是对人的禁锢。资产阶级利用这一体系获取权力和金钱并强化他们的地位，但是无产者别无选择，只能在这个剥削系统里累死累活地被压榨剩余价值。

不论资本家与工人之间的关系有多么的温情脉脉，无产者的社会生活在本质上是违背他们自己的利益，剥夺他们的机会的。只有资产阶级是这个体系的既得利益者，因而他们才会维持现存秩序，反对任何变革。从这个意义上来说，资产阶级当然是反动的。但是对于广大受压迫、剥削的无产者来说，摧毁现存秩序却再正常不过了。

但是碰到了一个重要的问题：理论是复杂的，但中国的革命活动要能发动起最广大的农民，如何能用普通的农民听得懂的语言让他们接受呢？

围绕阶级论核心，毛泽东用"群众路线"这一平民主义内容对中国农民阶级重新下了定义，称颂农民是中国革命的主力军，高度褒扬农民的革命性，并用最精妙也最通俗易懂、最富战斗力和挑动性的语言，号召农民起身革命：

> 马克思主义的道理千头万绪，归根结底就是一句话，造反有理。
> 革命不是请客吃饭，不是做文章，不是绘画绣花，不能那样雅致，那样从容不迫，文质彬彬，那样温良恭俭让。
> 土豪劣绅的小姐少奶奶的牙床上，也可以踏上去滚一滚。
> 我们的事业是正义的，正义的事业是不可战胜的。

就这样，农民打倒地主，摧毁现存秩序的行为，被套入了阶级斗争和建设民主新秩序的革命理论之中。

可以说，正是抓住了中国社会的现实，并结合马克思主义的分析话语，又用所有人都能听得懂的方式表述出来，毛泽东思想才能成为革命年代独创性地、成功地把马克思主义运用到中国实际的典范，也一并以强烈的毛泽东个人话语色彩重塑了中国的政治话语。

重塑：知识分子

与农民不同，知识分子对马克思主义与无产阶级革命话语的接受是在特定时空的情境中被塑造的。

它的背景是中国的知识文化界在20世纪30年代突然刮起的左翼旋风，这股风潮影响甚大，不仅中国共产党活跃的区域如此，就是在国民党统治的中心区域上海、北京等大城市，左翼话语也改变了相当多青年的思想意识。

那是一个革命取得了无可置疑的正当性与进步性的时代，在许多左翼文化人看来，国统区的生活压抑且空虚、无聊又庸俗，在他们的心中，只有延安的生活才是有价值、有意义的生活。

20世纪30年代末40年代初的延安，正为革命话语所充满，到处是意识形态符号，这样的地方，与世俗化的生活完全对立，具有巨大的政治上的动员作用和精神上的感召力和凝聚力。

它为所有向往革命和乌托邦的年轻人展现了迷人的魅力，那魅力代表着激情、青春、战斗、奉献，意味着光荣的集体主义和高尚的理想主义。

正是在延安这样一个特定时空的情境中，五四时代的启蒙话语被彻底转换，毛泽东式的新话语取而代之，五四遗产中的"德先生"换了意涵，爱国主义、社会改造、劳工神圣成为"马克思主义中国化"的一部分。

这些革命的话语通过延安的各种报刊宣传品、干部学校得到传播，所有的人浸淫在同一套话语体系之中，这种话语体系自成一体，以高亢而强势的价值观将身处其中的人紧密地黏合在一起。

主动投奔延安的知识分子们自情自愿自主自动地接受了它，通过延安的思想学习迅速完成对革命话语的内化。

当时，包括冯友兰、金岳霖等人都发自内心地一致认为：原来的"知识体系不行了，历史不是我们的了"，"我们是文化投降，我们代表知识分子这个阶层自己投降了，而且不是一个人的意识，也是真心诚意的。"

从此，知识分子抛掉了过去所认可的价值观，不再自认为是道统的肩负者，而成为人民革命的一分子。

7. 星星之火，可以燎原：共产党的适应性和灵活性

共产党领导的革命不是一条笔直的直线，因为需要不断面对国际国内形势、环境、力量对比等重要变化。

近代中国的基本国情，是中国资产阶级发展还不充分，农民仍旧是中国社会中人数最众的群体。资产阶级群体中，民族资产阶级一方面受到官僚资产阶级和帝国主义的压迫，另一方面又并不全然是压迫阶级。

这种国情，导致中国无法全面按照马克思主义原理和共产国际的要求展开革命活动，也使得中国的革命运动如何对待地主、富农，如何对待民族资产阶级，成为必须要面对的两个问题。

实际上，正是对这两个问题的回答，影响了中国共产党历史上屡次的路线斗争，也显示了中国共产党对现实极强的适应性和灵活性，这个特质直到今天仍然可以部分解释体制的韧性。

受制于共产国际

建党初期，中国共产党不仅是作为中国无产阶级革命运动的发动者和领导者而存在，也是作为共产国际的一个支部而存在，所以中国共产党的革命活动，在相当长一段时期中都夹在"国际化"和"本土化"的两难境况中。

在这种情况下，共产党的理论阐释与革命实践，需要在共产国际的指示与国情现实之间寻找到一个平衡。但是这个平衡在党成立的头十来年并不存在，中国共产党基本上按苏联和共产国际的意见指导展开活动。

那时候的中国共产党，毛泽东也说"是对中国的历史现状和社会状况、中国革命的特点、中国革命的规律都懂得不多，对马克思列宁主义的理论和中国革命的实践还没有完整的、统一的了解"，在苏联与共产国际面前持着学生心态。

因而，作为老师的苏联和共产国际，它们对国际关系的认识，对中国革命性质的判断，对富农、资产阶级等社会成分的态度，也就基本上左右了中国共产党的态度。

共产国际的思维和话语习惯往往是从社会主义苏联与资本主义世界根本对立的角度看待世界，把一切资本主义国家统统看作是自己的敌人，当时的许多中国共产党人也基本沿袭了这种思维方式。

尤其在大革命失败以及斯大林和共产国际六大公开向各国共产党人提出"保卫苏联"的使命之后，中国共产党人一度直接把中国革命的胜利和摧毁帝国主义统治的世界革命联系起来。

在这种认识框架下，当时的中国共产党人鄙视一切形式的妥协与调和，确信国际帝国主义是反对中国人民民族解放运动的最大障碍，也是阻碍中国劳动群众革命运动的最大障碍。而国民党、地主、资产阶级等，都不过是帝国主义进攻中国和镇压革命的一些御用工具，不值得顾惜。

虽然中国共产党内部也有人对此表示反感，但仍无法阻挡这种思路基本决定着中共的态度和行事的事实，这一思路所带来的僵化和教条等问题对中国革命产生了极大的负面影响，它扩大了打击面，把相当多中立立场的人逼到了革命的对立面。

在革命最为暴烈的时候，革命者以"杀尽一切土豪劣绅大中地主工贼农贼国民党右派贪官污吏"为号召，很多地方暴动之后都"大烧大杀"。据《黄克诚自述》中的记述，湘南暴动"不但烧衙门机关，土豪劣绅的房子，而且连县城的整条街道和商店,甚至衡阳至坪石公路两侧十五华里的所有村庄都烧掉"。①

一旦革命混淆了敌人和朋友,孤立便在所难免。无路可走之时,也是策略转变之际。

灵活解释理论

革命遇挫之后,中国共产党被迫转入农村,随后开始独立领导农民运动,开展土地革命斗争。

但问题还在。

1927年的八七会议,确定了土地革命和武装斗争的总方针,但土地革命到底应该怎么搞,依靠谁,团结谁,打击谁,都没有一个确定且清晰的目标。在土地革命中,伤害一些拥有少量土地的小地主是一回事,把一切拥有财产房屋的人统统当成打击对象又是另一回事,所以这些问题亟须理清楚。

实际上,自八七会议之后,中共中央就已经意识到,对富农如何,对中农如何,对城市小商人、店主以及手工业者又如何,这些是当前政策的"中心问题"。

这一点也为毛泽东所注意。在讨论《最近农民问题的决议案》时,毛泽东曾提出四点意见,其中第三条提出,"自耕农富农、中农的地权不同,农民要向富农进攻了,所以要确定方向"。

八七会议后的秋收起义,毛泽东认为当时党对农民的政策,应当是贫农领导中农,中立富农。不过中共临时中央政治局会议并未考虑毛泽东的意见,而是把富农、商贾和地主豪绅并列起来,一样看待,认为都是中国农村中的剥削者,并要求没收一切土地。这次会议实际上就是后来被认定的瞿秋白"左"倾盲动主义。一年之后的毛泽东总结土地革命的经验,主持制定的《井冈山土地法》也仍然继承了"没收一切土地"的"左"的政策。

---

① 杨奎松:《"中间地带"的革命:国际大背景下看中共成功之道》,广西师范大学出版社,2012年,第200-205页。

但是根据现实,六大还是对富农政策做出了调整,指出"主要敌人是豪绅地主","故意加紧对富农的斗争是不对的","但在目前阶段中的人物,乃在使这种富农中立,以减少敌人的力量",由此改变了没收一切土地的政策,明确规定"没收一切地主土地"。

1929年的《兴国土地法》,正是吸收了土地斗争的教训,基于六大的精神,规定只"没收一切公共土地和地主阶级的土地"。当年7月,在毛泽东的指导下,召开了中共闽西第一次代表大会,在富农问题上,大会继续贯彻六大的精神,重申富农与豪绅地主阶级不同,是可以中立的。

而且,在关于如何中立富农的问题上,大会作出了一些具体的规定:在革命初期,对富农"不没收其土地,不派款、不烧契,不废除其债务",在革命已经发展,革命力量有了保障的地区,"富农田地自食以外的多余部分,贫农群众要求没收的应该没收"。

正当革命活动展现出更多的灵活性之际,共产国际的紧箍咒再次到来。

当年6月7日,中共收到了共产国际执委会发来的一封《关于农民的信》。这封信批评了六大所提出的"不要故意加紧反对富农"和"使富农中立"的口号,还说"中国同志正是在这个问题上犯最重大的错误"。

这封信是根据苏联在农业合作化运动中消灭富农政策而写成的,所以信中认为,中国的富农"在大多数情况下,都是小地主,他们用更加束缚和更加残酷的剥削形式去剥削中国农民基本群众"。

正是因为受到了共产国际的批评,中共中央承认过去在富农问题上发生了"错误",从此,共产党在土地革命中又开始推行"左"的富农政策,认为"中国的富农在土地革命的过程中,就是动摇妥协以至反革命。所以党的策略不应企图联合富农,而应坚决地反对富农"。

1930年的南阳会议,专门讨论并通过《富农问题》决议。决议认为:富农在政治上自始至终是反革命的,应该把富农当地主一样看待。

但是那种幻想中"纯粹又纯粹""笔直又笔直"的革命道路毕竟经不起实践的检验,现实迫使共产党人必须重视策略的运用,中共高层干部为扭转思想做过许多努力。

张闻天在1937年5月中共专门召开全国代表会议上就指出，根本的问题是共产党不能同时面对太多的敌人，必须掌握轻重缓急，为此就要了解，"天下乌鸦不是一般黑的，理由就是其黑的程度颇不一致"。

既然如此，"利用统治阶级中的矛盾，纵横捭阖的联合这一派去反对那一派，这一着还是要学的"。

而最不应该的，就是两个拳头去打人，要知道"打倒一切是小孩子的幻想，结果是被一切打倒"。

"只有懂得在适当时机，几种主要力气打击最坏的敌人"，才能使革命不断走向胜利。

他对统战策略的精髓解释得很透彻，那就是："现在的努力是朝着将来的大目标"，今天联合资产阶级，也是为了明天反对资产阶级。

抗日战争的逼迫，则更为直接地扭转了形势，在对策略做出调整之际，毛泽东也讲过许多灵活的话。他的高明之处在于，对一时一地的策略作出调整并不以否定过去的方式来达到，他会利用时移势易的说法，着重强调党的策略的一贯正确。

他说："苏维埃口号过去是否错了呢？我们答复说苏维埃口号是不错的。因为那是资产阶级国民党反革命了，剩下的仅仅是农民、工人、小资产阶级、共产党来干革命。这种情形下，革命落到工农身上，领导责任落在共产党身上。这时候只有提出苏维埃工农民主专政的口号。"

当时虽然叫苏维埃，但"实行的是民主革命的任务，而不是社会主义"。对于共产党来说，要认识到阶级矛盾仍然存在，但是在抗日战争的情形下，"这种矛盾在主观客观方面都应服从于中日矛盾。"

在1937年《中国抗日民族统一战线在目前阶段的任务》中，毛泽东又谈道：

> 资产阶级在今天的环境下，又有重新参加抗日的可能，所以无

产阶级政党不应该拒绝他们,而应该招致他们,恢复和他们共同斗争的联盟,以利于中国革命的前进。为了停止国内的武装冲突,共产党愿意停止使用暴力没收地主土地的政策,而准备在新的民主共和国建设过程中,用立法和别的适当方法去解决土地问题。中国土地属于日本人,还是属于中国人,这是首先待解决的问题。既是在保卫中国的大前提之下来解决农民的土地问题,那么,由暴力没收方法转变到新的适当方法,就是完全必要的。

毛泽东对历史一致性的阐释既不否定历史,也不改变目标。在他的表达中,共产党虽然做出了妥协和让步,放弃暴力夺权,但是并不会改变革命的目标,也不会使共产党放弃政治领导责任。只是在新的历史条件下,共产党要实现的是民主共和国,而民主共和国,是资产阶级、工人、农民、小资产阶级等各阶级的民主联盟。

8. 重回大国

中国作为反法西斯阵营的重要成员之一,以战胜国地位深度参与新的国际体系,加入联合国并成为安理会五大常任理事国之一,这对新中国后来的国际地位至关重要。

直到今天,中国仍然在积极维护当初这个体系的基本框架和原则。

参与国际体系

1840年,对于中国是一个划开近代与前近代的分界点,自那之后,在国际政治的意义上,中国真正要面对一个远超自己想象的外部世界了。

历史很微妙,18世纪之前,西方世界求着中国,中国并不理睬,但世界变化很快,到了鸦片战争前后,中国已不得不纳入世界体系。这时候欧洲已经从以血缘为纽带的皇权政治体系,转型为基于主权的近代民族国家,两边的规则已经不一样了。

在这样的情势下,中国加入新的国际体系并不是一个主动和快乐的过程,从第一次鸦片战争到第二次鸦片战争,从《马关条约》到《辛丑条约》,从坏的方面去看,中国在进入国际体系之际写满了血泪和屈辱。但在这不情又不愿的过程中,中国也不再是那个自大的天朝上国,而要和世界上其他国家以新的规则交往了,其实这也是中国近代的主题之一,李鸿章所讲的"世界各族以平等身份待我"。

从天朝上国一跌再跌为衰弱国家的过程持续了近80年,直到两次世界大战,出现了转机。

当中国外交代表团第一次以战胜国身份参加国际会议之时,中国的国际面貌也随之开始改变。

在一定程度上,这要感谢民国时期的一批外交家。与颟顸自大却怯懦虚弱的清王朝相比,民国时期的外交多亏了顾维钧等出色的国际政治行家,才带来了中国国家外交的明显进步。

对比清王朝与民国,后者并不比前者拥有更强大的国家实力,但是近代清朝外交史基本上是一本丧权辱国史,反观民国,一战后在向西方列强收回国家权益和抵抗日本、俄国等新的侵略这两方面却成就卓著。

民国时期外交的成功首先表现在那个时代国际政治的两次大变局,不论是一战,还是二战,中国都是在将自己置入国际俱乐部之中,而非以边缘和孤立的角色示人。战争带给中国苦难,但也给予中国重新以大国身份快速加入世界体系中的机会,幸运的是,两次机会中国都抓住了,进行了正确的"站队",尤其第二次站队,加入反法西斯同盟国的阵营,使中国成为联合国五个常任理事国之一,是其他许多发达国家梦寐以求而不得的事。

但这一切并不容易。

先说一战。在本章的第二篇文章中就已提及,中国以向欧洲派出华工的方式参与到一战中,从而借宣战之机一举废除了对德、奥两国的所有旧条约,不仅终止了德国在华扩张的势头,也开创了此后废约外交的先河。

同时，中国以参加一战和巴黎和会为契机，开始介入国际事务，参与多边政治游戏，并在国际联盟中积极活动，与清朝末年的孤立与遭遇列强厌弃的状态形成鲜明对比。

虽然一战时中国终于开始以积极并且较为有利的姿态参与到世界之中，但巴黎和会上中国山东权益的被抢劫极好地说明了中国还是没有改变弱国、小国的国际地位。

直到二战，中国作为反法西斯的重要战场，深度参与到这场席卷全世界的战争中去，影响力和国际地位才实现飞跃。

二战与中国参与雅尔塔体系

二战改变了世界，也改变了中国。

中日战争作为全球冲突的一个部分，牵连着世界其他国家，在战争形势的逼迫下，国际关系网骤然变化，身处其中的中国与以美英为代表的国际社会的关系日益紧密，而与德日越发疏远，并走向对抗。

战争前，在日本侵华态势还不明朗之时，德国与中国的关系比较好，中国甚至还寄希望于德国能够介入中日关系，以遏制日本在中国的扩张，反倒是英美等国家，奉行孤立主义和消极主义的政策，即使对中国抱有同情，也并没有通过实际行动来支持中国。

但是日本的日益扩张改变了这些大国的态度。1937年底到1938年初，美、英、苏三个大国计划合作以遏制日本，而最能援助中国的德国却转向更为靠拢日本。

中日之间的战争使世界主要强国重新组合，苏联开始以更积极的态度为中国提供武器。

1937年11月召开的布鲁塞尔会议，标志着苏联愿意同美英两国一道，寻求最大限度地鼓励日本和支持中国，这次会议也将中日战争国际化，这次会议也成为中国的国家地位提高的转折点。

德国进攻苏联之后，各个区域的局部战争真正演变成了世界大战，在紧张的形势下，1941年8月，罗斯福和丘吉尔在大西洋会晤并发表联合声明《大西洋宪章》，《大西洋宪章》列举了一系列包括民族自决、经济上相互依存、国际合作、集体安全等准则，一种新的国际主义重新形成，中国也愿意加入英美联盟。

日本偷袭珍珠港以及随后的太平洋战争真正将中日之间的战争和日美之间的冲突融为一体，使中国成为反轴心国同盟中的一员，中国也第一次真正感受到自己真正是全球性联盟的一部分。

1943年10月，苏、美、英三国外长举行莫斯科外长会议，由于中国人民的抗日战争对全世界反法西斯战争做出了应有的贡献，中国的国际地位受到重视，也第一次以"四强之一"的身份签署了《四国关于普遍安全的宣言》。

签署宣言后，中国还接连参加了诸多重要的国际会议，签署了一些重要的国际宣言，这些会议和宣言对中国在最后顺理成章地成为联合国五大常任理事国之一起到至关重要的作用。

在1943年底召开的开罗三方会议上，罗斯福与中国讨论了未来国际组织问题，答应中国以平等的地位参加中美英苏四强小组机构，并参与制定该机构的一切决定。美国承认中国的大国地位，罗斯福希望中国战后成为抗衡苏联、抑制日本的重要力量。会后中、美、英三国发表了《开罗宣言》，其中规定：日本所窃取的中国领土，如满洲、台湾、澎湖列岛等，归还中华民国。

在1944年8—10月召开的敦巴顿橡树园三方会议上，中国积极参与联合国章程的制定工作。

1945年4月联合国召开制宪会议，中国作为联合国的发起国之一和安理会五大常任理事国之一出现在国际舞台上。在雅尔塔会议和波茨坦会议上，美国坚持中国的大国地位，中国也参加了波茨坦会议上的外长协商委员会，签署了《波茨坦公告》。

美国历史学家菲斯曾对此评论道："这一行动（指中国参加外长协商委员会），连同中国当选为联合国安理会常任理事国一事，意味着中国已完全被允许进入占统治地位的外交大国集团。"①

其实，当时的大国中，只有美国十分欢迎中国加入大国俱乐部，尚未光复的法国没有发言权，英国的态度则相当不情愿。1943年3月，罗斯福在会见英国外交大臣安东尼·艾登时曾坚持"在解决世界问题时，需要把中国和其他世界强国联合在一起"，丘吉尔立即反驳"说中国是一个与英、美或苏联平等的世界强国是非常错误的"。

与英国的不情愿但尚能勉强接受相比，苏联的态度可谓是强烈反对。

据美国国务卿赫尔回忆，关于中国参加《四国宣言》的事他曾同莫洛托夫商量过。赫尔说："美国政府就中国局势做了并正在做一切可做的事情。在我看来，不能把中国从《四国宣言》中删去，我的政府认为，中国已经在世界范围内作为四大国之一进行战争。对中国来说，如果俄国、大不列颠和美国在宣言中把它抛到一边，那在太平洋地区很可能要造成可怕的政治和军事反响。"② 莫洛托夫起初并不同意，并以时间紧张为由拒绝，后经赫尔多次说服和周旋，苏联终于勉强同意了。

虽然勉强同意，但几次大国会议苏联都不愿与中国领导人会面，斯大林坚决不接受与蒋介石平起平坐，开罗会议上有蒋介石没有斯大林，德黑兰会议、雅尔塔会议则是有斯大林无蒋介石。为筹建联合国做准备的敦巴顿橡树园会议不能没有四国的同时参加，苏联仍坚持"双三方"会议。

但客观结果依然是令人振奋的，通过以上一系列会议的召开，自一战以来的新的国际秩序——雅尔塔体系形成了，中国的大国地位在雅尔塔体系形成过程中的一系列国际会议上终于得到了明确的肯定。

共产党与联合国

经过二战，中国成为战胜国，不仅民族独立得到了维护，领土主权得到

---

① 赵志辉：《雅尔塔体系的形成与中国关系的再认识》，《南京社会科学》2000年第6期，第53-56页。

② 陶文钊，等：《抗日战争时期中国对外关系》，中国社会科学出版社，2009年，第823-826页。

了恢复,百年来的民族屈辱也得到了洗刷。自晚清以来的弱国地位彻底改变,中国的首脑第一次与其他大国首脑一起共商国际秩序,中国的大国地位得到了国际承认。中国也作为联合国安理会五大常任理事国之一,承担起维护世界和平的国际责任。

尤其是联合国是雅尔塔体系所建构的战后国际秩序中最重要的政治安排,正是在安理会五大常任理事国这个联合国最核心、权力最高的机构框架中,中国才拥有作为一个大国与美、苏、英、法等国平等的国际政治地位。

因此包括中国共产党在内的国内各界人士,都一致对此表示欢迎。

1945年4月,毛泽东在中共七大所作的政治报告《论联合政府》中指出:"中国共产党同意大西洋宪章和莫斯科、开罗、德黑兰、克里米亚各次国际会议的决议,因为这些会议的决议都是有利于打败法西斯侵略者和维护世界和平的。"他还指出:"中国共产党对于保障战后国际和平安全的机构之建立,完全同意敦巴顿橡树园会议所作的建议和克里米亚会议对这个问题所作的决定。中国共产党欢迎旧金山联合国代表大会。"

中共代表董必武也作为中国代表团八名成员之一,参加了联合国宪章的签字仪式。但是董必武参加联合国之行充满了波折。关于代表团人选,蒋介石一开始想的是派出一个清一色的国民党的代表团,最多加几个社会贤达无党派人士,而并未将共产党的代表纳入考虑范围之内。蒋介石以此事征询顾维钧意见,顾维钧的意见是,中国代表团的组成应该有广泛的社会政治基础,应包括各种不同政治主张的代表,以向全世界宣告,中华民国代表团是真正全国性代表团。

后来,宋子文告诉顾维钧,罗斯福总统3月15日签发了一封代表美国政府立场的电报给正在昆明的蒋介石,电文说:中共向美国特使赫尔利提出了建议,认为中国代表团应包括国民党、共产党和中国民主同盟的代表,并由三方平分名额。

赫尔利的答复是:出席旧金山会议的代表应该是联合国各成员国政府的代表,而不是政党的代表。中共应该参加。罗斯福同意赫尔利的观点,罗斯福认为，中国代表团若容纳中共以及其他政党的代表，有益无害，有利于实现中国政治团结。

最后，在顾维钧的建议下，董必武一行人作为中国共产党的代表参加联合国大会。

董必武出发前，中国民主同盟为欢送董必武赴旧金山举行茶话会，茶话会上，董必武说："本党中央派本人出席旧金山会议，是代表敌后解放区一万万同胞，向国际表示吾人的意见"，"全为代表吾人之爱好和平，力求民主团结的委曲求全精神，并为国际和平而奋斗"。他表示"深信民主为世界大势所趋，必须实现。否则，中国永无和平，中国人民永无自由，在东亚亦永无和平、永无自由可言"。①

赴美国的董必武感慨万端，写下律诗：

> 竟是平生一快游，空行万里总悠悠。乘风破浪非虚语，障眼浮云在下头。欧陆暂无锋镝苦，东瀛将南寇仇囚。前途尽有光明路，莫忘中藏曲折幽。

1949 年，蒋介石带着他的大国梦想去了台湾，20 多年后，中华人民共和国将继承民国的遗产，重回世界舞台。

9. 这次不是简单的政权更迭

近代以来，中国的基本主题是追求民族独立、国家富强，为了实现这个目标，以国民党和共产党为代表，分别做出了两种努力。这两种努力也代表两条道路，一条是国民党的"国民革命"，是着眼于社会的中上层进行渐进改造的路径；另一条是共产党的共产主义革命，是更为激进的面向社会底层的改

---

① 吴跃农：《董必武出席首届联合国大会始末》，《档案天地》2015 年第 2 期，第 19-22 页。

造路径。

国共内战的结果不是简单的政权易主，更是两条道路、两种制度的竞赛。竞赛在多个层面上展开，比如民众动员能力、治理水平、民主化水平等。通过这种竞赛的比较，后人才能清楚中国共产党赢在哪里。

无效独裁

1946年5月，四平战役国民党获胜后，蒋介石对内部人员说："中共除一部分外，本属乌合之众，经此次打击，势必瓦解无疑"，"共果不就范一年期可削平之"。[1]

可以看得出来，那时候的蒋介石言语之间充满自信，根本没把共产党放在眼里。

不过转折来得很快，仅仅一年之后，国民党在战场上的形势急转直下，国共两党的角逐竟从一方对另一方的绝对优势而转入生死关头，这之后，发觉形势越发不妙的蒋介石讲话越来越严厉和悲观了。

他由军事的失利联想到党组织的纪律涣散，"老实说，古今中外任何革命党都没有我们今天这样颓唐和腐败，也没有像我们今天这样的没有精神，没有纪律，更没有是非标准，这样的党早就应该被消灭淘汰了"[2]。

与对国民党的痛批相反，蒋介石开始不时流露出他对共产党的欣赏，在他看来，共产党的组织性、纪律性、精神道德，都是国民党正好缺乏的。

虽然屡屡痛陈国民党之弊，蒋介石依然认为，国民党的失败首先还是军事的失败。这和很多人的看法接近，即国民党的失败首先在于军事的失利，而军事的失利则因为八年抗战对国民党军队造成了极大的消耗，以及国民党缺少像共产党那般齐心协力并且能征善战的将领。

1948年的东北战场颇不顺利时，蒋介石在日记里悲叹竟找不出一个像李鸿章、胡林翼或骆秉钧般能倚赖的将领。虽然是国民党三军总司令，但蒋介

---

[1] 高华：《革命年代，广州》，广东人民出版社，2010年，第352页。
[2] 同上。

石对手下的将军并不全部了解，也不能指挥自如。蒋介石素与何应钦和白崇禧不和，对东北"剿总"总司令卫立煌早在抗战时期就已经和中共秘密接触的事也不知。

据杜聿明回忆，在东北战事已经十分危急的情况下，蒋介石"急令卫打通沈锦线，将主力撤至锦州，阻止解放军入关，必要时可放弃吉林、长春，甚至将东北全部兵力退守华北。但卫立煌以解放军已占领锦州、沈阳间的要隘沟帮子，国民党驻沈部队须经相当时期的整补方能投入战斗为由，拒绝了蒋的命令"。"1948年5月初，蒋介石再次电令卫立煌打通沈锦线。他决心将主力撤至锦州，成立机动兵团以随时准备行动。但卫根本不同意，阳奉阴违，事情不了了之。"①

类似的事情太多，以至于盟军中国战区参谋长魏德迈将军曾如此评价蒋介石：委员长远不能算是一个独裁者，事实上仅仅是一帮乌合之众的首领而已。他常常难以保证推行自己的命令。

相似的评价，还有一些人也说过，如余英时就曾说蒋介石是无效独裁。重庆谈判后，毛泽东也评价蒋介石"民主无量，独裁无胆"，直接对身边的胡乔木说："实行独裁的劲不大，像灰尘一样可以吹掉的。"②

这些评价将国民党的失败指向了更深层的体制问题，那就是，蒋介石虽然想通过国民党建立起一个独裁而有效的政体，但事与愿违，他的党国体制仅仅是一个松散低效的政治和军事组织的集合，而且缺乏社会基础。

作为党国领袖，蒋介石不是没有注意到社会组织机制的问题，他曾非常沉痛地说："我们的力量完全流于表面形式，而实际的内容，则是空虚到了极点。我们党和团没有基层组织，没有新生的细胞，党员和团员在群众间发生不了作用。整个党的生存差不多完全寄托在有形的武力上，这是我们真正的危机，也是我唯一的忧愁。"③

---

① 高华：《革命年代，广州》，广东人民出版社，2010年，第368页。
② 章百家：《对重庆谈判一些问题的探讨》，《近代史研究》1993年第5期，第1-33页。
③ 常家树：《二十世纪五十年代国民党的改造运动》，《党史纵横》2007年第6期，第58-60页。

在国共的竞争中，究竟是什么让国民党失败了？蒋介石的以上一番话恐怕是对此很好的回答。

诚如他所言，国民党取代了北洋军阀，继承了一个分崩离析的政治制度，它确曾给过人民以与旧时代隔开的全新的时代的憧憬，但却始终没能够革新甚至重建一个新的完善的政治结构。在国民党外，它受制于各种地方军阀和乡村豪绅；在国民党内，则是派系林立、你争我夺，未曾有一天停歇。

归根结底，军事将领不足、美国援助未到、战术指挥有误，这些均是外因，只是导致国民党最终溃败的条件，而真正的内因，还是国民党自身及其所代表的制度模式出了问题。

动员短板

经历了太久的纷乱，中国要重新统一，要真正走进现代，不是仅仅依靠一支强有力的军队就能完成，甚至强有力的军队都不一定绝对必要。无论是装备还是人数都远远无法与国民党军队相比的共产党，不就笑到了最后？

现代民族国家真正呼唤的是一种新的政体，这个新的政治体制不仅要具备汲取能力与强制能力，还要具备合法化能力，也即是说，不仅要能够解决从中央到地方乃至乡村的权威建立和治理难题，在意识形态上，也要有一个可以为政治权威提供论证的学说，这套学说还得能够得到最广泛群众的支持。

曾经，国民党代表了一种给人民以希望的新体制，那还是在孙中山时期。他改组国民党，与苏联和中国共产党合作，制定"联俄、联共、扶助农工"的三大政策，提出三民主义，就是期望于不仅将国民党打造为一个苏俄式的全新政党，还要让党联合起各种力量，深入底层大众。

孙中山设计了"军政—训政—宪政"的路线，虽然赋予军事独裁在特定时期的合法性，但是在他那里，党权绝对高于并控制着军权，国民党的权力顺序还是党—政府—军队，因为按照这样的顺序，是最有希望建立起一个比较具备全民动员能力的国家体制的。

但是孙中山逝世后，蒋介石的地位和势力借助黄埔"党军"之力暗暗滋长，军权也随着北伐的迅猛推进而迅速蹿升，很快便挟制了党权。作为军事领袖的蒋介石并未予以节制，而是将党—政府—军队的顺序完全颠倒过来，军队被置于最靠前的位置，蒋介石是作为军队的总统帅，来领导国民党军队，继而领导整个国家。

这其实是蒋介石一直以来的夙愿，早在1912年，蒋介石就已经在《军声》杂志上发表文章，说中国人民为了国家的统一、民族的独立，应该牺牲个人的自由和权利，把自己的命运托付给军事强人，由其来完成集权统一。他是绝对的军事强人，自然绝对地应该由他来完成集权统一。

但这就使蒋介石个人披上了太多的军事独裁色彩，而且军队是动员能力的结果，而非原因，仅依靠军队也难以实现国家的整合。

由于倒果为因，一味追求围绕军事建立中央权威，却忽视了在社会变革方面与之配合，使得国民党中央不仅几乎不了解它的基层组织的一般状况，也很难依靠基层组织将它的权威和影响力渗透于社会生活的各个方面，更难以渗入社会基层以影响民众，无法获得更广大的社会成员对于它的认同。缺乏民众的认同，也就缺乏强大的动员能力，因此，国民党虽然极力学习苏联，却始终没能实现类似苏共那样的对社会的全面控制，也始终没能建立起举国一致的军事动员体制。

超强动员曾经也是有过的，但依靠的是民族主义力量。抗日战争时期，国民政府在成都郊县为美军修建9座机场，45万老百姓自带干粮，肩挑手提，愣是用最原始的人工，几个月就建成了。但那是国家生死存亡的关头，那时候老百姓都认为是在为国家而战，所以肯出力。但是当抗日战争结束，国共内战之时，老百姓就实在不愿意再打仗了，这时候国民党动员体制的短板就立刻显现出来，一旦国民党无法说服老百姓接受它对"戡乱"的解释（事实也的确如此），那么它的溃败也就紧跟而来了。

台湾作家王鼎钧在其回忆录中曾写到，在山东战场上，国民党军将领提到老百姓就恨得咬牙切齿，因为常常有老百姓为共产党的军队通风报信。相反，共产党将领陈毅却能骄傲地说出"淮海战役的胜利，是人民群众用小车推出来的"。

为何共产党能具备强大的动员能力，国民党并非全然不知。1946年3月21日，地政署署长郑震宇呈文行政院的文件中，就提到"共产党策动减租与分田之运动，深合于农民之要求，故能广泛号召农民受其驱使，为其效命"。

中国共产党以土改取得了农民的支持，赢得了底层大众的民心，对此，国民党虽也有察觉，但为时已晚，且根本没有做出有效的反应。

农村较量

在土地问题上，国民党也是做过一些努力的。

早在孙中山时期，他就提出"平均地权"的主张和"土地赎买"的方案，只是过于理想，无法推行。

后来的国民党也认识到农民问题是中国社会的核心问题，但采取了渐进道路。即先"减租"以调整租佃关系、"提高佃农生活"，再由政府以"赎买"的形式把地主"多余"的土地分配给无地农民。

20世纪30年代中期，国民党通过《积极推行本党土地政策案》，这一方案是在不触动农村土地所有制的前提下，做一些改良性的工作，如推行水稻、小麦的科学研究，在局部地区创办农村合作社，但是坚决拒绝在农村开展变革土地所有制的土地改革。

不进行根本土改的原因是可以理解的，地主阶级与国民党统治集团关系密切，而且由于中国经济和财政的困难，国民党也无力通过赎买地主土地来和平转移土地所有权。但若不采取渐进和平的方式，国民党的政治学说又不鼓励它采取急风骤雨式的暴力改革，所以难以撼动传统的乡绅结构，作为执政党的国民党纵使有心，也没胆冒着乡村可能失序的风险去打击乡绅阶层，那样的话不仅政府税收困难，养老、教育、慈善等问题亦无人组织。

可是不触动土地问题的根本，一切局部改良都只是徒劳。国民党在土地问题上既无甚建树，农村的土地危机也并未解决。无论如何，土地问题的长期得不到解决，都成了国民党在解放战争时期丢掉政权的致命原因。

国民党失之所在，恰好是共产党成之所在。

成在哪里呢？许多人认为是土改做得对。因为中国共产党的土地改革不仅要解决大多数农民的土地问题，还有一个非常重要的目的，那就是动员农民投入社会主义革命之中。

如何动员呢？不少研究认为，动员是通过"经济获利—斗争参与"这条路径来实现的。

比如，土改中流行的"挖浮财"就是斗争地主中最为重要的一个环节。在辽宁岫岩，土改工作队就曾明确要求"穷人中最穷的人"在斗争对象家门口布上警戒线，凡肯前往监视的人有权拥有这些人家的浮财。

挖来的浮财怎么分配呢？以山东莒南县为例：积极的多分，落后的不分，谁靠前分得多，谁不靠前分得少。可见，农民要想多挖得浮财，就得不断地加大和扩大斗争的程度和力度，可能本来不想参加斗争地主的，却因能够分到财物而参与其中。

如山东省东营市河口区新建村贫农袁某回忆说："斗地主也都是很盲目地就开始了，那个时候人们的心理也都是图东西，斗个地主自己能分点儿粮食分点儿东西什么的。那个年代，我们正赶上吃树皮吃菜，家里面穷得不行没有饭吃，所以一想到斗地主能分到东西吃就跟着一块儿瞎起哄。"①

湖北省竹溪县十八里长峡管理局双坪村贫农夏某回忆说："要分东西，大家好高兴咯，能去的都去了，也不要钱，能分个么子是个么子，肯定要去。"②

不过，经济获利并不足以将动员逻辑解释透彻。其实中外很多学者都曾指出，中国北方农村的贫富差距并不大，地主的财富积累很有限，不仅与农民的对立不严重，而且纵使没收了其财产，也不能解决贫农的生活问题。

所以在经济获利这一原因之外，也有人提出了新的看法。

农民参与斗地主，一开始因为积极分子先到先得，因而起了"榜样作用"，在从众心理驱使下，普通民众就会紧跟。但到这里并不算完，由于乡村社会

---

① 刘金海：《关于土地改革动员逻辑的再思考》，《中共党史研究》2017年第9期，第79-86页。
② 同上。

相对封闭，为防止报复，农民们可能会采用暴力手段。所以土改有时候就会发展到过火。

以实例来说，1947年习仲勋在主持陕甘宁边区土改工作时曾发现了农村土改中存在的一些问题，他在一份调查报告中写道："土改一到农村，就发生极左偏向。凡是动起来的地区，多去强调'贫雇农路线'，反对所谓'中农路线'，都是少数群众（不是真正的基本群众）起来乱斗、乱扣、乱打、乱没收财物、乱扫地出门。最严重的是佳县，有好几个村庄，连贫农、中农的东西都一律没收。"①

可见，土改运动中的"左"偏现象的确是存在的。针对这个问题，包括习仲勋在内的党的领导人做了多次指示予以纠正。习仲勋还写了《关于1948年的土地改革和整党工作》《关于土地改革和整党工作若干领导问题》等文章，其中总结："为了及时指导运动的健康进行，在领导方法上，各地委和县委必须指派四五个到六七个能够代表地委和县委的负责干部分头巡视，随时发现问题、解决问题，帮助各地总结经验、交流经验，这样使党的领导机关随时了解运动发展的情况，抓住当前运动的每一重要环节，有效地把运动推向前进。"

土改虽然具有明显的动员效果，但土改并不是一种单纯工具论的动员机制，它还是与农民实际生活的改善紧密联系的，非如此，动员也不能取得良好的效果。

对此，毛泽东早就有所注意，他曾说："如果我们单单动员人民进行战争，一点别的工作也不做，能不能达到战胜敌人的目的呢？当然不能。我们要胜利，一定还要做很多的工作。领导农民的土地斗争，分土地给农民……解决群众的穿衣问题，吃饭问题，住房问题，柴米油盐问题，疾病卫生问题，婚姻问题。总之，一切群众的实际生活问题，都是我们应当注意的问题。"②

通过土改，农民获得了实利，赤贫者大大减少，农民整体趋于中农化，

---

① 贾巨川，习仲勋：《陕甘宁边区土改纠偏》，《百年潮》2008年第6期，第39-45页。
② 《毛泽东选集：第1卷》，人民出版社，1991年，第136-137页。

动员的效果才得以最大化。

在获得了中国社会最大多数人群——农民——的支持后，中国的无产阶级革命才获得了最坚实的支持和依靠。

此时，中国的无产阶级革命已与过去王朝循环时的农民起义大大不同，被唤起的农民、无产阶级如何被重新组织，以纳入现代化的逻辑之中，这是执政后的党所要回答和解决的问题。

第三章

对中国道路的艰难探索

第三章 对中国道路的艰难探索

道路决定命运。中国特色社会主义从根本上改变了中国人民和中华民族的前途命运。改革开放前和改革开放后是两个历史时期,这是两个相互有联系又有重大区别的时期,但本质上都是共产党领导人民进行社会主义建设的实践探索。

正确处理改革开放前后两个历史时期的关系,不只是一个历史问题,更主要的是一个政治问题。如果说1949年前的革命历史,是要说清楚为什么选择了马克思主义、选择了社会主义道路;那么1949年以后的建设和改革历史,就是要说清楚为什么只有坚持和发展中国特色社会主义才能实现中华民族的伟大复兴。

要说清楚这一点,那就要回到改革开放前我们对社会主义建设规律的探索上,回到我们对改革开放前艰难曲折的教训总结上,回到改革开放之初我们如何解放思想、打破围绕"什么是社会主义,怎样建设社会主义"的思想枷锁上。

照搬照抄别国经验、别国模式,从来不能取得成功。坚持独立自主走自己的路,这就是历史给人最大的启迪。

尤其是对苏联搞社会主义模式的反思,共产党很早就认识到,社会主义制度在各国的具体发展过程和表现形式,不可能有一个千篇一律的格式。毛泽东明确提出,要把马克思主义的基本原理同中国实际进行第二次结合。我们党在社会主义建设实践中提出了许多正确主张,当时没有真正落实,改革开放后得到了真正贯彻,将来也还是要坚持和发展的。到了改革开放新时期,邓小平明确提出:把马克思主义的普遍真理同我国的具体实际结合起来,走自己的道路,建设有中国特色的社会主义,这就是我们总结长期历史经验得出的基本结论。

改革开放之所以被称为一场伟大的觉醒,就是因为我们打破了经济成分越纯越好的思想禁锢,敢于破除超越发展阶段的意识形态枷锁,对内搞活对外开放，通过计划经济向市场经济的转变，把亿万人民的积极性和创造性发挥了出来。

在这个过程中，有很多意料之外的收获，这本身就说明，探索中国特色社会主义道路没有现成的答案，"一个党，一个国家，一个民族，如果一切从本本出发，思想僵化，迷信盛行，那它就不能前进，它的生机就停下了，就要亡党亡国"。

能实现这个伟大的觉醒，首先是我们实现了思想上的解放，重新回到了一切从实际出发的实事求是的思想路线上。这里既有对社会主义本身的反思，又有对世界形势变化的敏锐感知，更有对中国独特性的自觉体认。独特性不是排他性，而是说中国的社会主义建设一定会带有"中国的特点"，中国的现代化道路一定是"中国式的"。正是因为没有现成的答案，所以我们一定要"大胆地试，大胆地闯"。

找到一条好的道路不容易，走好这条道路更不容易。过去，我们照搬过本本，也模仿过别人，有过迷茫，也有过挫折，一次次碰壁、一次次觉醒，一次次实践、一次次突破，最终走出了一条中国特色社会主义成功之路。

1. 重建历史连续性

1949年10月1日，这是新中国成立的日子。

此前，毛泽东主席在新政协筹备会议上这样说："我们的民族将从此列入爱好和平自由的世界各民族的大家庭，以勇敢而勤劳的姿态工作着，创造自己的文明和幸福，同时也促进世界的和平和自由。我们的民族将再也不是一个被人侮辱的民族了，我们已经站起来了。"

全人类四分之一的中国人从此站立起来了，这是中国历史和世界历史上的一件大事。

在历史长河中，"大事"之所以能称之为"大"，主要是因为它极大地改变了历史的进程和历史的面貌。新中国成立以来对中国历史和世界历史的改变,是无论谁都无法不承认的客观事实。这种改变,70年前,人们普遍感受到了;70年后,人们同样普遍感受到了。

同时,人们对这70年,已经习惯性地划分为两个历史时期:改革开放前和改革开放后,中间则是实现伟大历史转折、开启改革开放和社会主义现代化建设新时期的1978年党的十一届三中全会。两个阶段的中国社会,变化之大,某种意义上也可以说是颠覆性的。

此时,一个极端重要的问题就迟早会摆在我们面前:如何防止因为两个历史时期的变化之大,而导致两个阶段的历史的断裂?"断裂"的意思是,我们日益只关注某个节点之后的历史——且无论这个节点是否足够重大,而对于节点之前的历史,我们既对历史细节和历史事实丧失了兴趣,又对长时段和总体的历史逻辑丧失了感知力。正如经济学家黄亚生在纪念美国历史学家罗德里克·麦克法夸尔(Roderick MacFarquhar)的一篇文章中,尖锐地指出的那样:"我们不能架空历史去谈理论和模型……现在很多经济学和政治学对中国的研究让人感觉好像中国是1978年才成立的。这是不对的。"

黄亚生说的是学术研究领域的现象,但讲的道理不局限于学术研究领域。其实,防止历史的断裂是关系到国家和民族前途命运的大问题。

这么说,是不是太夸张了?

一点也不。因为其背后是"道路"——方向决定前途,道路决定命运。其中的道理,不是一下子就能看清楚的,让我们慢慢来展开。

回顾新中国70年历史,道路问题变得迫切,起码有四次。一次是新中国成立,在民主革命之后,新民主主义社会怎么向社会主义社会过渡。一次是"文革"之后,中国面临被开除球籍的危险,国家怎么办?一次是苏联解体、东欧剧变之后,各式各样的"中国崩溃论"就从来没有中断过。

第四次就是我们当下正在经历的。经过改革开放几十年的发展,中国变成世界第二大经济体之后,不仅我们面临着下一步走向哪里的"考题",而且全世界也在关心:强大起来的中国会是一个什么样的国家?

于是,在党的十八大召开前的一些年里,国内外舆论开始质疑中国搞的究竟是不是社会主义。在聚精会神搞建设的相当一段时间里，不是说没有这样的质疑，但显然，当你还比较弱小的时候，世界对这个问题的兴趣不会很大，只要你开始融入既定的经济全球化体系，大家有生意做、生意还越做越大就行。但当你真正强大起来的时候——强大的意思不是有一堆好看的经济数字，而是你有了改变既定规则的能力，世界对你搞的是什么主义，肯定就空前关切起来。

于是，各种标签层出不穷，有人说是"资本社会主义"，还有人干脆说是"国家资本主义""新官僚资本主义"。对这些标签，仅仅是一句"胡说八道"的反驳是无力的。人家给你贴标签，不管对不对，总还是抓住了中国已经和正在发生的某些现象来作为"论据"，比如今天谁也无法忽视资本的力量，谁也无法忽视国有企业的力量，正如谁也无法忽视"集中力量办大事"的体制优势。

正是在这样的背景下，在党的十八大上当选为中共中央总书记后不久，习近平在2013年1月5日就作了一篇重要讲话。讲话的场合是新进中央委员会的委员、候补委员学习贯彻党的十八大精神研讨班。讲话的重点内容是关于坚持和发展中国特色社会主义的几个问题。

在这篇讲话中，习近平总书记提出了"两个不能否定"：对改革开放前的历史时期要正确评价，不能用改革开放后的历史时期否定改革开放前的历史时期，也不能用改革开放前的历史时期否定改革开放后的历史时期。

"两个不能否定"给我们认识新中国70年历史提供了基本遵循。

那么，如何按照历史和逻辑的统一，重建改革开放前和改革开放后的历史连续性，就是摆在我们面前的一项迫切而重大的任务。对本章而言，重中之重就是回应不能用改革开放后的历史否定改革开放前的历史。

所谓历史的断裂，在这里就是"两个相互否定"。仔细想一想，这种"否定"肯定不是简单地去说改革开放前犯的一些错误，发生的一些悲剧；或者简单地去说改革开放后出现的一些现象，比如贫富分化和腐败盛行。

关键的问题在于，人们把历史人为"断裂"，是和回答道路问题——简而言之就是中国下一步会怎样,内在联系在一起的。"两个否定"是对两个历史时期的极化处理,对应的其实是人们对下一步发展的极化主张。

否定改革开放前的历史,往往就会淡化掉新中国成立所实现的政治自主的意义,淡化掉社会主义革命所实现的历史上最深刻的社会变革的意义。否定改革开放后的历史,往往就会陷入用回到老路来解决新问题的困境,同时因为人为割断历史,更是无法回答如何避免再犯曾经犯过的也不能再犯的重大错误,甚至会淡化这些重大错误。这些做法对国家和民族同样是很有害处的。

而且,无论是哪一种主张,当人为隔断历史的时候,最终也会陷入一个悖论:你珍视自己看重的这段历史,但你根本无法对这段历史作出合理的令人信服的解释。我们古人说,灭人之国,必先去其史。外人"去其史",前提条件是自己人也真相信了。"两个相互否定"最终也总会陷入相互曲解不同历史时期的真实历史的泥潭。此时,还原历史的真实当然是必要的,事实都不敢面对,无论观念显得多强大,说服力都是大打折扣的。

但是,事实不等于观念本身。正如我们不能把过去的普遍贫穷简化为一种"平等",也不能把今天的贫富分化看成是追求效率的当然结果。

事实判断和规范判断总是存在需要跨越的鸿沟。事实判断和规范判断之间的桥梁是对时代问题的精准理解和有效回应。而在整个历史过程当中,既有对时代问题判断方面的问题,比如对阶级斗争形势估计得过分严重,乃至对社会主要矛盾的判断出现重大偏差;又有问题的确是真问题,但在解决上走了弯路,甚至不能够实事求是,比如广大的分散的家庭生产是中国基本国情,如何走上合作化和集体化道路是真问题,但农民的积极性却相当长时间内被过分集中和过分控制的经营体制所压制。

所有这些对时代问题的精准判断和有效回应,最终都汇聚成对中国特色社会主义道路的追求。对道路的认识,必须拉长历史的尺度。中国特色社会主义是建立在我们党 90 多年长期奋斗基础上的,其思想、理论和实践的源头,则可以追溯到更远。中国特色社会主义不是从天上掉下来的,是党和人民历尽千辛万苦、付出各种代价取得的根本成就。

很明确的是，中国特色社会主义开创于改革开放新时期，如果割裂改革开放前和改革开放后的历史，那么我们就无法准确完整地认识其历史必然性和科学真理性，也无法在新时代更好地坚持和发展中国特色社会主义。

如果从道路视角来看待从新中国成立到改革开放启动的这段历史，有这么几个结论需要仔细审视。

一个是，新中国的建立和社会主义基本制度的确立，为当代中国一切发展进步奠定了根本政治前提和制度基础。

这意味着，我们珍视民族和国家的政治自主和独立性，哪怕是在改革开放后日益融入经济全球化体系的情况，也是如此。也就是说，中国作为一个具有悠久历史传统的大国，一旦获得了政治上的独立和自主，那么无论其经济实力是弱还是强，都不可能对任何大国和任何既定的国际体系有"依附性"。新中国在联合国的合法席位是1971年10月得到恢复的，毛泽东还亲自开创了中美关系和中日关系的新阶段，到1976年，同中国建交的国家已经有113个，西方对中国封锁禁运的局面开始被突破，这些都为后来中国能够逐步实行对外开放政策创造了有利条件。

这也意味着，中国特色社会主义是社会主义，不是别的什么主义。强调"主义"，当然有制度和政策方面的含义，但同样重要的是，"主义"也是一种规范指向，代表了我们奋斗的目标和理想。比如，"少数人富，大多数人穷"那肯定不是社会主义，权力的行使得不到制约、腐败横行、人民群众怨声载道，那肯定也不是社会主义。

不得不提的是还有新中国成立后的民族自豪感。有了民族和国家的政治自主，民族自豪感让本就具有深厚家国情怀的仁人志士，迸发出更加强大的创造活力。不管历经多少波折，甚至经历过多少悲剧，爱国主义始终是民族精神的核心，富有民族特色的创新创造始终是中国人从事各种事业的自觉意识。这种自觉意识，让我们过去创造了很多具有世界影响的作品或者产品，在后来的融入经济全球化过程中更让我们不会沦为简单的"复读机"，而是在博采众家所长基础上进行创新创造。这是一种独特的民族气质和品格，是在面对各种变局的时候既能保持开放性又能有所创新创造的强大精神力量。

正如习近平总书记指出的："中华民族是崇尚英雄、成就英雄、英雄辈出的民族，和平年代同样需要英雄情怀。"

另一个结论是，在改革开放前的探索过程中，虽然经历了严重曲折，但党在社会主义革命和建设中取得独创性理论成果和巨大成就，为在新的历史时期开创中国特色社会主义提供了宝贵经验、理论准备、物质基础。改革开放后的社会主义实践探索是对前一个时期的坚持、改革、发展。

这个结论更具体地描述出改革开放前和改革开放后的历史连续性。

马克思说过："人们自己创造自己的历史，但是他们并不是随心所欲地创造，并不是在他们自己选定的条件下创造，而是在直接碰到的、既定的、从过去承继下来的条件下创造。"

对于"物质基础"，比如发展经济学创始人之一张培刚就曾经辩证地评价说："没有计划经济建立起来的重工业为主的工业体系，即使引进了市场机制，也不能马上发挥作用。中国乡镇企业的发展，在很大程度上也是靠以重工业为主的工业体系作为依托的。这就使中国实现了第二次工业化。"

为什么改革开放后出现地方政府的经济竞争？为什么我们可以先搞增量改革，后搞存量改革？这里面就有打破原来思想枷锁的地方，比如搞增量改革，不让个体经济和私营经济合法化肯定就没办法推进。对我们的思考来说，更重要的是，这些问号指的都是改革开放后的具体路径，它们都只能在改革开放前和改革开放后的历史连续性中才能得到完整的解释。比如过去的计划经济体制还有相当程度的地方分权，分权的思想不是改革开放后才有的。如果是像苏联那样的一个彻底的完整的计划经济体制，那么改革的路径就可能很不一样。比如今天很多著名企业的前身是乡镇企业，而乡镇企业的前身又是计划经济时代就存在的社队企业。

需要指出的是，这些路径不是事先完整设计好了的，但如果没有改革开放"搞活经济"打开了空间，也很难会发生。

这里重点要说的是宝贵经验和理论准备。这方面的历史连续性体现在，改革开放这一场我党的伟大觉醒，是建立在改革开放前的正反两方面的经验基础上的。我们党在社会主义建设实践中提出了许多正确主张，当时没有真正落实，改革开放后得到了真正贯彻，将来也还是要坚持和发展的。其中最重要的是对道路独特性的自觉，即使是对当时社会主义国家的模板苏联，我们也很早就认识到不能全盘苏化，对苏联模式既有借鉴又有反思，明确提出以苏联的经验教训为鉴戒，把马克思列宁主义基本原理同中国实际进行"第二次结合"。

为什么说改革开放是"伟大觉醒"？很重要的就在于，解放思想打破了束缚我们的形形色色的教条的枷锁，重新回到了解放思想、实事求是、一切从实际出发上面来。这里既有对社会主义本身的反思，又有对世界形势变化的敏锐感知，更有对中国独特性——中国的实际的洞察。正如邓小平在党的十二大上所说："我们的现代化建设，必须从中国的实际出发。无论是革命还是建设，都要注意学习和借鉴外国经验。但是，照抄照搬别国经验、别国模式，从来不能得到成功。这方面我们有过不少教训。"

可以这样说：社会主义革命是我们的一大创造，就是在不太长时间内，通过和平方式确立了社会主义基本制度，在社会主义建设中，我们又自觉对苏联模式进行了反思，继续探索自己的社会主义建设道路。历经波折和曲折之后，改革开放后我们走出了中国特色社会主义的道路，取得了极大成功。

这个过程，就是更自觉地把中国的独特性和社会主义理论、世界发展基本趋势结合在一起的过程。这不是一个先验的过程，也就是说不是已经有既定的完整设计摆在那里，照着施工就行了。只不过，今天我们回过头去看，发现这就是一个中国独特性不断被尊重的过程。尊重的意思，就是没有现成的答案，所以要"大胆地试，大胆地闯"。过去我们回答"什么是社会主义，怎样建设社会主义"，今天我们继续在回答"新时代坚持和发展什么样的中国特色社会主义，怎样坚持和发展中国特色社会主义"。

这可能就是中国道路逐渐成型过程的一个常态：我们不断解放思想，不断为新的可能性打开空间，但在事先无法完整预计的事物发展过程中，不断形成好的经验和做法，经过提炼，不断充实到中国特色社会主义道路的内涵中去。

如此，我们重建改革开放前和改革开放后的历史连续性的目的也就实现了。接下来我们的主要任务就是重温改革开放前正反两方面的经验，尤其是梳理在探索中国社会主义建设道路过程中尊重中国独特性——中国实际的思想历程。不能说这样做就完成了重建历史连续性的任务，但至少可以为中国道路的理解提供一点帮助。

2. 决不当李自成

我们再回到新中国成立之初。这不是通常意义上的"改朝换代"，而是中华民族历史上从未有过的一场社会大变革的开始。但不必讳言的是，任何一个新生政权的诞生，总会面临着这样的疑问：能不能站稳脚跟？如果这一点解决不了，那么后续的发展就谈不上了。

新中国成立，共产党开始在全国范围内执政，面对的是旧政权留下的"烂摊子"。执政和革命不同，在局部范围内执政和在全国范围内执政也不同。说革命和执政不同，比如说各地党组织和政府在城市管理、工厂管理等方面势必是缺乏经验的，因此必须注意不能简单地沿用过去管理农村和军队的方式去管理，特别是要克服执行工作中官僚主义和命令主义的错误。说局部范围内执政和全国范围内执政不同，既是说看似局部问题实则影响全国（比如上海的经济工作），又是说解决局部问题要从全国范围内考虑如何解决。

无论如何，能不能迅速地把政权稳定和巩固下来，这是新中国刚成立就要面临的一个极大的考验。

正如中央文献研究室原副主任金冲及在《生死关头——中国共产党的道路抉择》一书中描述的那样："新中国成立刚半个月，人们还沉浸在开国的欢乐中时，一场无情的风暴就袭来了：从10月15日起，华北以粮食带头，上海以纱布带头，物价像脱缰野马般飞涨，在五十天内上涨了约 3.3 倍，范围遍及全国，人心开始浮动。新中国的国际环境也很复杂：以美国为首的许多西方国家仍对新中国抱着敌视态度，并实行严密的经济封锁；苏联那时对中国共产党不很放心，生怕它变成'第二个铁托'；不少周边国家对新中国缺乏了解，多少存有疑虑，或采取观望的态度。如果在外交工作上处理不当，就会陷于孤立，或者重新沦为别国的附庸。"

在不长的时间内，共产党取得了惊人的成功，充分体现了一个成熟的马克思主义政党的政治领导力。正如毛泽东在新政治协商会议筹备会上所预言的那样："中国的命运一经操在中国人民自己的手里，中国就将如太阳升起在东方那样，以自己的辉煌的光焰普照大地，迅速地荡涤反动政府留下来的污泥浊水，治好战争的创伤，建设起一个崭新的强盛的名副其实的人民共和国。"

"成熟"首先体现在预见以及精心的准备。预备失败，反而不容易失败；以为胜利理所当然，小胜小骄傲，大胜大骄傲，反而容易失败。对于革命胜利后共产党所要面临的风险考验，以毛泽东为代表的共产党领导集体，有着充分的预见和准备。毛泽东形象地称之为"进京赶考"，并且提出决不当李自成。

李自成领导农民战争浴血奋战 16 年，正如郭沫若在《甲申三百年祭》中说的，"时胜时败，连企图自杀都有过好几次。特别在崇祯十一二年间是他最危厄的时候。直到十三年，在他才迎来了一个转机，从此一帆风顺，便使他陷北京，覆明室，几乎完成了他的大顺朝的统治"。但进了北京后建立的政权却因骄傲而腐败，因腐败而仅仅过了 41 天就"下台"。毛泽东多次用李自成的教训来警醒全党："进了城，我们就正式管理这个国家了，更要多为人民着想。李自成胜利了就忘记了人民，不然他是不会失败的。"他提出了著名的"两个务必"——务必使同志们继续地保持谦虚、谨慎、不骄、不躁的作风，务必使同志们继续地保持艰苦奋斗的作风。

李自成的教训集中体现在政权的迅速腐化上，与之相伴的就是因为过分陶醉于胜利而在"政策和策略"上的错误：

在过短的时期之内获得了过大的成功，这却使自成以下如牛金星、刘宗敏之流，似乎都沉沦进了过分的陶醉里去了。进了北京以后，自成便进了皇宫。丞相牛金星所忙的是筹备登极大典，招揽门生，开科选举。将军刘宗敏所忙的是拶夹降官，搜括赃款，严刑杀人。纷纷然，昏昏然，大家都象以为天下就已经太平了的一样。连近在肘腋的关外大敌，他们似乎全不在意。山海关仅仅派了几千兵去镇守，而几十万的士兵却屯积在京城里面享乐。尽管平时的军令是怎样严，在大家都陶醉了的时候，竟弄得刘将军"杀人无虚日，大抵兵丁掠抢民财者也"了。①

在共产党的治理模式当中，"政策"具有相当关键的作用。回顾整个革命和建设的历史，纵使路线和方针是正确的，在政策执行上也始终面临着如何排除"左"的和右的偏向的干扰的考验。毛泽东还形象地说："不怕蒋介石有美援，只怕蒋介石有'左'援。"在1948年，毛泽东就从检讨纠正土地改革等工作中的错误倾向入手，提出了"政策和策略是党的生命"的重要论断。在新解放的城市中，政策执行上"左"的倾向的确也出现了，比如把清算恶霸地主的斗争方式带进城；有的地方违反工商业政策，没收商人财物，把税率定得过高；有的地方职工运动过激导致生产停滞。

在新中国刚成立致力于恢复国民经济的时候，1950年6月6日，在新中国成立后共产党召开的第一次中央全会七届三中全会上，毛泽东提交《为争取国家财政经济状况的好转而斗争》的书面报告，并作《不要四面出击》的讲话："为了鼓励和打击当前的敌人，就要把人民中间不满意我们的人变成拥护我们。我们不要四面出击。四面出击，全国紧张，很不好。我们绝不可树敌太多，必须在一个方面有所让步、有所缓和，集中力量向另一方面进攻。我们一定要做好工作，使工人、农民、小手工业者都拥护我们，使民族资产

---

① 钱䁃等：《甲申传信录》，北京古籍出版社，2002年。

阶级和知识分子中的绝大多数人不反对我们。"

比如民族资产阶级,"将来是要消灭的,但是现在要把他们团结在我们身边,不要把他们推开"。"要通过合理调整工商业,调整税收,改善同他们的关系,不要搞得太紧张了。"比如对少数民族地区的社会改革,强调必须谨慎对待,"无论如何不能急躁",并且规定了三个缺一不可的条件,"改革必须由少数民族自己来解决。没有群众条件,没有人民武装,没有少数民族自己的干部,就不要进行任何带群众性的改革工作"。比如知识分子,"要办各种训练班,办军政大学、革命大学,要使用他们,同时对他们进行教育和改造。要让他们学社会发展史、历史唯物论等几门课程。就是那些唯心论者,我们也有办法使他们不反对我们。他们讲上帝造人,我们讲从猿到人。有些知识分子老了,七十几岁了,只要他们拥护党和人民政府,就把他们养起来"。

学者沈志华就认为,进城之初,共产党对知识分子的态度相当宽厚。原来在大专院校教书的,仍然教书,原来在政府机关任职的,也续任其职,一切维持原状,失业知识分子的基本生活反而得到前所未有的照顾。共产党还把知识分子分别编入协会,比如参加作家协会者,不但不用缴纳会费,反而像进入政府机关一样,有固定薪资可领,作品也有该团体的刊物可供发表,甚至一年半载没有创作,也用不着担心饥寒冻馁。他引用台湾学者陈永发院士的观点说,通过"包"下来的政策,共产党变成知识分子最重要的衣食父母,使那些声名显赫的知识分子颇有知遇之恩的感觉。

在实际政策上,为了尽可能减少社会震荡,为了尽可能"争取一切应当争取的同盟者",比如即使在接管国民党的官僚资本的时候,也提出"不要打乱原来的企业机构",在派出军代表之后,原有员工除极少数反动分子和劣迹昭著者外,愿意照旧供职的仍然照旧供职,然后再逐步推行民主改革。

对于旧政权的"文""武"人员,也"包下来"。1949年12月22日和23日,周恩来在对参加全国农业会议、钢铁会议、航务会议人员的讲话中提到,"武的包下来,文的也要包下来。前些时候上海实行精兵简政,裁减人员,闹得上海、南京都不安,引起了政府的注意。解决他们的吃饭问题是个重要的问题。

根据他们的要求,三个人的饭五个人吃,把他们全部包下来了。这样,全国公教人员要从现在的二百万增加到三百五十万。文武加起来,就是九百万"。周恩来称之为"胜利负担"。"三个人的饭五个人吃",有利于稳定社会秩序,减少破坏,以利于紧迫的支前、征粮工作。全部接收在旧政权下工作过的人员,财政上的负担当然会很大,但既然是执政管理国家,人民有没有饭吃就成了责任,况且,给当时还待解放地区的人一个榜样,这些人生活都有保证,就不怕了,反抗的人少了,有利于战争的尽快结束。

在土改上,新中国成立后的政策和战争时期也不相同。1950年6月30日中央人民政府公布施行的《土地改革法》规定:保护富农所有自耕和雇人耕种的土地及其他财产,不得侵犯。1946年7月到1947年10月这个时期内,虽然五四指示提出基本上不动富农土地财产,但华北、山东及东北许多地区的土改在实际工作中是将富农的土地财产和地主一样没收。1950年6月,毛泽东在刘少奇准备在全国政协一届二次会议上作的《关于土地改革问题的报告》的草稿上加了1946年以后一段经验,解释当时这样做是可以理解的,"因为这一时期,是中国人民和国民党反动派双方斗争最紧张最残酷的时期。土地改革中发生偏差,也以这一时期为最多,侵犯了一部分中农的利益,破坏了一部分农村中的工商业,并在一些地方发生了乱打乱杀的现象"。后来这些偏差得到了纠正。而"为了使我们的同志今后在各新解放区进行土地改革工作中不重复过去的错误,指出过去的经验是有必要的。我们现在是处在完全新的情况下,我们建议的土地改革法,采取了消灭封建制度保存富农经济的方针,也是完全必要的"①。

6月9日,在中共七届三中全会的总结报告中,毛泽东再次讲到了这个问题:"那时候,就是要动富农,不动富农,那是不可设想的事情。苏联也有过这样的情形。他们搞军事共产主义,对富农不准备搞的,后来因为敌人进攻得很厉害,资本家对他们的态度也不好,才对富农从各方面直接没收。苏

---

① 中共中央文献研究室:《毛泽东年谱(一九四九——一九七六)》第一卷,中央文献出版社,2013年,第152页。

联搞新经济政策,废除军事共产主义,是在战争停了以后。我们现在也是在战争停了以后,才不动富农。北方战争早已停了,所以去年土改缓和得多了。现在全国除了台湾、西藏尚待解放,战争都停了,因此给了我们一个可能,对富农可以现在不去搞他。"①

6月14日,刘少奇在《关于土地改革问题的报告》中也反复强调:"我们在今后的土地改革中,不能容许混乱现象的发生,不能容许在偏向和混乱现象发生之后很久不加纠正,而必须完全依照中央人民政府和各级人民政府所颁布的法令及其所决定的方针、政策和步骤,有领导地、有计划地、有秩序地去进行。"②

施政经验丰富、思想觉悟较高的华北解放区南下干部成为贯彻中共中央南方新区土地改革政策的主导型力量。尤其可贵的是,面对南北环境差异巨大等客观事实,土改采取了先试点,从点到面、分批分期、逐步推开的方法。当时主持中南局工作的邓子恢就指出:"我们要把土改搞好,就不能过于性急,不能想一下子就全面进行,而只能根据具体的主客观条件,采取由点到面的办法,先集中力量搞一个乡或几个乡,调有经验的干部去领导,求得把一个乡做好,以取得经验。"③

学者代雅洁在研究后也认为,通过乡村土改,南方新区土地分配严重不平衡的状况得到了根本改变,极大地解放了农村生产力。以华北解放区南下干部为主导的乡村土改事件极大地改变了南方新区的乡村社会治理模式,成功地重塑了南方新区国家与社会之间的关系,中共政权深深地根植在了南方新区的乡村社会之中,个体、群体、社会均被整合进了社会主义的新政权之中。④

---

① 中共中央文献研究室:《毛泽东年谱(一九四九——一九七六)》第一卷,中央文献出版社,2013年,第154-155页。
② 中共中央文献研究室:《建国以来重要文献选编》第1册,中央文献出版社,2011年,第253页。
③ 《邓子恢文集》,人民出版社,2006年,第309页。
④ 代雅洁:《华北解放区南下干部与南方新区乡村土改研究(1948—1952)》,《中国经济史研究》2019年第2期。

在外交工作上，正如周恩来在外交部成立大会上说的，一方面"不要被动、怯懦"，"清朝的西太后，北洋政府的袁世凯，国民党的蒋介石，哪一个不是跪倒在地上办外交呢？！中国百年来的外交史是一部耻辱的外交史"。"要有独立的精神，要争取主动。"另一方面"也不要盲目冲动，否则就会产生盲目排外的情绪"，"现在我们是代表国家，一切都要正规化，堂堂正正地打正规战。我们更应该加倍谨慎"。新中国成立后三个多月内，同11个社会主义阵营的国家建立了外交关系。毛泽东、周恩来访问苏联签订《中苏友好同盟条约》期间，又有13个国家先后宣布承认中华人民共和国，其中直接同中国接壤的周边大体上都同新中国建立了正式外交关系，对于刚刚诞生的新政权意义重大，同时正式建交的还有不同社会制度的国家，也是重要突破。

当然，新政权建立伊始，最大的考验还是来自于经济。说能否治服物价这匹"烈马"是新政权站稳脚跟的关键一战，并不为过。物价不稳，民心就不稳。

在《论人民民主专政》中，毛泽东这样说："残余的敌人尚待我们扫灭，严重的经济建设任务摆在我们面前。我们熟习的东西有些快要闲起来了，我们不熟习的东西正在强迫我们去做。这就是困难。帝国主义者算定我们办不好经济，他们站在一旁看，等待我们的失败。"他还满怀信心地说："我们必须向一切内行的人们（不管是什么人）学经济工作，拜他们做老师，恭恭敬敬地学，老老实实地学。不懂就是不懂，不要装懂，不要摆官僚架子。钻进去，几个月，一年两年，三年五年，总可以学会的。"

物价猛涨，根本原因当然是纸币发行的大量增加。当时解放战争还在进行，需要作战费，还有原有的脱产人员再加上"包下来"的脱产人员的费用，这些很大部分都得依靠发行钞票来解决。从1949年7月到11月13日，纸币发行量增加近五倍。上海的不法资本家囤积居奇，共产党集中全国力量，打赢了一场意义不亚于淮海战役的经济仗。持续了多年、让国民党噩梦缠身却始终难以摆脱的恶性通货膨胀，自1950年3月起被共产党制住了。

与上海不法资本家的斗争主要围绕"两白一黑"即大米、棉纱和煤炭展开,焦点在"两白",关键是粮食。粮价不稳,民心尤其不稳,因为这直接关系到吃饭问题。通过动员全国范围内的力量,到了1950年上半年,上海国家粮库储存的粮食高达17亿斤(当时调查后发现,上海如果每天供应300万斤粮食,那么便可够市民消费),结果就是不法资本家"囤积"却无法"居奇",吃进的越多亏损越严重,粮价也就稳下来了。棉纱的故事也大致类似。

这场胜仗也让共产党在领导当时算"不熟习"的经济建设之初就看到了控制物资的重要性。

那么,怎么彻底解决粮食问题?生活在今天即将实现全面小康下的人们,可能很难体会到当时新生政权在粮食问题上面临的两难。陈云形容粮食问题时曾经形象地说自己"现在是挑着一担炸药,前面是黑色炸药,后面是黄色炸药。如果不搞到粮食,整个市场就波动;如果采取征购的办法,农民又可能反对。两个之间要选择一个,都是危险家伙"。1953年,东北遭遇水灾,粮食减产,东北上调中央的粮食数,原计划是42亿斤,减产后减少了16亿斤。全国的粮贩子一下子猛增到几十万人,他们开始囤积粮食,有些地方出现抢购粮食、哄抬粮价。"如果波动两三个月,粮贩子就可以增加几百万。""资金不多,但动摇人心。"这也会助长农民不肯卖粮的情绪,地区之间的封锁也造成粮食的抢购和抬价。对于新生政权来说,"现在的问题是要确实把粮食买到,如果办法不可行,落空了,我可以肯定地讲,粮食市场一定要混乱。这可不是开玩笑的事情"。

1953年10月16日,根据陈云的意见,由邓小平代中央起草的《关于实行粮食的计划收购与计划供应的决议》印发。这就是"统购统销",后来从粮食扩大到棉花、纱布和食油。陈云在1953年10月10日的全国粮食会议上,在解释"在城市实行定量配给"时还如此说明:"'配给'这个名词有点不太好听,一说就想到日伪统治时代的情况。现在改了一个名字,叫作'计划供应',是粮食部长章乃器先生想出来的。我们的配给不同于日伪时代的配给,那时是油、盐、酱、醋都配给,现在配给只是粮食。那时的配给量填不饱肚子,我们现在的配给量可以吃饱。种类不同,数量不同,至于性质那更是完全相反的。"①

学习经济建设,是解决一个问题接着解决一个问题的过程。怎么稳住粮食、解决好吃饭问题,无论是计划经济还是市场经济,都是任何一个政权不能不慎重处理好的大问题。同时,即使在统购统销制度下,具体怎么执行这个制度,征购量定多少?征购价格怎么定?也会发生各种偏差。执行的水平高低,与民生福祉关系甚大,这也更加印证了"政策和策略是党的生命"的重要论断。共产党很注意征购中的农民负担问题,后来党的八大上还专门总结道,1954年,因为没有完全弄清楚全国粮食产量的情况,向农民多购了一些粮食,引起了部分农民的不满,到了1955年实行定产、定购、定销,稳定了农民情绪。

正如刘少奇在党的八大代表中央委员会作的政治报告中总结的:"全国解放以前,我国经历了十二年严重的通货膨胀,物价经常波动。解放以后,针对这种情况,党的基本方针是稳定物价。这就是说,不管当时某些物价是否合理,首先使各种物价在当时的水平上稳定下来,而在稳定以后,再对某些十分不合理的价格进行若干调整。党的这个基本方针是正确的,执行这个方针的结果是成功的,它对我国工业农业生产的发展起了有益的促进作用。"尊重历史就是要尊重历史的来龙去脉,充分理解当时的历史原委。我们不能拿今天的情况来简单评判以前的做法。

新中国成立后共产党稳定政权的实践,对今天的我们依然有着很重要的启迪。

3. 反思苏联模式

在国民经济三年恢复顺利完成之后,下一件大事就是社会主义三大改造。粮食的统购统销,反映了经济运行中计划性不断增强的趋势。实际上,

---

① 陈云:《关于粮食统购统销》,载《陈云文选》第二卷,人民出版社,1995年,第214页。

在推行统购统销制度过程中，毛泽东已经主动把它和过渡时期总路线联系起来考虑。在主要农产品实行统购统销，绝大多数农民也加入农业合作社的形势下，资本家从原料和市场两头都已经受到了严格控制，除了接受社会主义改造外，也已经没有别的出路。

对国家来说，只有实行三大改造，才能从全局出发统筹安排生产经济，保证重点建设，顺利推进社会主义工业化建设。过渡时期总路线，是"一化三改造"，工业化是主体，三大改造是两翼。新中国成立后包括在朝鲜战场上与美国较量之时，人们改变国家面貌、实现工业化的心情是很迫切的。毛泽东就曾经忧虑地说："现在我们能造什么？能造桌子椅子，能造茶碗茶壶，能种粮食，还能磨成面粉，还能造纸，但是，一辆汽车、一架飞机、一辆坦克、一辆拖拉机都不能造。"

而民族工商业的主体还是商业，工业很少。中国最大的资本家荣家的申新纺织集团、茂新面粉集团，加在一起是24个工厂，就反映在夹缝中生存的民族工商业，最厉害的也只能在轻工业里面发展。通过国有方式搞重工业，里面有历史的必然性。1953年开始的第一个五年计划，苏联援助的156项重点工程都是国有经济。

1952年7月，周恩来执笔写成了《三年来中国国内主要情况及今后五年建设方针的报告提纲》，其中提到，"工商业总产值公私比重已由1949年的43.8%和56.2%之比，变成了1952年的67.3%与32.7%之比"。

三大改造中的对资本主义工商业的改造，是通过国家资本主义的形式逐步实现的，从加工、订货、包销、统销、收购等到个别企业的公私合营再到全行业公私合营。在一开始按照"公私兼顾，劳资两利"的政策扩大国家对私营企业的加工和收购数量的时候，有的干部还不理解，在党的七届三中全会上，陈云还专门解释说："既照顾到我们这一边，也要照顾到他们那一边，否则资本家的企业就会垮台，职工失了业埋怨我们。……对待私营工厂的办法是什么呢？就是通过加工订货，有步聚地组织私营工厂的生产和销售，通过这种办法，把他们夹到社会主义。"

客观形势也在倒逼着改造的加快。李维汉在给中央的《资本主义工业中的公私关系问题》报告中说:"公私合营是国家资本主义的高级形式,于国计民生有利的私营大工厂转向公私合营是一个进步的现象。这些大工厂在私营的形式之下,甚至在国家资本主义的低级形式之下,其资本主义的外壳已经束缚了生产力的发展,特别在五反之后,工人不服管,职员不敢管,资本家消极,原有的代理人纷纷辞职甚至逃走,继起无人,开支日增,浪费严重,生产潜力难以发挥,这种严重的状态固然与一部分工人中的经济主义和无政府主义倾向有关,与公私关系不调有关,也充分暴露出这些私营企业的生产关系与生产力不相适应的情况。"

实事求是地说,一开始恐怕没有多少人会心甘情愿地拿自己辛苦得来的企业去公私合营,白天开会欣喜表态,晚上妻儿老小抱头痛哭,这是很正常的表现。之所以比较平和顺利也比较快地实现了公私合营,与党的政策有莫大关系,即对资本家留牌子、给位子、发票子。留牌子,就是尽量保护好他们苦心经营的牌子,对资本家来说也是一个极大的安慰,"如果统统改掉,编成号头,使人搞不清楚,还不如'瑞蚨祥''全聚德'等挂着好一点,这样资本家也舒服"。

给位子,就是作为被改造对象,容易抬不起头来,但他们很多都是懂技术和懂业务的人才,所以要改造成社会主义企业的干部,许多资本家担任了国营企业的经理、副经理。

1956年7月21日,陈云在《要使用资方人员》的讲话中说,吸引资方人员参加业务部门有两个好处,一个是可以利用资本家的长处,一个是把资本家拉进来"唱对台戏"。他引用毛泽东的话说:"毛泽东同志曾经说过,哪里有'唱对台戏'的,哪里有'反对派',哪里的工作就搞得好,否则,工作就搞不好。"

公私合营,为什么需要资本家来"唱对台戏"呢?确实,资本家往往可以迅速地直接地找到我们工作中的错误所在,"因为我们好多工作同他们是有利害关系的"。"现在,供销合作系统有一百四十万人,商业部系统有八十多万人，银行系统有二十多万人，农产品采购部系统有十几万人，外贸部系统有几万人，共二百好几十万人。这样多的人，怎么能够对政策都掌握得很正确，不犯一点错误呢？"发现错误的一个重要方法，就是找各方面的人来开会，"要把资本家请来当'反对派'，专门同我们'抬杠'；越'抬杠'，工作就可能做得越好"。

发票子，就是"赎买"，企业进行清产核资，一切企业不问盈利多少，资本家都按股份领取每年5%的定息，到1967年宣布停止对资本家支付定息。

整体来说，在一个几亿人口的大国比较顺利地实现了如此复杂、困难和深刻的社会变革，并且是在保证国民经济基本稳定发展的情况下完成的，的确是历史性成就。"和平过渡"名副其实。苏联搞农业集体化的时候，整个农业生产总量就下降很多，还遭到了很多破坏和抵抗。

实现了社会主义改造，是不是经济成分越纯越好呢？后来的历史证明显然不是这样，越纯越好就会脱离中国的实际。实际上，在三大改造过程中，领导人已经发现了其中的问题。比如对于有些个体商业，虽然"天天敲锣打鼓，放鞭炮，递申请书，要求公私合营，没有办法，只好批准"，但其实需要在很长时间里保留单独经营方式，陈云就说：

> 比如雕刻，如果这种人也组成合作社，进货是统一的，销路是统一的，那他的手工艺品就做不好。北京的馄饨摊怎么办？上海弄堂里的白糖莲心粥怎么办？对他们应该很宽很宽。他要求加入合作社，也只能是挂个牌子，报个名，登记一下就算了。把他们组织起来，每个人要在一个小组，统一进货，统一经营，统一核算，那就有一种危险，即馄饨皮子就不是那么薄，而是厚的了；肉不是鲜的，而是臭的了。所以要长期保留这种单独经营的方式。把他们搞掉了，对人民对国家都是不利的。①

---

① 陈云：《公私合营中应注意的问题》，《陈云文选》第二卷，人民出版社2015年北京第二次印刷。

即使在公私合营之后，也要注意不能把以前好的东西也改掉了，"不能保持好的品种、好的质量的情况，在统购包销以后就发生了，因为我们没有什么竞争，统统是国家收购的，结果大家愿意生产大路货，不愿意生产数量比较少和质量比较高的东西"。

公私合营后，这种情况很可能进一步发展，"北京有个'东来顺'，涮羊肉很有名，现在不好吃了。为什么呢？就是我们轻易地改变了它的规矩。它原先只用三十五斤到四十二斤的小尾巴羊，这种羊，肉相当嫩。我们现在山羊也给它，老绵羊也给它，冻羊肉也给它，涮羊肉怎么能好吃？羊肉价钱原来一斤是一块二角八，合营以后要它和一般铺子一样，统统减到一块零八，说是为人民服务，为消费者服务。这样它就把那些本来不该拿来做涮羊肉的也拿来用了，于是羊肉就老了。本来一个人一天切三十斤羊肉，切得很薄，合营后要求提高劳动效率，规定每天切五十斤，结果只好切得厚一些。羊肉老了厚了，当然就不如原来的好吃了"。

在后来党的八大上刘少奇作的政治报告中明确提出：

> 在手工业和其他原来的个体经济的改造工作方面，必须根据各行各业的特点，采取不同的形式，分别地解决各种合作组织在发展中的具体问题。在这里，不顾具体情况，采取千篇一律的形式是错误的。……各种合作组织都必须注意保持和发展原来的个体经济在生产上和经营上的优良传统。合作化以后，手工业产品的质量必须不降低而要提高，品种必须不减少而要增多。①

很重要的还有知识分子问题。在全面开始社会主义建设的时候，知识分子工作也面临着比较突出的问题。

---

① 刘少奇：《在中国共产党第八次全国代表大会上的政治报告》，《刘少奇选集》下册，人民出版社 2004 年 12 月版。

1956年1月14日至20日，中央召开关于知识分子问题的会议，周恩来代表中央作报告。周恩来说：

> 什么是当前的知识分子问题呢？当前的根本问题，就是我们的知识分子的力量，无论在数量方面，业务水平方面，政治觉悟方面，都不足以适应社会主义建设急速发展的需要；而我们目前对于知识分子的使用和待遇中的某些不合理现象，特别是一部分同志对于党外知识分子的某些宗派主义情绪，更在相当程度上妨碍了知识分子现有力量的充分发挥。所谓宗派主义情绪，指的是低估了知识界在政治上和业务上的巨大进步，低估了他们在我国社会主义事业中的重大作用，不认识他们是工人阶级的一部分，认为反正生产依靠工人，技术依靠苏联专家，因而不认真执行党的知识分子政策，不认真研究和解决有关知识分子方面的问题；对于怎样充分地动员和发挥知识分子的力量，怎样进一步改造知识分子、扩大知识分子的队伍，提高知识分子的业务能力等迫切问题，漠不关心。①

周恩来代表党中央宣布，知识分子"他们中间的绝大部分已经成为国家工作人员，已经为社会主义服务，已经是工人阶级的一部分"。

会议的最后一天，毛泽东发表了讲话，号召全党努力学习科学知识，同党外知识分子团结一致，为迅速赶上世界科学先进水平而奋斗：

> 这几天的会议上，有那么一些同志说了一些很不聪明的话，说是"不要他们也行"，"老子革了一辈子的命，不要你也行"。现在我们在革什么命呢？现在是革技术的命，叫技术革命。要搞科学，要革愚蠢同无知的命，叫文化革命。没有他们就不行了，单是我们这

---

① 周恩来：《关于知识分子问题的报告》，《周恩来选集》（下卷），人民出版社1997年7月版。

些老粗那就不行。要向我们的党员作广大的教育。这是一种很没有知识的话。现在是打什么仗呢？现在是要飞机飞上一万八千公尺的高空，飞的速度是超音速。那个东西，没有他们不行的，而且我们自己也要变成他们。要在比较短的时期内，造就大批的高级知识分子，同时要有更多的普通的知识分子。①

在全面开始社会主义建设的时候，单一公有制和高度集中的计划经济的问题也在暴露。国际上也发生了一件大事，就是苏共二十大批判了斯大林领导社会主义建设中的严重错误，既"捅了娄子"，也"揭了盖子"，有利于各国马克思主义政党破除对苏联经验的迷信，解放被教条主义束缚的思想，大大推动了中国对苏联模式的反思。我们对中国发展道路独特性的探索，可以说是从对苏联模式的反思开始的。

1956年4月4日，毛泽东在中央书记处会议上明确提出，要把马克思主义的基本原理同中国实际进行第二次结合。他说，新中国成立以来，我们有过不少成功的探索和实践，但也不是没有缺点，没有片面性，这说明我们还没有完全地系统地掌握中国社会主义革命和建设的规律，还要在今后长时期内探索符合客观规律的正确道路。开始我们模仿苏联，因为我们毫无搞社会主义的经验，只好如此，但这也束缚了自己的积极性和创造性。

4月18日，毛泽东看到了一份材料并且批示"此件值得注意"，要求有关部门进行讨论。这份材料是当年3月3日德国统一社会党中央宣传部部长哈格尔的谈话纪要，哈格尔在谈话中说：过去教条主义的错误，主要表现在过分强调苏联的先进经验和科学成就。这对于我们的科学研究是有约束力的。例如，我们宣传苏联农学家李森科的学说一切都好，将德国科学界很有权威的魏尔啸一切都否定了，认为孟德尔的一切都是反动的，而在德国的生物学家，绝大多数是孟德尔派。科学可以有各种学派，我们相信，久而久之可以使一

---

① 中共中央文献研究室：《毛泽东年谱（一九四九——一九七六）》第二卷，中央文献出版社，2013年，第515页。

些真正研究科学的人走上唯物主义。苏联科学有好的我们应当学习,但不能将苏联科学界的每句话都认为是神圣的。①

4月25日,毛泽东在有各省市自治区党委书记参加的中央政治局扩大会议上发表《论十大关系》的讲话,1960年6月18日,毛泽东在《十年总结》中就如此评价这个讲话:"前八年照抄外国的经验。但从一九五六年提出十大关系起,开始找到自己的一条适合中国的路线","开始反映中国客观经济规律"。

讲话开始就说:"特别值得注意的是,最近苏联方面暴露了他们在建设社会主义过程中的一些缺点和错误,他们走过的弯路,你还想走?过去我们就是鉴于他们的经验教训,少走了一些弯路,现在当然更要引以为戒。"而"我们一定要努力把党内党外、国内国外的一切积极的因素,直接的、间接的积极因素,全部调动起来,把我国建设成为一个强大的社会主义国家"。

这个"引以为戒"体现在很多方面。

比如,在处理重工业和轻工业、农业的关系上,苏联和东欧一些国家,"他们片面地注重重工业,忽视农业和轻工业,因而市场上的货物不够,货币不稳定。我们对于农业、轻工业是比较注重的。我们一直抓了农业,发展了农业,相当地保证了发展工业所需要的粮食和原料。我们的民生日用商品比较丰富,物价和货币是稳定的"。

在国家和农民的关系上,"苏联的办法把农民挖得很苦。他们采取所谓义务交售制等项办法,把农民生产的东西拿走太多,给的代价又极低。他们这样来积累资金,使农民的生产积极性受到极大的损害。你要母鸡多生蛋,又不给它米吃;又要马儿跑得好,又要马儿不吃草。世界上哪有这样的道理。"

在中央和地方关系上,"我们的国家这样大,人口这样多,情况这样复杂,有中央和地方两个积极性,比只有一个积极性好得多。我们不能像苏联那样,把什么都集中到中央,把地方卡得死死的,一点机动权也没有"。

---

① 中共中央文献研究室:《毛泽东年谱(一九四九——一九七六)》第二卷,中央文献出版社,2013年,第561-562页。

在中国和外国的关系上,"我们的方针是,一切民族、一切国家的长处都要学……但是,必须有分析有批判地学,不能盲目地学,不能一切照抄,机械搬用。……外国资产阶级的一切腐朽制度和思想作风,我们要坚决抵制和批判。但是,这并不妨碍我们去学习资本主义国家的先进的科学技术和企业管理方法中合乎科学的方面"。

1956年9月党的八大的召开,标志着对中国社会主义建设道路的探索取得初步成果。1956年9月15日,党的八大开幕,毛泽东致开幕词,刘少奇代表中央委员会作政治报告。

此前,毛泽东在修改八大政治报告稿讲到社会主义制度在各国的具体发展过程和表现形式,不可能有一个千篇一律的格式的地方时,提出一个重要思想:"我国是一个东方国家,又是一个大国。因此,我国不但在民主革命过程中有自己的许多特点,在社会主义改造和社会主义建设的过程中也带有自己的许多特点,而且在将来建成社会主义社会以后还会继续存在自己的许多特点。"

大会宣布:我国国内的主要矛盾已经是人民对于建立先进的工业国的要求同落后的农业国的现实之间的矛盾,已经是人民对于经济文化迅速发展的需要同当前经济文化不能满足人民需要的状况之间的矛盾;党和全国人民当前的主要任务,就是集中力量来解决这个矛盾,把我国尽快地从落后的农业国变为先进的工业国。

周恩来代表中央委员会作的关于发展国民经济第二个五年计划的建议的报告中,非常自豪地宣布:"只要我们加紧努力,并且今后不发生特大的自然灾害和意外事故,(第一个五年计划)的大多数指标都可以超额完成。""目前,我国国民经济的各个部门都出现了欣欣向荣的景象,文化教育和科学研究的视野,也正在进入一个繁荣时期,因而也就为人民生活的持续提高创造了条件。"

针对此前经济建设中层层抬高计划指标的急躁冒进势头,周恩来在报告中提出要吸取执行第一个五年计划过程中的经验和教训,首先就是,"应该根据需要和可能,合理地规定国民经济的发展速度,把计划放在既积极又稳妥可靠的基础上,以保证国民经济比较均衡地发展。由于在编制长期计划的时候,难以完全预计到在执行计划过程中可能发生的各种新的情况和问题,因此,应该把长期计划的指标定得比较可靠,而由年度计划加以调整"。

他还举例说:

> 当我们制定一九五六年计划的时候,由于上年度农业丰收,社会主义改造又取得了巨大的胜利,因而有必要也有可能把国民经济发展的速度定得比较高些。但是我们没有很好地对于基本建设规模和物资供应能力进行适当的平衡,因而把基本建设的规模定得大了一些。同时,国民经济的某些部门也出现了齐头并进和急于求成的倾向。结果,不但财政上比较紧张,而且引起了钢材、水泥、木材等各种建筑材料严重不足的现象,从而过多地动用了国家的物资储备,并且造成国民经济各方面相当紧张的局面。①

邓小平在代表中央委员会作的关于修改党章的报告中肯定了"苏联共产党第二十次代表大会的一个重要的功绩,就是告诉我们,把个人神化会造成多么严重的后果",在论述提及领袖和党的关系时,报告说:

> 我们党从来认为,任何政党和任何个人在自己的活动中,都不会没有缺点和错误,这一点,现在已经写在我们的党章草案的总纲里去了。因为这样,我们党也厌弃对于个人的神化。当人民革命在全国胜利的前夕,在一九四九年三月的七届二中全会上,党中央根据毛泽东同志的提议,决定禁止给党的领导者祝寿,禁止用党的领导者的名字作地名、街名、企业的名字,这对于制止歌功颂德,起了很有益的作用。党中央历来也反对向领导者发致敬电和报捷电,

---

① 周恩来:《第一个五年计划的执行情况和第二个五年计划的基本任务》,《周恩来选集》(下卷),人民出版社 1997 年 7 月版。

反对在文学艺术作品中夸大领导者的作用。当然，个人崇拜是一种有长远历史的社会现象，这种现象，也不会不在我们党的生活和社会生活中，有它的某些反映。我们的任务是，继续坚决地执行中央反对把个人突出、反对对个人歌功颂德的方针，真正巩固领导者同群众的联系，使党的民主原则和群众路线，在一切方面都得到贯彻执行。①

这次大会充分发扬民主。毛泽东强调："如果我们开一次会没有批评，净讲一套歌功颂德，那就没有生气，那就无非只有一个'好'字就行了，还要多讲干什么？"会议期间，有100多人作了大会发言或书面发言。陈云提出了"三个主体、三个补充"的思想，即以国家经营和集体经营、计划生产、国家市场三者为主体，而以个体经营、自由生产、自由市场三者作为补充。这个发言在理论上对苏联计划经济模式有突破，为大会所采纳。董必武还建议尽快制定法律，并说"对那些故意违反法律的人，不管他现在地位多高，过去功劳多大，必须一律追究法律责任"。包括这些发言在内，很多观点都属于有重要价值的思想和认识，体现了党的八大在怎样建设社会主义这个问题上所取得的探索成果。

1956年9月23日，在会见参加中共八大的英国共产党代表团波立特等时，毛泽东说，斯大林的错误是认识不符合客观事实，在斯大林时期，阶级没有了，反革命更少了，但斯大林的思想仍停留在旧社会的时代。而"现在我们的任务是解放生产力，保护生产力。生产力首先需要人，要人们不恐慌，要党内不要恐慌，要民主党派不恐慌，要全国人民不恐慌"②。

正是在反思苏联模式和对苏联依赖的思想的基础上，我们党在开始全面建设社会主义的十年里积累了不少重要经验。

---

① 邓小平：《关于修改党的章程的报告》，《邓小平文选》第一卷，人民出版社1993年1月版。
② 中共中央文献研究室：《毛泽东年谱（一九四九——一九七六）》第二卷，中央文献出版社，2013年，第633页。

4. 重温《关于建国以来党的若干历史问题的决议》

习近平总书记指出:"一个马克思主义政党对自己的错误所抱的态度,是衡量这个党是否真正履行对人民群众所负责任的一个最重要最可靠的尺度。我们党对自己包括领袖人物的失误和错误历来采取郑重的态度,一是敢于承认,二是正确分析,三是坚决纠正,从而使失误和错误连同党的成功经验一起成为宝贵的历史教材。"[①]

从开始全面建设社会主义十年过程中出现的严重失误和重大损失,到给党、给国家和人民带来深重灾难的十年"文革",《关于建国以来党的若干历史问题的决议》给出了深刻的原因分析和经验总结。今天,我们很有必要重温《关于建国以来党的若干历史问题的决议》。尤其是,从探索中国道路这个主题出发,这个决议的分析和总结一直会给我们极大的启迪。

最关键的启迪也许就是,社会主义事业中的各种问题没有现成答案,在老祖宗那里找不到,在马恩列斯的科学著作那里也找不到。此时,人们当然会习惯于照搬曾经行之有效的旧方法和旧经验。比如,在观察和处理社会主义社会发展进程中出现的政治、经济、文化等方面的新矛盾新问题时,容易把已经不属于阶级斗争的问题仍然看作是阶级斗争,并且面对新条件下的阶级斗争,又习惯于沿用过去熟悉而这时已不能照搬的进行大规模急风暴雨式群众性斗争的旧方法和旧经验,从而导致阶级斗争的严重扩大化。

而这个时候,人们往往又会为这样脱离现实的做法从经典著作中找一些"理论依据",来论证这样做的合法性,其实往往是对经典著作中某些设想和论点的误解和教条化。例如,认为社会主义社会在消费资料分配中通行的等量劳动相交换的平等权利,即马克思所说的"资产阶级权利"应该限制和批判,因而按劳分配原则和物质利益原则就应该限制和批判;认为社会主义改造基本

---

① 习近平:《纪念毛泽东同志诞辰120周年座谈会上的讲话》,2013年12月26日。

完成以后小生产还会每日每时地大批地产生资本主义和资产阶级，因而形成一系列"左"倾的城乡经济政策和城乡阶级斗争政策；认为党内的思想分歧都是社会阶级斗争的反映，因而形成频繁激烈的党内斗争，等等。这就使我们把关于阶级斗争扩大化的迷误当成保卫马克思主义的纯洁性。

这就完整呈现了我们过去所犯的错误的"完整逻辑链条"：出现了新问题新矛盾，沿用旧方法和旧经验，给脱离现实的做法找到"理论依据"，然后对这些"理论依据"的解释和脱离现实的做法一起成为不可触碰的"禁区"，从而形成束缚人们思想的枷锁，并且可能就会制造各种"灾难"。

改革开放前的教条主义的最大问题是不顾中国的实际，设立了太多的标准答案，最后还变成了上纲上线的思想枷锁，和个人的荣辱挂起钩来，让谁也动弹不得——这方面的教训很深刻，有时候甚至把因为计划经济下的短缺导致的具体做法也要意识形态化，比如经济学家孙冶方就因为坚持不应该在计划供应与凭证供应之间画等号，也不要把集贸市场叫作"自由市场"，而被指责为修正主义理论，遭到公开点名批判。

正如1978年5月11日发表在《光明日报》、第二天《人民日报》转载的《实践是检验真理的唯一标准》一文结尾所说："凡是有超越于实践并自奉为绝对的'禁区'的地方，就没有科学，就没有真正的马列主义、毛泽东思想，而只有蒙昧主义、唯心主义、文化专制主义。"文章发表后，也是讨伐之声隆隆而起，作者胡福明（2018年被党中央、国务院以"真理标准大讨论的代表人物"授予改革先锋称号）看到这些"批判"之后，还曾经对妻子说："我已经有思想准备了，我准备要坐牢。"

在1978年12月13日的中央工作会议的闭幕会上，邓小平有个很重要的讲话，实际是随后召开的十一届三中全会的主题报告，被称为是改革开放的宣言书，即《解放思想，实事求是，团结一致向前看》。在讲话的开始，邓小平就列举了思想不解放、思想僵化的种种原因：

制造迷信，把人们的思想封闭在他们假马克思主义的禁锢圈内，不准越雷池一步。否则，就要追查，就要扣帽子、打棍子。

因为民主集中制受到破坏，党内确实存在权力过分集中的官僚主义。这种官僚主义常常以"党的领导""党的指示""党的利益""党的纪律"的面貌出现，这是真正的管、卡、压。许多重大问题往往是一两个人说了算，别人只能奉命行事。

是非功过不清，赏罚不明，干和不干一个样，甚至干得好的反而受打击，什么事不干的，四平八稳的，却成了"不倒翁"。

小生产的习惯势力还在影响着人们。这种习惯势力的一个显著特点，就是因循守旧，安于现状，不求发展，不求进步，不愿接受新事物。

思想不解放，思想僵化，很多怪现象就出现了：

条条框框多起来了，违反中央政策根本原则的"土政策"要反对，但是也有的"土政策"确是从实际出发的，是得到群众拥护的。这些正确政策现在往往也受到指责，因为它"不合统一口径"。

随风倒的现象就多起来了。说话做事看来头、看风向，满以为这样不会犯错误。其实随风倒本身就是一个违反共产党员党性的大错误。独立思考，敢想、敢说、敢做，固然也难免犯错误，但那是错在明处，容易纠正。

不从实际出发的本本主义也就严重起来了。书上没有的，文件上没有的，领导人没有讲过的，就不敢多说一句话，多做一件事，一切照抄照搬照转。把对上级负责和对人民负责对立起来。[1]

探索中国道路，是一项前无古人的事业，总是在某个阶段上面临着新问题新矛盾。那么，《关于建国以来党的若干历史问题的决议》总结出来的那个"完整逻辑链条"，就值得我们时刻保持警惕。

---

[1] 邓小平：《解放思想，实事求是，团结一致向前看》，《邓小平》第二卷，人民出版社2001年4月版。

解放思想，不是把马克思主义搞没了，不是把党的领导搞没了，不是把我们的理想信念搞没了，而是在面对新情况新矛盾没有现成答案时，注意是不是会滑向"脱离实际"，思想被封闭在一个禁锢圈里。

而从邓小平的讲话中同样可以看出，在探索中国道路的每个重大关节上，总是需要以解放思想作为先声。回望40年改革开放历程时，习近平总书记就指出："中国人民坚持解放思想、实事求是，实现解放思想和改革开放相互激荡、观念创新和实践探索相互促进，充分显示了思想引领的强大力量。"

认清实际——也就是认清中国的"独特性"，不是容易的事情。现实生活的真实变化过程，不会是从一个纯粹的概念到另一个纯粹的概念那样黑白分明，截然对立。

比如说"政治运动"，在一段时间，这个概念是具有神圣不可侵犯性质的。改革开放启动的时候，我们认识到，过去这些年，"主要的精力放到政治运动上去了，建设的本领没有学好，建设没有上去，政治也发生了严重的曲折"。1980年12月25日，邓小平说："需要向广大人民群众做好思想政治工作，动员和组织他们自觉地、积极地行动起来，同各种破坏安定团结的势力进行有效的斗争。进行这种斗争，不能采取过去搞政治运动的办法，而要遵循社会主义法制的原则。"

对"不能采取过去搞政治运动的办法"，需要深入理解。一方面，要看到政治运动在搞革命包括在新中国刚成立时需要稳定各方面秩序的过程中的合理性，因为它是一种疾风暴雨般的、自上而下和自下而上相结合、能够短时间内集中资源和动员群众达到预期目标的方法。但在社会主义革命完成，全面开始社会主义建设、探索中国发展道路的时候，面对新问题新矛盾，政治运动就不再是一个合适的办法。要发展，就要"把国内外一切积极因素调动起来，为社会主义事业服务"，而一个政治运动接着一个政治运动的方式，虽然单个政治运动会强调严格掌握团结绝大多数的原则，但每次政治运动受伤害的人加起来，被整的人显然就多了。如果指导思想本身又是错的，那么连续不断的政治运动让党、国家和人民付出的代价是很大的。

另一方面，改革开放后，我们告别了过去一个接一个的政治运动，但运动式的思维是不是就没有了呢？还不能这么说。尤其是在社会问题的治理上，我们仍然会时不时采取运动式治理的办法。当然，这和过去的政治运动不是一回事，但也给我们提出了值得思考的问题：为什么在一些领域，仍然是当问题积累到一定程度，不得不采用短期内集中资源进行处置的运动式治理？这其实是需要我们加快国家治理体系和治理能力的建设，提高治理的法治化、现代化水平，这也正是中国特色社会主义进入新时代全面深化改革所要实现的总目标。

这个根本目标的某些方面，在改革开放之初，已经为我们党所关注到并积极采取措施解决。1980年8月18日，邓小平在中共中央政治局扩大会议上的讲话中指出：

> 我们今天再不健全社会主义制度，人们就会说，为什么资本主义制度所能解决的一些问题，社会主义制度反而不能解决呢？这种比较方法虽然不全面，但是我们不能因此而不加以重视。斯大林严重破坏社会主义法制，毛泽东同志就说过，这样的事件在英、法、美这样的西方国家不可能发生。①

《关于建国以来党的若干历史问题的决议》中也如此总结道：

> 中国是一个封建历史很长的国家，我们党对封建主义特别是对封建土地制度和豪绅恶霸进行了最坚决最彻底的斗争，在反封建斗争中养成了优良的民主传统；但是长期封建专制主义在思想政治方面的遗毒仍然不是很容易肃清的，种种历史原因又使我们没有能把党内民主和国家政治社会生活的民主加以制度化、法律化，或者虽

---

① 邓小平：《党和国家领导制度的改革》，《邓小平文选》第2卷，人民出版社2001年，第337-338页。

然制定了法律,却没有应有的权威。这就提供了一种条件,使党的权力过分集中于个人,党内个人专断和个人崇拜现象滋长起来,也就使党和国家难于防止和制止"文化大革命"的发动和发展。①

决议最后总结的经验教训第十条又写道:

> 一定要树立党必须由在群众斗争中产生的德才兼备的领袖们实行集体领导的马克思主义观点,禁止任何形式的个人崇拜。一定要维护党的领袖人物的威信,同时保证他们的活动处于党和人民的监督之下。在高度民主的基础上实行高度的集中,坚持少数服从多数、个人服从组织、下级服从上级、全党服从中央。执政党的党风问题是关系到党的生死存亡的问题。各级党组织和全体党员干部必须深入群众,深入实际,谦虚谨慎,和群众同甘共苦,坚决克服官僚主义。必须正确运用批评和自我批评的武器,克服离开党的正确原则的各种错误思想,根除派性,反对无政府主义和极端个人主义,纠正特殊化等不正之风。党的各级组织同其他社会组织一样,都必须在宪法和法律的范围内活动。②

对于"第十条",应该有完整的理解,一方面是要警惕个人崇拜的危险,另一方面仍然延续着党的建设的一个重要命题:如何防止在共产党内、在干部队伍中形成特权阶层、贵族阶层,如何解决党内和干部队伍中的腐败现象。只不过,过去那种阶级斗争的方式留下了太多惨痛的教训,必须实现权力运行的制度化、法制化。

权力运行的制度化、法制化,本身就是治理现代化的重要内容。这是我

---

① 邓小平:《关于建国以来党的若干历史问题的决议》,《邓小平文选》第2卷,1994年第2版,第305—306页。

② 同上。

们能够不断推进中国特色社会主义事业的重要制度条件。这也是我们从改革开放前的历史中，也包括从苏联的历史中得出来的结论。

5. 把经济搞活

在改革开放之后，邓小平也在多个场合谈到"苏联搞社会主义的模式"。1985年8月邓小平指出："社会主义究竟是个什么样子，苏联搞了很多年，也并没有完全搞清楚。可能列宁的思路比较好，搞了个新经济政策，但是后来苏联的模式僵化了。"① 1988年，邓小平对一位非洲客人如此说道："我们过去照搬苏联搞社会主义的模式，带来很多问题。我们很早就发现了，但没有解决好。我们现在要解决好这个问题，我们要建设的是具有中国自己特色的社会主义。"②

邓小平对苏联模式的反思是与对"什么是社会主义、怎样建设社会主义"的思考紧密联系在一起的。什么是社会主义、怎样建设社会主义，可以说是邓小平在领导改革开放和现代化建设过程中，不断提出和反复思考的首要的基本的理论问题。正如1985年4月15日邓小平说的："我们冷静地分析了中国的现实，总结了经验，肯定了从新中国成立到1978年30年的成绩很大，但做的事情不能说都是成功的。我们建立的社会主义制度是个好制度，必须坚持。我们马克思主义者过去闹革命，就是为社会主义、共产主义崇高理想而奋斗。现在我们搞经济改革，仍然要坚持社会主义道路，坚持共产主义的远大理想，年青一代尤其要懂得这一点。但问题是什么是社会主义，如何建设社会主义。我们的经验教训有许多条，最重要的一条，就是要搞清楚这个问题。"

1978年3月10日，邓小平在国务院会议上说："什么叫社会主义，社会主义总要表现它的优越性嘛。它比资本主义好在哪里？每个人平均六百几十

---

① 中共中央文献编辑委员会：《邓小平文选》第三卷，人民出版社，1993年，第139页。
② 同上书，第261页。

斤粮食，好多人饭都不够吃，二十八年只搞了二千三百万吨钢，能叫社会主义优越性吗？干社会主义，要有具体体现，生产要真正发展起来，相应的全国人民的生活水平能够逐步提高，这才能表现社会主义制度的优越性。"①

1980年4月至5月，邓小平在不同场合指出："社会主义是一个很好的名词，但是如果搞不好，不能正确理解，不能采取正确的政策，那就体现不出社会主义的本质。""不解放思想不行，甚至于包括什么叫社会主义这个问题也要解放思想。经济长期处于停滞状态总不能叫社会主义。人民生活长期停止在很低的水平总不能叫社会主义。""根据我们自己的经验，讲社会主义，首先就要使生产力发展，这是主要的。只有这样，才能表明社会主义的优越性。"

也就是说，邓小平复出后思考中国怎么办的基本出发点是当时的民穷和与世界先进国家差距拉大的现实。

1978年的中国的确还是世界上最穷的国家之一，说面临着被开除"球籍"的危险，也不为过。按照世界银行的指标，1978年中国人均GDP仅为156美元。人们印象中世界上最贫穷的地方，撒哈拉沙漠以南的非洲国家即"黑非洲"，当时人均GDP是490美元。也就是说，中国1978年的整体发展水平，连世界上最贫穷的非洲国家平均数的1/3都没有达到。超过80%的人口生活在农村，以农业为主。进出口两项加起来占国内生产总值的比重为9.7%，也就是说90%的国民生产和国际是不接轨的。而在出口产品当中，七成多是农产品和农产品加工品。

经济学家林毅夫曾经用自己的亲身经历来说明当时北京的生活水平给自己带来的"冲击"。他是1979年从台湾到大陆在北京大学读书，当时台湾是新兴工业经济体，人民生活水平普遍比大陆高很多。当时的海淀区还是很偏僻的地方，林毅夫需要一辆自行车。但买自行车有钱还不行，还得有票。他记得一辆凤凰牌自行车的价格是200元人民币，可当时北大的不少老师一个月的工资也就不到70元，也就是说三个月的工资才能买一辆自行车。那时候

---

① 中共中央文献研究室：《邓小平年谱》（上），中央文献出版社，2004年，第277页。

比较时兴的电视是9英寸的黑白电视，买这种电视要900元，一般老师要花上一年半的工资才能买得起。这些事例可以生动说明当时的中国处于一个什么样的发展水平。

后来的事情人们都知道了，改变这一切的是中国实现了从计划经济向市场经济的转变。就像自行车和电视，变成大众消费品，是在市场经济过程中实现的。社会主义国家从计划经济向市场经济的转变，可以说是20世纪人类历史最重大的事件之一。其中，中国无疑是最成功的一个。为什么成功引起了很多人的好奇和研究。

那么与之相应的问题也就来了：为什么我们在确立了社会主义基本制度之后，在相当一段时间内，我们仍然处于贫穷落后的状态？

如前所述，在计划经济时代，对问题的反思表现在"要重工业，也要人民"，在重工业、轻工业和农业之间追求平衡，因为与人民利益直接相关的是轻工业和农业。1956年11月10日，周恩来在中共八届二中全会上说："如果不关心人民的当前利益，要求人民过分地束紧裤带，他们的生活不能改善甚至还要降低水平，他们要购买的物品不能供应，那么，人民群众的积极性就不能很好地发挥，资金也不能积累，即使重工业发展起来也还得停下来。所以，这一条经验也值得我们在建设中经常想到。一些社会主义国家发生的事件值得我们引为教训。"

到了改革开放新时期，对问题的反思已经上升到对整个计划经济管理体制的反思。用邓小平的话说，就是"社会主义基本制度确立以后，还要从根本上改变束缚生产力发展的经济体制，建立起充满生机和活力的社会主义经济体制"。"对内搞活，对外开放"成了邓小平领导改革开放的基本思想。

客观形势也在逼迫着对既定经济体制进行突破。比如，1000多万在"文革"期间上山下乡知识青年回城后的就业问题怎么办？到1980年底，通过兴办各种类型的集体经济，包括街道办集体企业和民办集体企业，吸收了全国城镇651万人就业。党中央、国务院1981年10月17日作出的《关于广开门路，搞活经济，解决城镇就业问题的若干决定》中对发展多种经济形式给出了新的评价:"在社会主义公有制经济占优势的根本前提下,实行多种经济形式和多种经营方式长期并存,是我党的一项战略决策,绝不是一种权宜之计。只有这样,才能搞活整个经济,较快较好地发展各项建设事业,扩大城镇劳动就业。"

人们对发展个体经济及多种经济成分存在很大顾虑。一个著名的故事就是"傻子"瓜子,1982年时工厂雇工100多人,远超当时个体户雇工8人以下的界限,有人主张取缔。邓小平明确提出,"如果你一动,群众就说政策变了,人心就不安了","让'傻子'瓜子经营一段,怕什么?伤害了社会主义吗?"

1984年是特别值得一提的一年。无论是国家此后的改革走向,还是众多企业家的不同命运,这一年都是埋下种子的一年。

这年的1月24日,邓小平来到深圳,马不停蹄遍走特区。此前的一年多,对特区的指责沸沸扬扬,比如"深圳除了五星红旗还在,社会主义已经看不见了"。2月1日已经回到广州的邓小平,写下了"深圳的发展和经验证明,我们建立经济特区的政策是正确的",最后落款的时间还特意写为仍在视察深圳时的1984年1月26日。这年2月,中共中央作出重大决定,宣布"向外国投资者开放14个沿海城市和海南岛"。

1984年3月2日,中共中央、国务院同意农牧渔业部和部党组《关于开创社队企业新局面的报告》,并同意报告提出的将社队企业名称改为乡镇企业的建议。乡镇企业第一次浮出水面。

1987年6月12日,邓小平接见外宾时感慨道:"我们完全没有预料到的最大的收获,就是乡镇企业发展起来了,突然冒出搞多种行业,搞商品经济,搞各种小型企业,异军突起。""这不是我们中央的功绩","如果说在这个问题上中央有点功绩的话,就是中央制定的搞活政策是对头的。这个政策取得了这样好的效果,使我们知道我们做了一件非常好的事情。这是我个人没有预料到的,许多同志也没有预料到,是突然冒出这样一个效果"。[①]1987年,全

---

① 邓小平:《邓小平文选》第三卷,人民出版社,1993年,第238页。

国乡镇企业从业人数达到8805万人,产值第一次超过农业总产值,带来了农村经济的一个历史性变化。

1984年10月20日,党的十二届三中全会通过了《关于经济体制改革的决定》(以下简称《决定》)。邓小平评价中国决定时说:"这次经济体制改革的文件好,就是解释了什么是社会主义,有些是我们老祖宗没有讲过的话,有些新话。我看清楚了。过去我们不可能写出这样的文件,没有前几年的实践不可能写出这样的文件。"

《决定》总结历史时说:"我国建国三十五年来所发生的深刻变化,已经初步显示出社会主义制度的优越性。但是必须指出,这种优越性还没有得到应有的发挥。其所以如此,除了历史的、政治的、思想的原因之外,就经济方面来说,一个重要的原因,就是在经济体制上形成了一种同社会生产力发展要求不相适应的僵化的模式。"因此,我们这次改革的基本任务就是,"按照党历来要求的把马克思主义基本原理同中国实际相结合的原则,按照正确对待外国经验的原则,进一步解放思想,走自己的路,建立起具有中国特色的、充满生机和活力的社会主义经济体制,促进社会生产力的发展"。

《决定》在理论上的重大贡献是,突破了把全民所有制同国家机构直接经营企业混为一谈的传统观点,"过去国家对企业管得太多太死的一个重要原因,就是把全民所有同国家机构直接经营企业混为一谈。根据马克思主义的理论和社会主义的实践,所有权同经营权是可以适当分开的"。"如果全民所有制的各种企业都由国家机构直接经营和管理,那就不可避免地会产生严重的主观主义和官僚主义,压抑企业的生机和活力。"《决定》突破了把计划经济同商品经济对立起来的传统观念,"商品经济的充分发展,是社会经济发展的不可逾越的阶段,是实现我国经济现代化的必要条件。只有充分发展商品经济,才能把经济真正搞活,促使各个企业提高效率,灵活经营,灵敏地适应复杂多变的社会需求,而这是单纯依靠行政手段和指令性计划所不能做到的"。

1984年也被称为中国现代公司的元年。这一年,王石用贩卖玉米赚到的钱创办了后来更名为万科的现代科教仪器展销中心。李经纬创立的"东方魔水"健力宝，成为洛杉矶奥运会中国代表团的首选饮料。35岁的张瑞敏被派到濒临倒闭的青岛日用电器厂当厂长，上任当月工厂的牌子更换为"青岛电冰箱总厂"。柳传志则被选中担任了中科院计算所下属的新技术发展公司主管日常经营工作的副经理。在广东顺德，后来统治中国家电业十几年的科龙公司的前身珠江冰箱厂成立，潘宁出任厂长……

这些后来都大名鼎鼎的人，在当时选择了"创业"，也被打上了鲜明的时代烙印，虽然是"创业"，但斩不断和原来体制的联系，企业一开始就孕育在既有的国企或者集体企业里面，这为后来的命运的分化埋下了伏笔。但无论怎么说，他们都是在打开"增量改革"之路上冲在前面的人。

除了"84派"，中国企业家还有一个群体叫"92派"，这同样是和一场思想观念及经济体制上的大突破联系在一起。

在1992年南方谈话中，邓小平提出："计划多一点还是市场多一点，不是社会主义与资本主义的本质区别。计划经济不等于社会主义，资本主义也有计划，市场经济不等于资本主义，社会主义也有市场。计划和市场都是经济手段。""不要以为，一说计划经济就是社会主义，一说市场经济就是资本主义。"

这个论断，去掉了把计划经济和市场经济看作社会基本制度范畴的思想束缚，可以说在经济体制上完成了对苏联模式的彻底超越。

当人们还在为姓"资"姓"社"之争而焦头烂额时，邓小平快刀斩乱麻，干净利落地把那些脱离中国实际的意识形态争论撇在一旁，推动中国心无旁骛地发展经济、追求富裕。在他看来，社会主义应是开放的制度，首先应当懂得利用一切文明成果，善于从其他国家包括资本主义发达国家身上学习，社会主义不再仅是公有制和计划经济的代名词，相反，社会主义的本质是消灭剥削，实现最终共同富裕。

在中国这样一个后发的大国搞社会主义市场经济，这在经典著作上没有写，在以前社会主义国家的实践中也没有，它完全是中国人通过自己的社会主义建设和改革实践，根据自己的最大实际而得出来的结论。

6. 超大规模性的视角

为什么在中国搞社会主义，最后是市场经济，而不能是类似苏联的计划经济？这就要回到中国最大的实际。

1980年4月，在总结新中国成立30年的经验时，邓小平指出："不要离开现实和超越阶段采取一些左的办法，这样是搞不成社会主义的。"1981年，由他领导制定的《关于建国以来党的若干历史问题的决议》首次提出："我们的社会主义制度还是处于初级的阶段。"1987年，在党的十三大召开前夕，邓小平指出："我们党的十三大要阐述中国社会主义是处在一个什么阶段，就是处在初级阶段，是初级阶段的社会主义。社会主义本身是共产主义的初级阶段，而我们中国又处在社会主义的初级阶段，就是不发达的阶段。一切都要从这个实际出发，根据这个实际来制订规划。"

在各个场合论述初级阶段的时候，邓小平经常提到的是中国的底子薄、人口多："中国这样的底子，人口这样多，耕地这样少，劳动生产率、财政收支、外贸进出口都不可能一下子大幅度提高，国民收入的增长速度不可能很快。所以，我在跟外国人谈话的时候就说，我们的四个现代化是中国式的。"

这个基本国情，说起来与这些年讨论比较多的中国的超大规模性，内涵上是一致的。今天人们为什么关注中国的超大规模性。其基本背景是在改革开放以后中国作为世界工厂和世界市场的崛起带给世界的深刻影响，从而让人们注意到了中国的超大规模性。

其实，观察敏锐的人们早就预见到了今天的结果。多年以前，有一个记者问李光耀：从20世纪70年代末开始，中国发生了戏剧性变化，那么导致中国经济发生如此不可思议的变化的主要因素是什么？李光耀回答时提到了邓小平改变政策，设立特区，还有后来加入世贸等。记者再追问：因此在某种意义上，这是亚洲四小龙故事的重现？李光耀斩钉截铁地否定了记者的观点：不，它们的规模如此之大，如此之不同。亚洲四小龙可以被放进中国一个省内。

它们的规模巨大，经济开放的结果将在二三十年或 40 年内，影响整个世界的经济。①

但正如学者泮伟江说，过去人们说到中国的超大规模性，主要是从负面意义上说的，主要是指中国人口众多、地区差别大而又是农业经济为主体带来的中央统一集权的治理难度。②

事实上，整个超大规模性，无论对中国革命还是新中国成立后的社会主义革命和社会主义建设，都构成了一种"制约"，成为我们不得不面对的"中国的实际"之一。

历史社会学家黄宗智曾经提出一个"过密化"概念，指的是由于人口众多，在生存压力之下，农业生产的过密化不断加深，虽然总的农业产量在增加，但单位劳动力的边际效益却在递减，甚至为了应对人口过密的压力，而失去技术改进的压力。与之相应的观点，传统的农村的副业只是通过缓解而实际上进一步固化了农业人口的过密化。

学者施展在《枢纽》一书中也注意到传统中国社会超大规模人口导致的内卷化：没有工业革命，过剩人口消耗不掉；但正因为人口过剩，在生存压力之下，任何以节省劳动力为目的的技术变迁不可能出现，这样就自我锁死了。但中国一旦加入开放的世界经济体系，超大规模人口反倒成为中国的竞争优势。

中国人有句俗语，形象地反映了这种人口的过密化特征：人多好种田，人少好过年。

其实，中国是农民占人口多数，而生产形式又是家庭生产为主这一点，本身就是极易观察到的事实，在中国的民主革命和社会主义革命过程中，其实也早就为革命家、改良家和思想家们所注意到。早在五四运动之后关于社会主义思潮的激烈争辩时期，梁启超就既承认"社会主义，自然是现代最有价值的学说"，又反对现在就实行社会主义，他的理由很简单："吾认为社会主

---

① 【新】李光耀：《李光耀观天下》，北京大学出版社，2015 年，第 43 页。
② 泮伟江：《如何理解中国的超大规模性》，《读书》2019 年第 5 期。

义所以不能实现于今日之中国者,其总原因在于无劳动者阶级。""欧美目前最迫切的问题,在如何能够使更多数之劳动者地位得以改善。中国目前最迫切之问题,在如何能使多数之人民得以变为劳动者。"也就是说,中国的资本主义远未发达,相应的资产阶级和无产阶级的矛盾还不是主要矛盾。

梁启超的观察是敏锐的,他发现了真问题。在此后所有关于中国革命和前途的争论中,无论赞成的是什么主义,无论提出的是什么样的救国主张,农民占人口多数,而生产形式又是家庭生产为主的基本国情始终是难以回避的关键问题。毛泽东就指出:"几千年来都是个体经济,一家一户就是一个生产单位。"以毛泽东为代表的中国共产党人推动的马克思主义第一次中国化,核心内容之一就是农民问题,以他为代表的早期对革命道路的探索和正确做法,还曾经被教条主义者们讥讽为"山沟里的马克思主义"。

实际上,中国不同于苏联的革命道路——农村包围城市、民主革命和社会主义革命的两步走——土地改革是民主革命的重要内容、独特的建党学说——党员大多数不是来自工人阶级的政党如何建设成为一个马克思主义政党等,从根源上说无不是基于这个基本国情。

在社会主义革命中,以比较小的社会震动实现了农业合作化,确立了集体经济的基本制度。一方面,通过"剪刀差"方式支持了国家工业化;另一方面,将私商排斥在农产品购销活动之外,保障了城镇居民粮食和工业原料的低价供应。农业集体化以后,大规模的农田水利建设也发挥了重要作用。

但如何处理国家和农民的关系,在农村到底实现什么样的经营体制和管理体制,则深受"农民占人口多数,而生产形式又是家庭生产为主"——也就是农业人口过密化的基本国情的制约,探索的过程充满了曲折。正如发展经济学的奠基人张培刚所说:"我们是个农业国家,农业制度的好坏,关系整个经济的命脉。"

费正清和赖肖尔合著的《中国:传统与变革》一书在讲到这段历史时就观察到:

20世纪50年代初的中国事实上与1900年的俄国更为相似，而与1928年第一个五年计划开始时的苏联有所不同。俄国1900年生铁、钢和棉织品的人均产量和每平方公里拥有的铁路里程数均高于1952年的中国，而且俄国拥有更多的受过现代教育的技术和专业人员以及更发达的教育体系。因此，以牺牲农民为代价强调重工业的苏联模式并不真正适用于中国的情况。中国过多的人口（据1953年的普查估计，有5.83亿人，每年增加1200万—1400万人）加上可供开垦的新地的相对缺乏，意味着中国人口对食品供给所造成的压力将大于俄国。[1]

他们还进一步下结论说："由于其众多的人口，中国在经济发展上的特殊问题是如何在避免忽视乡村方面的同时加强工业，如何在建设强大的国家工业的同时使乡村的民众摆脱物质上的贫困。"

从农村征购粮食也深刻制约着国家的工业化和城市化进程。1961年5月31日，陈云在中央工作会议上说："建国以来，出现过四次粮食供应比较严重的紧张状况。这四次当中，有三次是由于城市人口增加过多产生的，也就是说，城市人口的增加超过了当时商品粮食负担的可能。……由此可见，农村能有多少剩余产品拿到城市，工业建设以及城市的规模才能搞多大。其中关键是粮食。这已经有了几次教训。"

特别是人民公社化运动，最大的失误是片面追求公有化程度，脱离了中国社会生产力的发展水平，违背了经济和社会发展的客观规律。到了1958年秋冬，严重后果开始呈现出来：有的农村发生杀牲口、砍树、藏粮等现象；有的地方遭灾歉收后仍高报产量，导致征了过头粮，发生饿死人的事情；还有的地方人民公社的牌子刚挂，就急匆匆地搞"向共产主义过渡"。有些地方的"共产风"之猛，甚至到了"见钱就要，见物就调，见屋就拆，见粮就挑"的地步。[2]

---

[1] 费正清，赖肖尔：《中国：传统与变革》，江苏人民出版社，2012年，第453页。
[2] 中共中央党史研究室：《中国共产党的九十年》，中共党史出版社，2016年，第1239页。

此后，党从公社所有制的分级问题入手，调整农村集体经济内部的基本核算单位（三级所有、队为基础）等，通过种种措施让农村形势初步好转。当时，陈云曾经到上海青浦等地调查，《按中央规定留足自留地》的调查报告还被提交给了1961年8月在庐山召开的中共中央工作会议。很有意味的是，在自留地问题上，农民反映的是多种自留地有很多好处，而社队干部则疑虑重重，担心因集体耕地减少而完不成粮食征购任务，担心社员可能只关心自留地而不积极参加集体劳动，甚至担心自留地的资本主义倾向。陈云在调研中还要耐心说服基层干部，打消他们的疑虑。

事实也证明，局限于人民公社框架内的调整毕竟不彻底，农民的生产责任制因为"包产到户"成为意识形态的禁区而迟迟无法取得突破，一直到"文革"结束。正如过密化理论揭示的，过密化农业人口下，家庭生产是农民真正习惯的生产方式。这不是负面意义上的小生产的毛病，而是说：在农村过剩劳动力没有办法大规模转移之前，家庭生产仍是与集体土地所有制激励最兼容的生产方式。

经济学家薛暮桥就认为，我国农业在手工劳动和半自给的基础上进行集体化，管理不能过分集中，并且要发挥家庭式小规模经营的长处。"多年来许多地区几次企图过早地提高公有化的水平，以生产大队甚至公社作为基本的生产和分配单位，或者取消社员的自留地和家庭副业，都使农业生产力受到破坏，农业生产和农民生活显著下降。经验证明，如果我们忽视我国农业生产的实际情况，违反生产关系必须适应生产力发展水平这一条经济发展的根本规律，是一定会受到惩罚的。"①

为什么改革开放后，农村改革率先取得突破？正如十一届三中全会指出的："总的来看，我国农业近二十年来的发展速度不快，它同人民的需要和四个现代化的需要之间存在着极其尖锐的矛盾。"一个最直观的指标是，1978年，农村还有2.5亿人口没有解决温饱问题。

---

① 薛暮桥：《中国社会主义经济问题研究》，人民出版社，2012年，第16页。

在十一届三中全会之前，有的地方已经率先进行改革试验，实行"放宽政策""休养生息"。最著名的当然是安徽凤阳县梨园公社小岗村18户农民创造出的"包干到户"。小岗村当时是远近闻名的"三靠村"——吃粮靠返销，用钱靠救济，生产靠贷款，每年秋收后几乎家家外出讨饭。1978年的安徽，从春季就开始出现旱情，全省夏粮大减产。可以说，正是在走投无路之下，被逼走上了包产到户的道路。其做法是生产队与每户农民约定，先把该缴给国家的、该留给集体的都固定下来，收获以后剩多剩少都是农民自己的。简便易行的方法，最受农民欢迎。第二年小岗村就实现了大丰收，第一次向国家交了公粮，还了贷款。

虽然十一届三中全会原则通过的正式文件当中，仍然规定"不许包产到户""不许分田单干"，但也明确提出：

> 我们的一切政策是否符合发展生产力的需要，就是要看这种政策能否调动劳动者的生产积极性。除有法律规定者外，不得用行政命令的方法强制社、队执行，应该允许他们在国家统一计划的指导下因时因地制宜，保障他们在这方面的自主权，发挥他们的主动性。①

这就为农村体制改革敞开了大门。

李克强总理在回忆自己年轻时到安徽凤阳插队当大队支部书记的时候就说："当时我每天起得很早、睡得很晚，生产队每个人的生产任务，这个人插秧、那个人挑担子，都安排得无一遗漏。"但即便是这样，村里人还是吃不饱。生产队缺粮严重的时候，他甚至需要拿大队的公章给村里的妇女儿童开"逃春荒"的证明。而"承包制一推开，生产队基本不管了，农民自己种田，想种什么、该种什么，自己来谋划，温饱问题几年内就解决了！"

但这远不是故事的全部。农村体制改革也为把人从土地的束缚中解放出

---

① 《中共中央关于加快农业发展若干问题的决定》，《农业集体化重要文件汇编（一九五八——一九八一）》，中共中央党校出版社1981年10月版。

来打开了大门。随着家庭联产承包责任制的推行和农业技术等的进步，剩余人口势必要寻找新的出路，这就是后来乡镇企业、到城市打工潮兴起的源头。财经作家吴晓波在《激荡三十年》一书中评价说："从某种意义上，中国民间公司的庞然生长，在逻辑根源上也可以从小岗村的那个冬夜开始追寻。"①

这在中国的超大规模性那里其实也已经埋下了伏笔。正如黄宗智的观点，在1979年农村改革之后，"正是乡村工业化和副业发展才终于减少了堆积在农业生产上的劳动力人数，并扭转了长达数百年的过密化"。

农村改革是个生动的例子，它说明，在探索中国道路的过程中，我们既不能脱离制度基础（农村土地集体所有制），又要根据中国的实际，尊重和激发农民的积极性。所谓中国道路在农村的体现，主要就是要实现两者的兼容。

某个阶段的探索成功了，很快就会出现新矛盾，提出新问题，比如家庭联产承包责任制，如何避免农民的短期行为？那就要长期稳定承包关系。如何促进农业规模经济和增加农民的财产性收入，这就要在土地制度上进行进一步改革。党的十八大后，在坚持农村土地集体所有的前提下，促使承包权和经营权分离，形成所有权、承包权、经营权三权分置、经营权流转的格局。这被习近平总书记称为继家庭联产承包责任制后农村改革的又一大制度创新，翻开了中国特色农村土地制度演进史上新的一页。

同时，这次土地制度的创新不可能是单兵突进的结果，制度本身需要"集成"，也需要"联动"，要形成市场经济下的稳定和管用的农村土地制度，就必须同时推动户籍制度改革，推动农民市民化进程，让进城农民在城市能够安居乐业，从而不再有多大必要需要农村这个"退路"。

这个改革路径在现实生活中的呈现，背后是中国的实际，但在教科书上都是没有现成答案的。中国发展道路的每一个重要领域的探索，几乎都经历了这样一个过程。

---

① 吴晓波：《激荡三十年：中国企业1978—2008》，中信出版社，2017年，第22页。

第四章

中国经济的崛起

第四章　中国经济的崛起

1. 中国人，中国禀赋

中国不间断的历史发展中，中华人民共和国成立是中国历史的分水岭。中华人民共和国 1949 年成立之后，让人印象最为深刻的是中国经济的增长。此前，中国从来没有快速增长的经济。此后，中国经济则一直呈增长态势。这背后的原因，不同的经济学家有不同的解释。最为普遍的解释是，中国经济在 19 世纪和 20 世纪初一直处于衰退状态。

然而，前后的差异毕竟太大。所以，我们需要强调，在经济变化的背后，有一个非常重要的原动力，那就是中国特有的禀赋与 1949 年后日渐明显的急剧增长之间的交互性。而中国禀赋最终体现在，亿万中国人辛勤工作、追逐梦想，并希望以此改变个体和整个国家的命运。

为何是中国，而非印度？

21 世纪到来前，不少西方人将中国和印度视作不断崛起并有可能超越西方国家的两个国家。英国《金融时报》曾发表文章称："中情局、投行、西方大学和商业媒体里的经济未来学家都同意，中国和印度将在 21 世纪的某个阶段主导全球经济……华盛顿的各方机构预计，在 2030 年到 2040 年间，中国将在 GDP 上超越美国，印度则在大约 2050 年超越美国。"

这篇报道被驻新德里记者爱德华·卢斯收录在《不顾诸神》中。彼时，他刚刚见证了印度爆发的一轮惊人的增长。20 世纪 90 年代后期，印度经济开始起飞，1991 年到 2001 年间，印度经济规模扩大了 3 倍，全国的 IT 部门一年赚了近 500 亿美元。这些利润被用于购买著名的外国企业，比如，塔塔汽车轰轰烈烈地收购了捷豹和路虎。

令人费解的是，进入 21 世纪后，全世界的观察家重新调整了他们对印度的期望。印度的经济气候瞬间变得寒冷，从世界经济增长第二的经济体滑向了第十。而比邻印度同属四大文明古国的中国则真正实现了奇迹，成长为了世界经济大国。

中华人民共和国成立之后,中国政府开始致力于社会稳定和经济增长,迅速告别了连年内战和普遍贫穷的状况。1978 年实行改革开放以后,中国从计划经济意识形态的束缚中摆脱出来,开始了新的长征。40 年过去了,许多旧的观念被摒弃,旧的机制被打破,新的体制被确立,经济的物质基础也得以全部重新建立。

今天,中国在许多行业都突破了原有瓶颈。比如,从世界最大的无现金交易总量到世界最快的大数据计算速度,从世界最大的电动车市场到世界最先进的高铁网络,从世界最多产的人工智能科学论文到世界最领先的光伏产业链。从某种程度上而言,中国在一些领域已经成为世界的领跑者。

事实上,在 1949 年以及之后的一段时间内,作为英国的殖民地,印度的工业化程度是超过中国的。1949 年的数据显示,印度钢产量 134.7 万吨,中国 15.8 万吨;印度生铁产量 163.6 万吨,中国 24.6 万吨;印度铁路里程 54754 公里,中国有 21800 公里;印度拥有 600 万产业工人,中国拥有 120 万;印度拥有 122 万在校高中生,中国拥有 26 万;而中国的 GDP 在这一年大概只有印度的一半。

但是,中华人民共和国建国 70 年以来,情况发生了重要变化。因此,人们不得不问:为什么印度的发展没有转化为增长?中国又是如何快速崛起的?

在这里,我们不妨先回答一个问题:经济的发展依靠什么?按照经济学家的观点,经济发展是一个由人力资本和物质资本的积累,加上现代经济制度的演化,合力构成的长期过程。而经济增长的最终动力来源必定归结到人,所以,人力资本仍是一切资本中最主要的资本。

值得注意的是,人力资本并非与生俱来,它也是在过去经济增长的过程中逐步积累形成的。1961 年,"人力资本之父"西奥多·W·舒尔茨(Theodore W. Schultz)在其代表作《论人力资本投资》中指出,人力资本是劳动者通过教育、医疗保健、在职培训、其他非企业学习积累、家庭或个人的就业迁徙所获得的各种素质的总和。简单而言，人力资本就是通过投资于知识而创造出的一种资源。

相比中国的成功，印度的失败在很大程度上是由于印度未能提供"必要的公共服务，令生活水平持续下降，持续拖累经济增长"——这是印籍诺贝尔经济学奖获得者阿马蒂亚·森（Amartya Sen）和让·德雷兹（Jean Dreze）在他们关于印度经济的书《不确定的荣耀》（An Uncertain Glory）中得出的结论。所谓"必要的公共服务"，森和德雷兹通过一系列翔实的数据证实，它主要指教育。而教育，即影响人力资本的积累的核心问题。

在多数人看来，印度和中国同为人口大国，潜力相当。若单从数量来看，印度的人口和中国的人口确有若干相似之处。然而，人口要讲究质量。在计算人口对经济增长的作用力的时候，除了需要考虑人口的数量红利，"质量红利"更是关键所在。从这个角度而言，中国的劳动力质量要较印度高出一筹。

最大规模"识字军"

"质量红利"的积累，要用长远的计划，加上不间断的付诸实施。"质量红利"大致可分为"低端劳动力"和"高端劳动力"，即工人和工程师的质量水平的积累，而时间节点则以改革开放为一个明显的划分点。

低端劳动力的积累，要从新中国成立后的人口数量增长算起。新中国成立之初，百废待兴，中央政府基于国防需要而采取的刺激人口增长的战略考虑，客观上为中国储备了产业工人的数量优势，只是其影响所及很容易被人忽略。事实上，刚刚成立的新中国人口仅5.4亿，随着鼓励生育的政策实行，中国出现了一轮"婴儿潮"。一个家庭中有四五个孩子变得越来越普遍，人口增长率接近300%。

到了中国改革开放的1979年，这轮"婴儿潮"的红利开始释放。那些在"婴儿潮"时期成长起来的50后、60后、70后人口，这时候正当壮年，或者刚刚步入劳动力市场。他们给中国带来了充足的劳动力，青壮年较高的劳动参与率释放出一定的经济盈余，从而形成高储蓄率。而高储蓄率则有利于资本的形成和推动经济增长，开启了释放中国人口红利的契机。有研究表明，改革开放以来，中国人均 GDP 增长中，有约 26% 的贡献来自全球首屈一指的中国劳动力大军。同时，中国每年供给的劳动力总量约为 1000 万人，劳动人口的高比例保证了经济增长中的劳动力需求和社会保障支出的低负担。

更为重要的是，对实现中国工业化转型最有实质贡献的是，这支队伍都是识字大军。

新中国成立之后，中央政府不但通过土地改革解决了农民和土地的问题，解放发展了生产力，还从扫盲抓起普及了基础教育。1949 年，中国的成人识字率不到 20%，还是一个文盲为主的国家。到 1979 年，这一数字已经超过了 70%，远高于印度的 50%。一个是普遍识字，一个是半数文盲，中印两国之间有着无法抹平的人力要素的质量鸿沟。

新中国成立后，开展了三场轰轰烈烈的扫除文盲运动，中国人以前所未有的热情投入到学习文化的浪潮中。20 世纪 50 年代初，第一次扫盲运动发轫，其规模之大，许多建筑物比如院坝、庙宇、礼堂、戏院，甚至田间地头，都被改造成了教室，各种工农学校、业余夜校、速成学校、政治学校、干部培训学校等如雨后春笋，让许多过去几乎无缘接受教育的人，都不同程度获得了识字的机会。1956 年，周恩来总理号召全国人民向现代科学文化进军，第二次扫盲运动又掀高潮。两年后，陈毅元帅在有关会议上说，扫盲是使 6 万人民睁开眼睛的工作，非干好不可，第三次扫盲运动吹响了号角。

三场扫盲运动，从功能导向来看，是开放教育以帮助工农大众掌握文化知识。从政治定位来看，是新政权对旧制度的否定。从文化传承来看，是中国儒家文化两千年来倡导的"有教无类"的基本价值观的继承和发挥。

从结果来看，则为一个新兴国家的工业化和国防建设奠定了决定性基础。一个国家的成人识字率反映一个国家的普通工人的知识水平，描述出一个国家普通工人的基本素质。识字率越高的工人越能理解现代工业的操作程序，越能快速提高操作能力，是繁衍出智力和人才支持的要素禀赋。从 1949 年到 1960 年，约有 1.5 亿中国人参加了扫盲和各级业余学校的学习，使得中国在几十年内迅速获得一大批受过教育的青壮年劳动力。

这样一来，中国政府在经济起飞之前，已经为未来的经济增长储备了足够优秀的普通劳动力。而这或许可以解释为什么一旦中国打开大门，一下子成为最能够吸引外资的发展中国家。

平等的精英选拔

改革开放之后，中国经济有着"四大奇迹"。一个是强大的、高度向上集中的国有金融系统和国企体系，二是夸张的房地产，三是高效能、低成本的制造业集群，四是迅速崛起的互联网巨头。前面两大"奇迹"关乎国家治理，而后面两大"奇迹"则意味着普适性的竞争力。互联网巨头的崛起，同样是因为这种内外对接机制在发挥作用。

硅谷互联网巨头独创的技术和商业模式之所以能够被迅速引入国内，也是因为中国国内同样具备了对接这种引入的要素优势。但是这种要素优势不再来自婴儿潮和识字率，而是来自20世纪90年代末的大学扩招和理工科教育的大爆发，70后、80后那些廉价的软件工程师成为中国互联网行业最具优势的要素禀赋。

一些量化的指标可以审视中国在这方面取得的实质性进展，比如中国的专利授权量与申请量在最近几年激增。2018年，中国发明专利申请量和授权量已居世界首位，发明专利申请量为154.2万件，同比增长11.6%。此外，中国科学技术信息研究所发布的2018年中国科技论文统计结果显示，中国在国际顶尖学术期刊上发表论文数量排名前进到世界第四位，国际论文被引用次数排名持续保持世界第二。这都展示了中国的科研、技术的力量。

另外，以华为为代表的中国本土企业的崛起，也证明了中国的要素禀赋优势。1999年开始，中国高校进入扩招期，高校毕业生和研究生毕业的人数从2004年的120万和15万左右增长至2016年的400万和56万左右。在此背景下，过去十年，中国大中型高技术企业和制造业企业研发费用复合增长率高达24%。但中国年轻工程师的工资水平并没有明显同步增长。因此，劳动力成本并没有对企业造成更大的负担,相反,工程师红利的不断释放有利于中国产业的转型与升级。

纵有以上的准备和成绩,随着中国人力成本走高,现在有人认为,印度的工程师红利将取代中国。这真的会发生吗?

中国 IT 产业大爆发所仰仗的工程师红利,正是得益于高考。1952 年,中华人民共和国组织了第一次全国高校统一招考,标志着中国高考制度建立。1977 年,由于"文化大革命"的冲击而中断了十年的中国高考制度得以恢复。

从历史上看,这是科举制度的"统一"的演化和升华。统一的意义是开放与公平。开放体现于面向全国适龄民众,而公平则表现在试题的同一,以及创造条件让考生就近参加考试,尽量实现机会与成本的均等化。科举始于隋朝,它选拔了大量平民子弟进入国家权力机构,创造了帝制文明的诸多盛世传奇。

然而,同样作为文明古国,印度却没有创立"朝为田舍郎,暮登天子堂"的科举,只有下层人永不翻身的种姓制度。常见的解释理由是,印度从来没有建立起中央集权的大帝国,没有皇帝,不需要职业官僚集团,所以没有必要发明、推行科举。相反,依靠贵族系统,进行分散治理才是最经济的模式。

在评价科举制度的主要意义时,钱穆先生说:"消融社会阶级。因考试乃一种公开竞选,公平无偏滥。考试内容单纯,可不受私家经济限制。寒苦子弟,皆得有应考之可能。又考试内容,全国统一,有助于全国各地文化之融结。按年开科,不断新陈代谢。此一千年来,中国社会上再无固定之特殊阶级出现,此制度预有大效。"马克斯·韦伯(Max Weber)也有类似的观点,这位被称为"组织理论之父"的现代最具生命力和影响力的思想家认为:"科举制度全面推行,成为世袭君主的一种手腕,用来阻止一个孤立他的等级的形成,否则这个等级会按照藩臣和内阁的做法垄断所有的官俸。"

但换个角度——不妨从地理以及人类学的角度来看。实际上,中国文明的肇始和印度是迥异的。中国文明的传播,在最初阶段是从西向东,而印度则是从北向南。方向的不同,决定了政治模式的不同。

如果从周朝说起，翻开中国的历史地图，可以看到一条先是从西向东，然后从北向南的文明扩散路径。中华文明的滥觞，周朝为始。武王伐纣，周朝灭商，周位于陕西，而商位于河南。之后，位于关中平原的秦国灭亡东方六国，也灭亡了法律上的贵族制度。这些都是从西向东的征服过程。

直到北宋时期，这种从西向东的路线一直没有改变，其间有过反复，但大趋势的确是中华民族的政治和经济中心逐渐从函谷关以西，往东部的黄河中下游平原迁徙。比如，洛阳是东汉的首都，也是后世诸多分裂帝国的首都。到了唐代，洛阳是东都，皇帝时常在洛阳办公和进行后勤补给。

到了北宋，首都再次从洛阳往东，迁至开封（汴京）。之后，从西向东结束，从北向南的文明扩散故事进入高潮。到了南宋，长江中下游成为经济中心。但印度则完全不一样。中亚的入侵者（主要是波斯人），先是在印度北部建立据点，然后再从北向南入侵南亚次大陆。最终，在这片广袤的土地上建立了种姓制度。

为什么从西向东和从北向南带来的治理模式不一样？很简单，人种问题。种族的生理差异（比如相貌、肤色）和纬度密切相关，从西向东，征服者和被征服者是相近维度的居民，差异小，所以更容易建立有利于阶层流动的制度。但从北向南不一样。由于生理差异大，高纬度民族很可能发自内心地将低纬度民族视为"异文明"，缺乏认同和尊重。加之生产力低下，必须构建不平等分配制度。所以，征服者更倾向于建立永不流动的贵族制或者它的加强版——种姓制度。

中国也有南北征服。但中国的政治制度（中央集权皇帝制）早已在汉朝成熟，所以之后的往南征服，很容易把南方少数民族纳入这个没有贵族的体系之中。即使生理上略有差异，但最终大家统统都融合为了崇尚平等而乐观入世的中华民族。

正是平等的理念、世俗的观念，奠定了中国经济奇迹的根本要素禀赋，历史车轮滚滚向前，它们在每一轮的经济转型和增长中，仍然是核心驱动力。

2."军工溢出",激情时代的遗产

改革开放以后,中国市场上始终存在着三股力量在较劲——国有企业、民营企业与国资企业。它们彼此博弈,此消彼长。由这三种力量所共同开发的市场,形成的产业种类,呈现的资本格局,展现了40多年来中国市场经济的所有特征。

国有经济从最初的独步天下到现在多种所有制经济共同发展的过程中,有一类企业在其中发挥了重要的作用。它们曾是新中国的"长子",在国民经济、国防科技、人才教育等各个领域立下汗马功劳。在改革开放、裁军整顿后,它们中的很大一部分又成了身先士卒的"南向弄潮儿",成功地跻身第一批先富起来的梯队。这类企业就是军工企业。

一部军民融合史

军工企业的转型,除了在计划经济时期背靠国家攒下的"家底"之外,同时也是因为军工企业其特殊的"高科技"基因。

新中国成立后,我国国防科技工业按照要准备打仗的战略思想,经过近20年的艰苦建设,已基本形成一个功能基本齐全、设施自主配套、布局二三线基地、队伍较为庞大的相对独立军工体系。但在同一时期国际形势发生了重要变化,随着以"军备控制"代替"军备竞赛",对话代替对抗的潮流逐步形成,和平与发展已成为世界的主题。

由于冷战时期军备竞赛等特殊背景的影响,集中国家最顶尖人才的军工企业,其掌握的科技水平一直走在国家的最顶端。除了与战争直接挂钩的武器之外,侦察相关的通信技术也是军工企业的"刀尖儿"。不同于武器的使用局限性,通信技术与民用范畴的联系十分紧密,往往现阶段使用的通信技术是5—10年前军方正在使用的通信手段。

在通信技术革命时期,这样的例子不胜枚举。历史证明,卫星、雷达、显示器材、通信器材、通信标准等产品在未来民用生活中都会大显身手。制造业作为国民经济的主体，直接体现一个国家的生产力水平。而军工企业作为先进制造的骨干力量，对一个国家制造业转型升级具有极其重要的作用。

军工企业在机械、通信等行业起步较早，有政策资源的倾斜，技术领先于非军工企业，在军民融合过程中会产生技术溢出。技术溢出实质上是一种重要的经济现象，一个企业开发的知识可被其他企业以低于开发新知识的成本使用，一般通过人才流动、研发合作、企业家创业等方式实现。

然而军民分离的二元结构严重影响和制约着军工企业对民营企业的技术溢出。军工业一方面受限于人力资本专用性和资产专用性，另一方面也存在管理不善、缺乏市场竞争压力的问题，导致我国军工企业效益在市场化进程中亏损严重。

面对军工企业发展困境，政府从20世纪70年代提出了一系列实现"军民一体化"的措施，不断促进军工企业与制造业融合发展。1978年底，党的十一届三中全会召开，确立了党和国家工作重点转移到以经济建设为中心，吹响了改革开放的号角。军工企业在全面贯彻中央的战略部署中开始了从单纯为国防建设服务，向既为国防建设服务，又为国民经济建设服务的战略转移。

这样的决策做下去，一方面推动我国国防经济转型和国防工业市场化，发展军民共用技术与基础设施共享，发挥规模经济效应，提升制造业技术水平与产品附加值，推动了"军转民"。

另一方面也促进了"民参军"，引导相关民营企业参与军工生产，制定对应的法规政策与协调机制，缩短产品研发周期，降低国防成本。

在开放的市场经济体系下，军工产业的技术溢出效果显著，尤其是在与民众生活息息相关的通信技术领域、显示器材领域。军民融合的本质是把国防科技工业基础同民用科技工业基础结合起来，形成一个统一的国家科技工业基础的过程。推动军民深度融合发展，其内涵是破除隔离封闭，通过分工演进和报酬递增，实现要素的融合，完善资源共享机制，同时军工企业可以借助军民融合实现技术转型。

中国制造，始于彩电

四川长虹在20世纪末的成功是"军转民"的典型代表。

巅峰时期的长虹，一厂的销售额占到中国人口第一大省四川省生产总值的15%，可谓"一厂兴衰关乎整个巴蜀"。1996—1998年，长虹集团连续三年蝉联全国电子企业百强之首，从20世纪90年代开始一直到2009年保持了连续20年的中国销售冠军。

20世纪50年代初建于交通、通信条件落后地区的四川长虹机器厂，在计划经济体制下生产了几十年的机载火控雷达，是我国唯一的机载火控雷达生产基地。机载火控雷达，可以说是战斗机的眼睛，是指用来搜索、截获和跟踪空中目标，提供武器瞄准、射击和制导所需数据的机载雷达。那时的长虹，作为"一五"计划中156项重点工程之一的国营企业，是被寄予厚望的军工基地。

在当时，能加入像长虹这样的厂子，为"国家干大事"就是一个人、一个家庭最大的荣耀。而做小生意，在当时都是大多数家庭眼中"不稳定"的事。无数的工厂大院随着厂子的发展建了起来，无数的年轻人子承父业，继续投入到建设的洪流中。

1970年，中国诞生了第一台彩色电视机。诸如北京牌、金星牌和牡丹牌之类的电视机品牌开始进入我们的生活。虽然现在我们提起长虹，第一印象是长虹电视。但其实，长虹并不是国内最早的电视机生产厂，甚至远远落后于沿海和北京的第一梯队。1972年才正式上马电视机项目，在军工系统成功研制出第一台电视机。

长虹机器厂，在这一时期前后迎来了"军转民"战略，而这一战略改变了长虹机器厂的整体命运。20世纪80年代由于改革开放的持续推进，国家军工订单大幅下降，失去了"靠山"支援的长虹机器厂的效益不景气，厂子岌岌可危。

第四章 中国经济的崛起

这时，一位领导的上任使其容光焕发。1985年，倪润峰上台，他上任后的第一个目标就是要盘活做军工的国营老厂，"给工人找活干，给厂子找效益"。长虹就这样开始了"一手军工，一手电视机"的研制道路。

20世纪80年代，中国彩电市场开始崛起，但由于技术落后，国产电视品牌始终被东芝、松下等洋品牌压制。当时的长虹厂长倪润峰颇具野心，着手引进了当时国内单班生产能力最大的彩电生产线。这不仅是当时松下最新一代生产线，也是国内同行业中自动化程度最高、单班生产规模最大的一条生产线。正是这条生产线，使得长虹一跃成为国内彩电的第一梯队。

光是产能与产品跟上了还不行，如何抢占市场率是个大问题。倪厂长有个外号叫"价格屠夫"，他挑起的价格战是长虹称霸国内市场的第一刀，也是最为致命的一刀。

1989年，国外电视机每台卖到8000元甚至14000元。同年国家针对彩电行业的调控政策出台，每台彩电征收600元特别消费税。胆大的倪润峰在当年做出了一项惊世决定：在全国范围降价，每台让利350元，这是中国家电业有史以来的第一次降价。长虹积压的20万彩电库存销售一空，一战成名。

此外，长虹还搞起了独特的"家电下乡"。春天的时候厂子将彩电送下乡，等到秋天农民收获了赚了钱再去收电视的钱。这种放贷收贷的模式，使得长虹卖得格外的好。

20世纪90年代中期，国家彩电关税由35%下降到23%，索尼、飞利浦、韩国三星等闻到风声后纷纷与中国合资生产彩电，总量达到1000万，而国内彩电市场年需求量在800万台左右，国内彩电业可谓面临生死攸关考验。

对此倪润峰决心一搏，用自己的价格优势拼掉对方的品牌优势。1996年长虹宣布：旗下彩电降价8%—18%，受此影响长虹的市场占有率从年初的22%猛增到年底的35%，一举超过所有国际品牌。

彩电巨头内部，诞生了无数技术人才。长虹在国内不仅是销量领先，更是技术和方向领先。"长虹的动向，彩电的方向"这句话，便是在那时火起来的。20世纪90年代末，南方的TCL、创维、康佳等华南彩电公司纷纷来长虹挖人。总部前的酒店里,长驻这些招聘人员。他们给出的薪酬也非常具有吸引力,以 3 倍乃至更高的价格去挖长虹的技术骨干。

这样的人才流动,便是上文所提到的技术溢出的一种。市场经济系统里,渴求技术人才,人才会去往更高薪酬的地方。从长虹出去帮助其他企业解决技术难题,最终获得更高个人收益的人不计其数。

盛极必衰,这是亘古不变的道理。长虹在保持了 20 多年的彩电霸主后,终因一系列的决策失误使其跌落神坛,尤其是在液晶和等离子的技术判断上,长虹重押后来被证明是"错误市场选择"的等离子技术,导致最后吃了大亏。

长虹的故事并没有结束,它仍坐在中国电子百强的第六把交椅上,从军工立业、彩电兴业,到信息电子的多元拓展,而今长虹已成为集军工、消费电子、核心器件研发与制造于一体的综合型跨国企业集团。61 岁的长虹的生涯有过高潮,有过低谷,但它在"军转民"的中国企业史上,一定是最浓重的一笔。

奔向沿海,"中华有为"

中美贸易战中首当其冲的华为,其最被美国所质疑的一个地方,就是任正非所服务的军队,与他所创办的华为,究竟是一种怎样的关系。

这是一个今天很多外人都津津乐道的故事:1987 年,43 岁的退役解放军团级干部任正非,与几个志同道合的中年人,以凑来的 2 万元人民币创立了华为公司。当时,除了任正非,可能谁都没有想到,这家诞生在一间破旧厂房里的小公司,即将改写中国乃至世界通信制造业的历史。

柳传志曾评论华为:"华为崇尚技术,就像一直在爬喜马拉雅山的北坡,陡峭险峻。"这一句话似乎从一开始就贯穿于创始人任正非的生命里。

如今被视为"世外高人"的任正非,有着非常独特的人生经历。他出生于贵州省安顺市镇宁县一个贫困的知识分子家庭,下有 6 个弟妹,父母重视教育,抠出钱来供他上了大学。在大学里,他自学了包括计算机学、自动控制学、数字技术在内的多项技术,这也成为他未来创办技术性公司的原点。

毕业后，任正非参了军，在部队里的 14 年间，他参与了多项军事通信系统工程的技术发明。1987 年，他从部队转业，带着从军队里学习到的一身技术本领、部队生活中磨炼出的知难而上的意志力，在深圳创了业。

20 世纪 80 年代中期，中国的电话普及率还不到 0.5%，全国对电话的需求每年翻番地涨。其中电话所需要的程控交换机是中国的技术壁垒，巨大商机引起了世界各国交换机厂商的注意。

当时中国的交换机市场完全掌握在国外公司手中，业内人士称为"七国八制"——市场上八种制式的机型分别来自七个国家：日本的 NEC 和富士通、美国的朗讯、加拿大的北电、瑞典的爱立信、德国的西门子、比利时的 BTM 和法国的阿尔卡特。中国在进口这些装置的过程中花费了巨量外汇。

任正非在其中看到了商机，心想只要突破技术瓶颈，做出交换机产品就能够打破这种"列强"入侵的局面。他带领华为员工开始了对交换机的死磕。

然而从无到有，谈何容易？任正非虽然带着从部队习得的通信技术，但对交换机的新技术掌握方面也是一筹莫展。科研投入巨大，但研发长时间并未获得实质性的进展。加上缺乏资金，刚刚诞生的技术公司，做不出产品就面临死境。

1991 年 12 月 31 日，经过一年的研发到试制的努力，华为终于自主研发出 BH03 型号自主产权的用户交换机，并获得了正式的入网许可证。这台机器将华为从破产的边缘拉了回来。就这样，华为利用这样对技术钻研持续投入的"笨方法"，攻克了一个个技术难题，更新迭代着自己的主打产品。

东西做出来，卖出去才能活下去，才能变大。任正非先是以"农村包围城市"的方法抢下了一块大公司未来得及顾及的蛋糕，又"破天荒"地，以高额回报为承诺，在各地的电信局办起了合资企业。一时间，华为成为各地电信局的"自家人"。1997 年，华为先后在四川、天津、上海、山东、浙江组建了 9 家合资公司，把华为设备卖到了这些电信公司里。这一年，华为的销售额实现 41 亿元，同比增长 60%。

虽然这样的合资模式饱受同行的攻击，但从结果来说，华为借由此方式成为全国电子企业中成长最快的黑马企业,完成了原始积累,并把这些积累中很大的一部分投入到接下来的科研攻关中。1995年投入巨资到3G技术,这份投入到了2005年底已高达50亿元。

技术积累是一个厚积薄发的过程,最初的投入几乎都像"打水漂"一样地沉没了,华为3G磨了八年的剑才在2003年推出了WCDMA与GSM的双模手机,成为全球为数不多提供3G端到端解决方案的供应商。

从2005年到2014年,华为在研发上的投入更加"疯狂",总投入超过了1900亿元人民币,在2016年的研发投入超过了苹果与思科。华为的近20万员工中,科研人员占了近50%,在研发上如此高额的投入,使得华为在通信技术上成为当之无愧的技术先驱。2015年的时候,华为的国际专利注册数量已经在全球排名第一了。

美国《商业周刊》曾这样报道:如果没有华为,西伯利亚的国民就收不到信号,乞力马扎罗火山的登山客就无法找人求救。8000米以上喜马拉雅山珠峰,零下40摄氏度的北极和南极,都见得到华为的足迹。

从启动资金只有2万元的民营企业,发展到现在产品应用于全球170多个国家和地区的全球第一大通信设备制造商,这绝不单单是军工技术在民营企业的延展,更是创始人任正非尊重市场规律,下大力量投资科研,招揽顶尖人才,所获得的杰出成就。

与华为同一时期崛起的还有三家公司,巨龙、大唐和中兴,这四家公司被称为"巨大中华"一度称雄南北,且实力不分伯仲。然而沧海桑田,在通信技术飞跃般的更新迭代中,"巨大中华"的命运不尽相同。巨龙由于管理失误,已经悄然衰败,大唐也呈现颓势,中兴在美国的巨额罚款后元气大伤。

中国通信市场在启动之初就是一个货真价实的"国际市场",各国有力竞争者都在这个水大鱼大的环境中竞争着。我们不应该忘记华为崛起的背景,只有在一个足够开放,可以让各个企业自由竞争的市场环境中,中国企业才能充分参与市场化进程,在产品技术、经营管理、企业文化、制度架构上持续改革与创新,成长为与国际巨头一决高下的大企业。

这一点无论是放在国营企业、民营企业还是外资企业身上，都是通用的。

3. 雁行之下的"中国制造"

19世纪30年代，日本学者赤松要在论文《我国羊毛工业品的贸易趋势》中，提出了一种"雁行理论"。他把该理论解释为：某一产业，在不同国家伴随着产业转移先后兴盛衰退，以及在其中一国中不同产业先后兴盛衰退的过程。

这个理论是赤松要在日本明治初年以后产业发展实证研究的基础上提炼出的，然而到了二战之后，不只日本，东亚整片区域都经历了一个经济持续高速增长的时期。从日本的飞速重建，到"亚洲四小龙"的快速崛起，再到中国成为"全球工厂"，以及如今的东南亚转移趋势。赤松要的"雁行理论"，经过后来学者的不断完善与补充，所归纳的模型与东亚区域的发展轨迹基本吻合。

的确，回顾人类社会的发展历史，区域经济体在经济模式发生巨大改变的时候都需要经历长期的结构性调整，这一点在传统经济向现代经济的转变上尤为明显——先是工业化，随后服务业化。

工业化时期，发展中国家由于经济和技术的落后，不得不把某些产品的市场向发达国家开放。等到这种产品的国内需求达到一定数量，发展中国家初步掌握了这种产品的生产技术的时候，就会利用本国地理、劳动力、市场等优势，该产品的进口也就逐步让位于本国自己生产了。

随着生产规模的扩大、规模经济的利用以及廉价劳动力的优势，本国产品的国际竞争力不断上升，最终实现这种产品的出口，达到了经济发展和产业结构升级的目的。在产业发展过程中，实际经历了进口、进口替代、出口、重新进口四个阶段。按照雁行模式理论，产业转移的路径按照技术密集与高附加值产业—资本技术密集产业—劳动密集型产业的阶梯式产业分工体系演进。

新中国成立之后，改革开放以来，中国经济保持了30多年的高速增长，创造了世界历史上的增长奇迹，成为继日本、韩国之后成功实现工业化的东亚模式的重要代表。迄今为止，中国的发展轨道同样符合雁行模式，凭借巨大的市场与丰富的廉价劳力迅速工业化。

现今中国制造发展到一个新阶段，在某些领域（家用电器、电子制造、高速铁路等）有了明显的优势，处于世界一流水平，在某些领域（芯片、光学、精密机床等）技术仍待提高，随着人力成本的不断上升，中国面临着产业链结构的进一步调整。随着"一带一路"倡议的国际深入，中国不再是被动的接受者，主动配置者的角色影响力将不断扩大。

从四小龙到中国

东亚的现代化从日本开始，在黑船事件过后，日本如同过去曾向中国学习一样，选择了向西方学习。推翻传统幕府制度，搞明治维新，全盘西化。然而在探寻现代化的路上走了岔路，错误地走上了对外侵略的军国主义之路，先后发动侵华战争与太平洋海战，最后落得被核爆战败的下场。

二战后，由于冷战风潮的影响，原本占领改造日本的美国开始对日本进行扶持。日本虽然满目疮痍，但是社会已完成工业化的洗礼，人才、技术、思维都已具备，加上美国战后的市场需求与技术援助，日本成功实施了以政府主导性、出口扩张性为主要特征的经济发展战略，国民经济在战争的废墟上得以迅速恢复和发展。

随着日本经济在战后的重振，从20世纪60年代开始，特别是七八十年代以来，作为在东亚地区唯一的经济发达国家，日本的高质量产品逐渐占领了美国与欧洲市场。日本GDP从1955年的第34位，在短短13年后就跃居至世界第二位。考虑到日本的资源禀赋与国土面积，不得不说这是一个经济发展的奇迹。

随着人工成本的逐年提高，与自身的技术升级，日本开始逐步向东亚地区进行直接投资，在东亚地区建立了以自己为核心的"东亚雁行国际分工体系"。1955年、1960年、1961年和1965年，日本分别对中国台湾、中国香港、新加坡、韩国进行投资，且投资额度不断提升。根据日本大藏省的统计，1951年至1984年，日本在"亚洲四小龙"的直接投资金额达到69亿美元。而在泡沫经济的顶峰，日本的对外投资更加疯狂，从1985年至1990年五年间，对"四小龙"的投资金额达到163亿美元。

日本产业与技术转移，被认为是"四小龙"进入经济高速发展的起点。四小龙以香港地区纺织业在60年代的发展为开端开始了非凡的快速工业化，随后是李光耀管理的新加坡的出口导向型工业化、国民党治理下台湾地区的现代化和出口扩张，以及朴正熙的韩国。从20世纪60年代初到90年代，四小龙的增长率都很高。在这一过程中，就像李光耀后来说的那样，他们在一代人的时间里"从第三世界进入到第一世界"。

亚洲四小龙的地域面积普遍不大，人口稠密，经济底子较薄弱，自然资源也不丰富，科技当时也并不发达。虽然各国地区经济政策与侧重各异，但承接"领头雁"日本的产业转移，全面参与国际分工，走发展外向型经济的道路，是它们当时经济发展的共同特征。

具体来看，"四小龙"最先崛起的是香港地区，香港地区的发展得益于其自由贸易与金融发展。1970年以来，先从玩具和成衣纺织加工贸易发家。香港地区奉行自由主义经济政策，对进出口的商品货物不设关税。对市场不加干预，对所有企业一视同仁。之后港英当局启动联系汇率制度，引发国际资本纷纷入港，成就香港地区国际金融中心的地位。香港地区高度依赖国际市场，形成了以产品出口为支柱的工贸一体化发展的外向型经济结构。

随后是新加坡，新加坡是出口导向，倚重于外国投资者带来的技术创新。新加坡在经济发展中，干预程度较高，间接性的政策、法律健全与政治廉洁被认为是政府干预成功的重要因素。外资在新加坡经济发展中也起着重要作用，新加坡在全球驻扎推销本国，7000多家跨国企业在新加坡设立了分支机构，每年为新加坡贡献四成的GDP。

而韩国则着力模仿"日本路线"，为越南战争的美国供货，扶植民族工业与企业集团,依次在重工业、信息技术产业上花大力,注重技术模仿与革新。韩国在企业集团化的战略上走的是国家资本主义的路线,为了"集中力量办大事",韩国通过财政、信贷等优惠措施不遗余力地扶持潜力企业,最终形成了一系列有力财阀。20世纪70年代韩国确立了钢铁、纤维、汽车等十大战略产业,完成了轻工业到重工业的过渡。之后韩国重押信息技术产业,形成了半导体、液晶显示器、移动手机为主力出口的经济模式。

台湾地区偏重结合外来投资与本地企业合作,利用与美日的特殊关系,取经频繁,诞生了不少技术核心人才。工业技术研究院、科技园、引进硅谷人才、风险投资及其优惠政策被称为台湾经济转型的"五驾马车"。20世纪60年代的殖民经济形态到出口导向经济,顺利过渡到80年代中后期的资本技术密集型经济。不过由于个人电脑市场的饱和与移动通信器材竞争上的失利,台湾地区在新一轮的产业革新浪潮中暂时表现欠佳。

外向经济的威力

20世纪80年代,中国改革开放后,无论是国家层面还是民众层面,对于引进外企的渴望程度持续增加。经历了劳动密集型产业发展的"四小龙",产业升级的需求也越发旺盛,急需找到土地便宜、人力成本低、资源丰富、环评标准低、市场广大的"新大陆"。至此,双方一拍即合,来自日本与"四小龙"的传统企业逐渐进驻中国沿海地区,并逐渐往内陆迁移。这时期以香港地区加工制造业北迁最为明显,一时间造就了中国南方地区经济增长的奇迹。

日本与"四小龙"投资落户的同时,也让中国内地无数的民营中小企业兴起。外来投资的工厂需要大量的配套加工服务,比如配件加工、服务外包等,一批人先富了起来。这场后来被称为"第三次产业大转移"的运动中,中国如同第一次的日本,第二次的台湾地区、香港地区、新加坡一样迅速崛起。

2001年11月11日,中国在卡塔尔首都多哈正式签署了加入世界贸易组织(WTO)的协议。一个月后,中国正式成为世贸组织成员,融入了世界多边贸易体制。非歧视、透明、自由贸易和公平竞争等世界贸易组织的基本原则贯穿于各种协议和协定之中，构成了多边贸易体制的基础。中国选择了加入，选择了以市场作为资源配置基础手段，选择融入经济全球化和接受全球多边贸易制度的框架。

现在认为中国加入 WTO 后，对刺激中国的制造业发展有很大的作用——中国入世之后的 13 年时间里，外贸总额从 2001 年的 5098 亿美元上升到了 2014 年前三季度的 31626 亿美元，抛开人民币升值因素，是入世前的五倍以上。中国制造业占 GDP 的比重是从入世前的 45% 上升到 46%，服务业也有了长足的发展。在 2001 年入世的时候，服务业占 GDP 的比重是 40%，目前已经达到了 46%，提升了 6 个百分点。

中国成为世界上第一大出口国和第二大进口国，人均 GDP 从 2001 年的 1038 美元上升到了 2013 年的 6767 美元，中国的经济规模跃居世界第二，中国成了名副其实的"世界工厂"，"中国制造"的产品行销到了世界各地。

然而中国在入世后也并非一帆风顺，如何在 WTO 框架中利用规则去解决贸易摩擦，最大限度地维护本国的利益是中国自入世之后一直面临的课题。有一个这样的例子，中国刚加入 WTO 不久，美国瞄准了中国的鸡爪子市场，向中国大量倾销在美国没人要在中国却销路很广的鸡爪子，直接损害到了中国鸡农的利益。这件事经层层上报后，中国政府向国有进口公司下达红头文件禁止进口美国鸡爪。

美国利用这个红头文件反告中国破坏世贸组织的贸易自由原则，结果中国不得不通过研究世贸组织的游戏规则来与美国打交道，他们抓住美国的鸡爪子上有很多毛这个弊端，利用相关的卫生标准来限制美国鸡爪子的进口。这就造成美国出口鸡爪的成本上升，因为它要雇人拔毛，从而限制了美国对中国鸡农利益的冲击。

入世有利有弊，但毋庸置疑的一点是，中国因为加入 WTO 尝到了自由贸易的甜头。原本是西方推崇的东西，现在也成了中国的外贸利剑。有序推进对外开放，积极参与国际产业链分工才能最有效率地提高国家产业的国际竞争力。这是入世对中国最大的启示之一。

产业链的中国新势力

随着东南亚金融危机的爆发,雁行模式引起了人们的重新审视。日本作为东亚地区最大的投资国,是东亚各国引进外资、吸引技术的主要来源国。在东亚经济起飞之时,恰是日本国内纺织业、重化工业等劳动密集型产业衰弱,而机械、电子等技术、资本密集型产业迅速发展,加快产业结构升级换代之时。而这些劳动密集型的投资依次从亚洲四小龙到中国、到东南亚不断扩张,成为这些国家和地区经济高速增长的因素之一。

但当经济泡沫破灭后,日本国内经济走入长期低迷状态,对东亚的直接投资也明显下降。在信息化工业革命中,日本也并未抢占先机,韩国与中国的迅速崛起使得原本的"承接雁行"已经慢慢不适用于今日的发展了。

接纳"雁身"是中国在经济现代化的工业化阶段快速实现赶超的重要原因。但在中国积累发展30多年后,随着在电子制造业、高端信息技术产业等领域的积累,中国赶超型工业化模式正走向终结,某些领域慢慢从"雁尾"走向"雁身"甚至"雁头"。由于人口红利的消失殆尽,资本回报率的降低,人口结构变化带来的劳工成本迅速上升,外部需求迅速恶化,能源、资源、环境负荷不堪其重,中国工业化本地生产阶段将迅速面临转型升级的压力,急需重新调整自身在全球产业链上的位置——中国企业已不再是产业链变革的被动接受者,而变成了主动配置者。

雁行模式的最大特点是产业的转移,分享新兴国家发展的红利。经济体发展到了一定阶段,要追求较高经济增长与投资回报,就必须与较低发展阶段的国家实现融合发展,构建基于国际分工的雁行模式。在21世纪"一带一路"建设的背景下,中国企业理应充分利用好这一大趋势,打造以中国为主导,其他发展中国家参与的互利共赢的新型"雁行模式"。

有些领域,中国的技术还达不到,陈旧的"雁行模式"很稳定,一时半会儿无法改变,比如半导体行业。半导体设计是产业链的"皇冠",也是美国半导体产业链的重心。核心技术造就壁垒,美国的设计企业牢牢把控全球的领先优势,几乎七成以上的设计收入来自美国,领先优势无可比拟。

而中国制造业的整机品牌崛起,带来对上游芯片的旺盛需求。无论是手机、电脑、平板还是电视,全球各类电子类产品的下游应用需求,中国是重中之重。

产业转移路径按照劳动密集型产业—资本技术密集产业—技术密集与高附加值产业的路径。此时此刻,"缺芯"中国的半导体正在经历产业转移中的第一和第二阶段。封测业和制造业在向国内转移的趋势已经确定,很难逆转。但有些领域,中国急需升级换代,已经很难赚钱的行业就得想办法进入新兴国家了。"一带一路"沿线国家基本都是急需资金和人力资本的发展中国家,在对政治风险进行有效管理的条件下,这些国家能为中国居民和企业的资金和人力资本提供重要的投资和运用机会。

中国仍未迈入发达国家行列,争做所有领域的"雁头"还为时尚早,但是在部分领域以及区域内,与新兴国家建立合作共赢的关系,取人之长补己之短,既可化解美国对中国的制约,也在全球范围内输出着"负责任大国"的持续有益影响力。

4. "大国重器"的国家使命

从2008年中国进入高铁时代到现在,十余年间,中国高铁发展迅速,在世界上已经赢得了声誉,被称为中国"新四大发明"之一。不少外国政要到访中国时,乘坐中国高铁、感受中国速度,已经成为"必备"项目。

从冰雪覆盖的高寒地带到热带海岛,中国高铁的高颜值、高速度、高技术,以及近乎完美的乘车体验成功"圈粉"海内外。目前,中国高铁已经拿下多个世界之"最"——建成和在建里程最长、运营速度最快、运载人数最多、动车组谱系最全等。实现了由"追赶者"到"引领者"的角色转换。

像高铁这样的大国重器,关乎国家命运,关系民族盛衰。国家要强大、民族要复兴,必须通过自力更生、攻坚克难,把大国重器握在自己手里。

无论是代表中国国家实力的神舟飞天、天宫探梦、嫦娥奔月、蛟龙潜海,还是捍卫国家安全的歼20、运20、航空母舰、东风导弹、北斗导航；无论是成为"国家名片"的中国高铁、特高压输变电、新一代移动通信、华龙一号，还是彰显中国力量的瓜达尔港、喀喇昆仑公路、中缅油气管线，无不彰显着中国国企"大国重器"的责任担当。

2018年6月13日，在中集来福士海洋工程有限公司调研时，习近平总书记说，国有企业特别是中央所属国有企业，一定要加强自主创新能力，研发和掌握更多的国之重器。

在新中国成立后的70年里，大型国有企业所扮演的角色不断改变。作为共和国的长子，国企为我国的经济建设做出了巨大的贡献。新中国成立之初，大型国企由苏联援建或由中国自主创建，它们为发展重工业和加快实现国家的工业化做出了不可磨灭的贡献。

改革开放后，大型国有企业经历了转型的种种痛苦，终于在市场化和国际化的过程中成为国家重大核心技术创新的主要力量，造就了一批批国之重器。

"共和国长子"，从计划到市场

中国的国有企业主体最初是通过"没收官僚资本归全民所有"建立起来的，并且在接下来的30年时间里，它成为国家财政的主要收入来源和主要支出渠道。在强有力的中央集权计划式管理之下，它基本上没有自己的利润追求，成为事实上的"国家工厂"或者说是"生产车间"。

正是这些"国家工厂"，在新中国成立初期承担了发展重工业和加快实现工业化的重担，成为共和国的长子。从中国第一辆解放牌汽车到新中国第一条铁路——成渝铁路，从中国历史上第一根无缝钢管到中国第一个现代化露天煤矿，从中国自己制造的第一架飞机"初教-5"到中国第一座跨越长江的大桥——武汉长江大桥，这些无一不是国有企业艰苦奋斗、顽强拼搏的结果。一定程度上可以说，是国有企业奠定了新中国工业的基础，没有国有企业，就没有中国现在比较完整独立的工业体系。

以汽车制造业为例,第一汽车制造厂(后来更名为中国第一汽车集团公司)就是大型国企的典型代表。

1953年,新中国成立还不到四年,那时国内的汽车还依靠着从苏联和东欧国家的进口,国内没有一个拿得出手的汽车品牌,也没有一辆真正意义上的自主汽车。

为了改变这一现状,中国决定发展自己的民族汽车工业。1953年7月15日,"一汽"在长春市破土动工,拉开了中国民族汽车工业的帷幕。仅仅三年后的1956年7月13日,第一辆自主制造的解放CA10型载货汽车下线,这辆车标志着我国民族汽车工业的完全起步。

第二年,一汽开始仿照苏联伏尔加、嘎斯等车型,仿造设计乘用车。于1957年先后成功下线CA71东风牌、CA72红旗牌轿车和高档轿车。在此后的几年时间里,我国的汽车制造厂和汽车零配件制造、维修厂不断增多,截止到1966年,民族汽车工业共投资11亿元,年生产能力近6万辆、9个车型品种。1965年底,全国民用汽车保有量近29万辆,国产汽车17万辆。

以此为基础,二汽(后来更名为东风汽车集团公司)、上汽和广汽等汽车制造集团才慢慢发展壮大。经过半个多世纪的努力,中国从一个曾经是"只有卡车没有轿车""只有计划没有市场"的汽车工业,最终形成了种类齐全、生产能力不断增长、产品水平日益提高的汽车工业体系。

但是,共和国的长子也曾遇到过烦恼。随着1994年社会主义市场经济体制改革的正式实施,市场化浪潮对国有企业经营机制形成强烈的冲击,也对国有企业的定位提出新的要求。

面对市场经济的风浪,国企的运转不灵逐渐暴露,管理人员庞杂、运行效率低下,订单渐次减少、效益逐年下滑。如此恶性循环之下,满负荷生产的状态越来越少、全额发放工资的月份越来越少,职工们从人心浮动到人心惶惶,度过了一段灰暗的时光。

应对市场化竞争的需要,中国政府对国有企业进行了一系列的改革,其中最主要的是"下岗分流,减员增效""社会保障制度的建立"和国有企业重组与上市三个方面。

大浪淘沙，度过了改革阵痛期的大型国企，最终适应了市场化和国际化的竞争环境，成为国家重大核心技术创新的主要力量。

"重度创新"，为何是国企？

在技术创新领域，国企具备无可比拟的优越性，能在较短时间内帮助中国克服"后来者劣势"，实现对发达国家的追赶乃至超越。近几年，中国的国有企业特别是一些央企逆流而上，越发展现出自身的优势，许多央企正成为不同行业的领头羊，显示出远胜于私人企业的力量。

与通过垄断资源获得高额利润的传统印象不同，央企在高端价值链领域也展现了自己的优势：宝钢集团已成为全球唯一能够同时批量生产第一代、第二代、第三代先进高强钢的钢铁企业；华润微电子拥有近千项专利，支持了国内70%设计公司的发展，同时有力推动了国内装备和材料的本土化；中国广核自主研发的第三代核能发电站"华龙一号"申请专利超过700个，软件著作权超过100项，成为成功出口多国并迈进世界第一阵营的核电企业。

这些事例说明，国有企业在特定行业，比如需要大量投资的高端制造业，以及外部性较强的通用性技术研发等领域，能展现出不输于甚至超过私人企业的优势。

国有企业的优势首先体现为战略控制。虽然私人企业也能进行创新，但仅靠私人企业就会出现创新供给不足的结果。这是因为，私企普遍对具有公共产品特征的通用性技术创新以及在价值链高端的创新缺乏兴趣和能力。通用性技术创新的外部性高，其他任何人都能以近乎零边际成本享有该知识，所以私人企业缺乏进行通用性技术创新的激励。而价值链高端的创新往往需要利用不同学科的知识，单个私人企业难以提供所需的全部知识，而私人企业间的合作又易因所有者不同而陷入不完全信息博弈，最终破裂。

相比于私人企业，国有企业的决策者更易于把资源投入到这两类创新之中，这是因为国有企业并非是单纯追求利润最大化的企业组织，这让国有企业拥有了非逐利优势。国有企业往往承担国家目标,是技术蛙跳战略的参与者。国家对诸多国有企业拥有控制权,可以利用同一所有者的身份,促成国有企业间的深度合作(包括专利分享和交叉许可等)。

更重要的是,国有企业的投资倾向和规模优势使国有企业能更多地获得来自中小企业的技术。国有企业偏爱兼并收购的投资倾向,以及与之配套的充足资金,使其能大量购买中小企业的原始技术,并继续投资加以改进,使这些幼稚技术跨过"死亡之谷"。

风险承受能力是国有企业的另一个优势。创新特别是技术创新的高风险性会让大部分私人企业望而却步,转而投资较为成熟的技术甚至直接投身金融市场,放弃追求技术创新带来的长期利益。国有企业却可以更好地应对创新风险所带来的潜在损失。因为相比于私人企业,国有企业易从国家得到从事技术创新研究所需的资金,对损失的容忍度较高,能持续地提供大量耐久性投资,便于开展长期创新活动。

由国家电网研发的特高压输电技术是国企技术创新的典型案例。这项技术本身既具有高端性,需要广泛的跨学科知识,又具有通用性,使大规模利用新能源发电成为可能。在研发该项技术时,国家电网召集了上万名各学科的科研人员集中攻关,累计投入了 400 亿元人民币。成功商业化后,国家电网并未利用其来获取高昂的垄断利润,而是利用这项技术的通用性促进了中国新能源技术和西部地区的发展。

自主创新,方才起步

具备了资源、资金等多种优势,国企在新的历史时期承担起了新的使命,那就是为中国研制一批关乎国家命脉的大国重器。

高铁是个典型的例子。从最初独立研制,到引进消化吸收国外先进技术,到最后实现完全自主的全面创新,中国高铁技术的崛起不过 20 年时间。因此,高铁也被称为中国制造"弯道超车"的典型。

1978 年,中国铁路只有 5 万公里,大部分火车还停留在蒸汽时代,电力机车全国只有 200 台，平均时速 40 公里，比现在的农用三轮车快不了多少。而根据最新版的《中长期铁路网规划》，到 2020 年，中国铁路网总规模将达到 15 万公里，其中高铁 3 万公里，覆盖 80% 以上的大城市。

"弯道超车"只是人们看到的一种结果。在"弯道超车"背后，中国的铁路技术通过新中国成立之后半个多世纪的发展，其实已经完成了引进高铁先进技术所必需的技术储备和人才积累。这才是高铁奇迹的关键。可以说，中国高铁的崛起，既体现了中国人的智慧，又体现了中国独特的"大国优势"。

在这个过程中，大型国企发挥了举足轻重的作用。作为铁路科技创新的引导者、组织者和运用方，中国铁路总公司在高铁技术的研制与应用上，投入了巨大的人力、财力。

以复兴号的研发为例，2013 年 6 月，中国铁路总公司全面启动中国标准动车组（复兴号）研发，由铁科院技术牵头，行业优势单位广泛参与。项目研发团队汇集了中国高速铁路移动装备领域各个专业的顶尖人才，参研工程技术人员达到数千人。

在高新技术研发过程中，高投入是必要的。动车组是当今世界制造业尖端技术的高度集成，涉及牵引、制动、网络控制、车体、转向架等 9 大关键技术，以及车钩、空调、风挡等 10 项重要配套技术。在研发复兴号动车组时，经过引进消化国外技术，国内各企业已形成了 4 个技术平台、17 种车型，统一标准谈何容易。

2017 年 7 月的《人民日报》海外版曾报道过中国的高铁革命。在北京交通大学教授、"十三五"先进轨道交通重点专项专家组组长贾利民看来，中国高铁成功的发展模式，很大程度上取决于中国的制度优势：集中力量办大事。

"我们集成了全国最优秀的科技和创新力量，包括 20 多家国内顶级高校、50 多家重点实验室和创新能力平台、500 多家配套企业。从基础材料到控制，从电子到化工，从机械到信息，我们在所有涉及的领域开展了高度组织化的创新。我们选择了一条面向问题、目标引领、需求导向的科技创新路径。"

贾利民回忆说，当时恰逢中国高铁的大建设、大发展时期，国家为高铁科研创新提供了宝贵的市场机遇和实验验证环境:"我们出了产品就可以做实验,每条新线路开通前都会专门安排一段时间给我们做实验。除了中国,全世界谁还有这个机会?"

目前,中国中车的高速列车装备制造能力全球第一,以中国中铁和中国铁建为代表的高速铁路建设能力也在世界首屈一指。

类似的例子还有很多。2018年4月,厚度只有0.12毫米的超薄玻璃在中国建材下线,这是目前世界上使用浮法工艺批量生产的最薄玻璃。2018年7月,由中国交建研制的新一代智能跨运车成功下地,正式进入动态路测阶段。2018年12月27日,北斗三号基本系统完成建设并开始提供全球服务。这标志着北斗系统服务范围由区域扩展到全球,北斗系统正式迈入全球时代……经历了转型期的阵痛,许多大型国企凤凰涅槃,担负起了核心技术攻坚的使命。

在2019年新年献词中,习近平总书记重点提到了我国在科技创新和重大工程方面取得的成就,并向每一位科学家、每一位工程师、每一位"大国工匠"、每一位建设者和参与者致敬。

他指出,要以坚如磐石的信心、只争朝夕的劲头、坚韧不拔的毅力,一步一个脚印把前无古人的伟大事业推向前进。这为国有企业立足新时代新方位,在自主创新的道路上持续深入挖潜、铸造国之重器等方面指明了方向。

5. 一线城市,积聚中国生产力

近年来,全球经济界流行着一种说法,即世界经济的推动力主要是两台发动机,一是美国的高科技,二是中国的城市化。当这两台发动机运转顺畅,世界经济就一片向好。当它们出现问题,世界经济便会疲弱。

近年来的世界经济实情基本上都印证了这种观点。20世纪下半叶计算机发明之后,世界上真正具有革命性意义的科技创新并未出现。尽管计算机操作系统、搜索引擎和社交网络等新的软件创新不断推出,但它们还很难堪称

"革命性"三个字。

21世纪初,互联网泡沫破裂后,美国人为了提振经济的不断降息以及对房地产泡沫的助推,最终引发了次贷危机和金融海啸。美国人目前正在力推"再工业化",但这更是一种内向型的发展模式,对全球经济的推动效应将远远小于原有的"美国消费、中国生产"模式。可以说,第一台发动机动力的长期衰减,这是一个必然趋势。

第二台发动机同样遇到了困境。统计数据显示,目前,中国大陆居住在城镇的人口已接近60%,这一数据意味着,中国近六成的人口已经进入城市生活,尽管城市化依然有潜力,但下一步的城市化将更加艰辛。

经过70年的探索与发展,中国的城市化走到了今天这个阶段,那么,未来的路在哪里?

中国城市"发展史"

谈中国城市的未来,必须回到中国历史的最深处。因为,中国城市的发展史,本质上就是一部中华民族的迁徙史。

历史上,在华夏主体民族形成之后,中国人曾经历过两个方向的大迁移。先是由西向东,再是由北向南,这种迁移也是一种经济现象。它出于人口的生存需要,比如躲避战乱,背后也有生产力和技术条件进步的推动。

松软的黄土、茂密程度适宜的森林、源于雪山的拥有稳定流量的河川,它们都非常适合原始技术条件下的农耕和渔猎,因此中华民族最初的生存地是在西北黄土地带。

然后是南迁。历史书对于中国人南迁的描述汗牛充栋,本文不再赘述。最后,经过长期的东迁和南迁,在中国人进入工业时代之前,农耕的中国在版图上形成了一条"胡焕庸线":自黑龙江瑷珲至云南腾冲画一条直线,线东南半壁36%的土地供养了全国96%的人口;而西北半壁64%的土地仅供养4%的人口。

随着中国人进入工业时代,特别是改革开放之后,中华民族进入了另一次大迁移。这一次迁移的方向，和以前两次方向相似，但目的则更加明确——面向海岸线，特别是向集聚着大工业的珠三角、长三角和环渤海等三大沿海发达地带迁徙。

人口的大迁移也形成了中国城市地位的更迭。在农耕时代，以及工业时代的计划经济时期，中国城市只能被分为两类，即首都和非首都。

首都自然不必说，它是全国资源的中心。地方治理基本上是根据中央安排"画地而治"，而地方城市的形成，也并不是生产要素自然集聚的结果，而是中央与地方、地方与地方之间的权力和利益分配过程的副产品。

在工业时代的市场经济时期，特别是改革开放以来，中国的城市形成模式开始发生本质转变，过程变得更加市场化。北上广深成为中国的"一线城市"，这里集聚着中国最高质量的生产要素，最好的企业群体，以及最具雄心的年轻人。

大城市化还将继续。横向对比来看，日本的三个大都市圈集中了将近70%的总人口，生产了全国74%的GDP。而中国，显然还没有达到这个程度。曾经有经济学家提出，按照中国的人口规模和经济模式，上海、广州这样的一线城市，未来人口达到5000万也有可能。

这种说法只是一种对大城市化的善意估计，未必成真。但中国的"大城市化"的确还有空间。从本质上讲，新一轮"大城市化"，也是中华民族从一个农耕民族迈向工业民族，从内陆时代迈向海洋时代的过程。

大城与"国家生产力"

大城市的崛起，很大程度上是国家运势的折射。世界大国的经济崛起，尤其是新的创新中心的爆发，无不与大城市化同步而行。同样，中国大城市过去几十年里的崛起，也见证着中国经济的腾飞。

2017年底，牛津经济研究院曾发布了一份全球城市GDP研究报告，这份"牛津榜单"指出，到2035年，全球城市实力排序将发生重大变化。亚洲尤其是中国城市，将成为世界经济新重心之一。

其中，上海将取代巴黎，上升 5 位成为全球第五大城市。北京紧跟其后，排行第六，而广州则将升至第八，位居全球"十大城市"之列。

在这份"牛津榜单"中，到 2035 年，全球崛起的 20 大城市中，中美两国拥有的数量分别位居前二名。其中，9 个来自美国，7 个来自中国。另外，2 个来自日本，英国、法国各 1 个。未来，中美两国大城市在全球资源的配置过程中，将扮演越发关键的角色。全球经济的"双头驱动"，也将以城市的全球性角逐为表现方式之一。

在全球城市发展历史上，大城市的崛起不外乎来自两种动力。一是母国市场的统一化进程和国内经济的崛起，如法国巴黎、二战之前的柏林。二是全球化的演进，全球化让一些城市具备了在全球范围内配置要素的能力，尽管它们并不具备巨大母国市场的支撑，但经济依然得以腾飞，以新加坡为代表。

不过，真正的超级城市则必须是以上两种动力的"合力"打造，最典型的是伦敦和纽约。百年以来，这两座城市一直都是全球超级城市的双头巨星。其他各国的任何城市，暂时还难以望其项背。

一个有意思的现象是，二战结束，美国 GDP 在峰值之时，曾一度占全球的 50% 以上。之后，随着各国经济复苏以及美国经济自身增速的下滑，这一占比逐年下降。但另一方面，纽约在全球城市中的地位非但没有下降，反倒出现了前所未有的强化。

背后原因并不复杂，一是美国经济结构发生了巨变，GDP 这一指标不再能够完全衡量这个超级强权的真实实力。二是，伴随美元作为国际货币这一地位的不断夯实，以及全球资本市场的日益平滑，金融服务业成为美国的支柱，纽约的全球性金融中心地位进而被不断强化。

因此，完全可以说唯有两种动能的集聚并形成"合力"，才能产生真正的超一流国际性大城市，缺一不可。

由于某些客观的原因，中国内地在短期之内还难以产生纽约、伦敦式"金融驱动"的超一流城市。尽管中国部分一线城市的房价已赶上了纽约和伦敦，但城市实力的真实差距,显然无法用房价来填平。

中国真正需要的是那些具备实体经济的广度和深度,并且有着跨国资源配置能力的一线枢纽城市。这样的城市为实体经济服务,它不推高资产价格,也不单纯地吸附资源,而是营造合理的营商成本,最终成为一个位于中心的枢纽,为国内、国际市场配置资源。显然,这才是大国大城的"最理想版本"。

中国城市的崛起也全部都是以实体经济的发展为前提的。在"牛津榜单"中,2035年的全球GDP前十大城市中,将有4个来自中国,分别是上海、北京、广州、天津;进入全球前20的中国城市还有深圳、重庆、苏州。

可以看出,它们无一例外都是实体经济重镇,而这种排序也有着很强的"去金融"色彩。比如,金融业相对发达的深圳排在了广州和天津之后,而重庆和苏州这样的非一线城市,也最终得以和深圳一样位于10位至20位的区间。为什么?重庆和苏州的"潜力",很大程度上在于实体产业的后劲。

大城市还是小城镇?

一直以来,中国的城市化发展路径面临两个选择,一是城市化,二是城镇化。在各种政府文件中,"城市化""城镇化"两个词语经常被混用,普通人根本不知道其中的区别。

"城市化"的外延更大,从广义上讲,可以把"城镇化"也包含在其中。不过,在目前的情况下,城市化时常被大城市化取代。不论是理论界,还是现实发展,大城市化都开始取代城市化而成为主流。

支持大城市化的理论观点主要是,大城市有利于资金、人才等要素的集聚,这种集聚是"1+1>2"。只有大城市才能孕育大企业,推动研发创新和技术进步。在一些专家看来,大城市的本质是,通过集聚建立一个完全自由化的要素市场,实现资源以市场为基础进行优化配置,这是中国所必需。

另一种观点是,中国应该走"城镇化"的道路,即发展大量的小城镇。走小城镇道路有两个原因,一是政治治理的传统,层叠的治理结构决定了不能所有的资源都从中西部和中小城镇向东部沿海和大城市的集聚。二是生产力的布局在国内应该更加均衡，随着东部制造业成本的飙升，相当多的制造环节内迁中西部的过程已经在发生。

但两种观点也有其软肋。过分大城市化引发的问题除了大城市病之外，还在于对资源和财富分配的扭曲，这和中国经济发展的初衷以及政治治理的逻辑是相违背的。

实际上，中国白领人群的工作机会主要集中于一线城市。随着近年的房价走高，在舆论场里，年轻人先是"逃离一线城市"，而后又"逃回"。因为，老家的二、三线城市就业机会很少，相对靠谱的就业机会多半与权力有关，而不像一线城市这么市场化和唯才是论。

就业机会的背后，是这样一个现实：中国的一线城市集中了中国最好的实体经济部门。但随着房价狂飙，"逃离"再次成为很多年轻人的选择。这一次"逃离"和以前不同，可能是永远"逃离"。

房价恶性上涨的因素有很多，比如央行货币超发、银行货币创造，炒房团和中介联合抬价等。但从根本上讲，房价恶性上涨的原因在于中国一线城市承担了太多的社会功能和经济功能。它们是最优公共服务的供应地、实体部门的大本营，也是金融资本的集聚地，同时，还是权力的分配地。

多重功能之下，城市的负荷太重，某种意义上讲，房价的恶性上涨只是这种超负荷的恶果之一。

大城市化的负面问题不少，小城镇化的软肋更加明显。世界所有经济体的崛起过程，都是生产要素不断集聚，最终形成大工业的过程。这种集聚效应在空间上的体现就是城市化。

相反，太为分散的小城镇并不适应工业化的需要。改革开放初期，中国的乡镇企业曾独领风骚，但最后大多销声匿迹。究其原因，在于生产和经营布局的分散，既无法形成规模化效应，也远离沿海和大城市这样的资金、信息高地和物流成本洼地。

这样的企业根本无法做大做强，既无法应对沿海大厂家的竞争，也无法抵御外资品牌的入侵。

既然过度的大城市化和中小城镇化都有缺陷,那么未来最适合中国国情的城市化道路是什么?

"城市网"的平衡之道

国务院副总理、中央财经领导小组办公室主任刘鹤几年前曾提出一个观点。他认为,现在全球开始了第三轮城市化浪潮,主要特点是通过强化大城市与中小城市的交通和网络联系,全面提高大城市的国际竞争力。这个趋势在伦敦、巴黎、柏林、法兰克福、阿姆斯特丹、东京、大阪等城市开始起步,大城市获得更加重要的地位。

在更早的论述中,刘鹤还明确提到了"城市网"的概念。他认为,"城市网"是均衡发展理念下的城市化模式,即通过现代化的交通、通信体系,把一个区域内特大城市和中小城镇整合起来,形成"城市网",通过城市间基础设施一体化实现大中小城市的"同城化"。"城市网"既可以实现大城市的规模效益,又可以避免单个城市盲目扩张带来的大城市病,既可以降低大城市生活成本,又可以避免小城镇缺乏就业机会的现象。

在这一模式下,大城市尤其是特大城市更多提供市场和就业机会,而中小城镇侧重为转移人口提供住房和教育、医疗等公共产品,这样的模式安排使市场行为主体、地方政府和中央政府都可以实现预期目标:个人收入增加、公共服务职能优化和国家发展战略顺利实施。

实际上,"城市网"在中国已然成为正在发生的现实,除了大型企业的推动之外,还必须有具有责任感也有条件的一线城市主动顺应和推动。因为任何一个"城市网"都必须要有一个枢纽型的大城市作为核心,这个核心的枢纽城市将成为有形和无形的生产要素的配置中心,不断为"城市网"中的中小城市提供发展的"营养"。资金需要在这里分发,技术提升在这里集聚和完成,人流、物流需要通过这个枢纽对接世界。同时,在这个枢纽城市的地租成本也不应该太高,能让实体经济承担得起。

从某种意义上讲,"城市网"是一条兼顾中国国情,也符合普遍工业化规律的城市化之路。

6. 伟大的特区试验

1979年7月,中国在广东省的深圳、珠海、汕头三市和福建省的厦门市试办出口特区。一年后,四个出口特区改名为经济特区。此后,加上1988年设立的海南经济特区,五个经济特区成为中国改革开放的排头兵,它们见证了中国改革开放的历史征程。

在这五个经济特区中,最引人注目的便是深圳。改革开放以来,深圳从一个默默无闻的边陲小镇到拥有2000万人的现代化国际都市,GDP猛增1.1万倍,常住人口增加近40倍。

英国《经济学人》杂志曾发文称,全世界现有大约4300个经济特区,而深圳是其中最为成功的一个。在其他很多新兴国家,多数经济特区均成绩平平。比如,印度仅一个邦几年时间里就成立60多个经济特区,但并未有任何"经济奇迹"出现。

话说回来,在20世纪80年代初期被划为经济特区的并不只深圳一家,但这些城市没有一个达到了深圳今天的"高度"。那么,深圳为什么能成功?

深圳的快速崛起,外界习惯用"创新"两个字来解释。在改革开放之初,深圳的创新是制度创新,小渔村敢为天下先,发扬"蛇口精神",展现"深圳速度"。现在,深圳更多是靠科技创新,华为、中集、比亚迪等创新型制造企业崛起,以及腾讯这一互联网巨无霸依然在扩张,加之大疆等一大批新兴企业如雨后春笋般成长。总之,这座城市被视为中国实体经济创新的样本。

"创新"是一种绝对不会错的政治正确,可是,它很容易沦为肤浅的口号,让我们失去对中国经济转型的深入思考。实际上,对深圳的崛起而言,"创新"是一种结果,而并非原因。深圳崛起的根本原因在于,这座伟大的城市其从最初设立经济特区,到之后的不断发展,都实现了对中国传统城市治理模式的突破,而这种突破奠定了现代城市发展的物质基础,即对人才、资本等生产要素的不断集聚，从而实现了一个现代产业城市的崛起。

大企业效应

2018 年，深圳的 GDP 是 2.42 万亿元，超过中西部很多省级行政区。江西和广西在 2017 年刚刚突破 2 万亿大关，进入 2018 年，江西为 2.20 万亿，广西为 2.04 万亿。甘肃、海南、宁夏、青海、西藏都还没有进入"万亿 GDP 俱乐部"。

说深圳"富可敌省"，毫无问题。而且，2018 年深圳 GDP 同比增长 7.6%，在全国一线城市中名列第一。此外，全国范围的同期增速是 6.6%。

在产业结构上，深圳也是全国首屈一指。2018 年，深圳市国家级高新技术企业预计新增 3000 家以上、总量超过 1.4 万家，战略性新兴产业增加值增长 9.1%。

小渔村的经济奇迹，外界的解释汗牛充栋，但有一条"深圳经验"却被有意无意地忽视了。这条经验必须从一个疑问引出：改革开放 40 年之后，中国的经济中心到底是哪座城市？

可能很多人回答是上海。其实，北京才是当之无愧的经济中心。

经济中心至少应该符合两个标准，一是管控，二是集聚。北京是中央部委的所在地，指令和审批都从北京发出，自然符合第一个标准。第二个标准，北京同样胜出。中国的央企群体总部绝大多数位于北京，它们集聚的资源超乎想象，非其他企业能够比拟。

那么，除了北京，国内还有什么城市能够集聚央企的资源？在北京之外的三座一线城市之中，上海和深圳基本上平分秋色——深圳和上海并列，这几乎超出所有人的想象，却是事实。

在上海，中央国资（不含金融）的知名大企业主要是两家，宝武钢铁和东方航空。但在深圳，中央国资背景的大企业远远超过两家，有中集集团、华侨城集团，还有中广核集团。

拿金融业企业来说，上海也并不比深圳领先。上海有交通银行，深圳有招商银行，还有大型金融综合巨舰平安集团。此外，在证券公司和基金公司的力量对比上，上海也不占绝对优势。在行业人士看来，深圳的金融业不但体量和纵深不输给上海，而且更富创新动力，更活。

更重要的是，在另外两个特殊群体——大型民企和房地产企业方面，深圳完胜上海。

中国房地产市场发轫之初的四大金刚"招保万金"中，除了保利地产外，招商地产、万科和金地，都崛起并发迹于深圳。

深圳的大型民企以 IT 硬件和互联网企业为代表，华为、中兴、比亚迪都是中国顶级的民企。在互联网行业，腾讯更是长期位居中国市值第一的互联网巨头。此外，全球第一制造业巨头富士康也崛起于深圳。

近年来，随着中国经济货币化程度的加速和经济规模化的加深，深圳诞生了一大批新兴的金融财团，曾经争夺万科股权的宝能集团就是代表。王文银领导的正威国际公司也在 2013 年被《财富》评为"世界 500 强"企业。此外，新兴的"世界 500 强"恒大也将总部搬到了深圳。

从某种意义上讲，外界对深圳经济核心力量的理解，长期以来都存在一种偏差。多数人会关注深圳的创业氛围，以及不断诞生的创新型中小企业，而容易忽视深圳早已存在的诸多大企业集团，以及它们所发挥的集聚效应。

可以毫不夸张地说，通过大企业集群的成长或者引入，深圳是北京和上海之后，中国内地对全国资源的集聚能力最强的城市。另外，如果排除地方行政级别差异对经济发展的影响，那么深圳的集聚能力可能并不输给上海。

2018 年，上海的 GDP 是 3.27 万亿，大约为深圳的 1.5 倍，但上海的常住人口是 2418 万，而深圳约为上海的一半。这意味着如果计算人均 GDP，深圳早已大幅超越上海。这背后，大企业功不可没。

大企业的作用是巨大的，而且未来，这种趋势会更加明显。在所有的成熟经济体，当经济增长的高速期结束，进入平稳期，企业一定会越发规模化。大企业会在国内大市场乃至全球，形成强大的虹吸效应。而且，这种效应还会不断加强。以中国的大企业为例，2018 年中国企业 500 强实现营业收入为

71.17 万亿元。

这种虹吸效应,将继续改变中国城市经济的力量对比。

人,第一"要素"

深圳特区的"特"最初的直观表现是,这个地方级竟然有个"二线关"——"二线关"相对应的是深圳与香港交界的 27.5 公里长的"一线关"。1983 年启用之后,铁丝网、武警把守着"二线关",内地居民必须凭证进入。但物理上的"隔离"并不意味着深圳与内地市场的分开,相反,这意味着深圳成为当时少数可以与内地保持生产要素自由流动的"特区"。尽管流动是单向的,即主要是内地流向深圳。

不论是马克思主义经济学还是西方经济学,都认为生产要素的配置对经济发展有着极其重要的意义。特别在研究产业和城市经济的学者看来,只有一座城市实现对生产要素的集聚,它才能够真正发展。中国的经济改革,其实本质上就是对全国生产要素的不断配置优化。

生产要素包括了土地、资本和劳动力,土地对深圳发展的意义自然不用赘述,后面两个要素则更有探讨的必要和其他城市的借鉴价值。

长期以来,深圳被认为是中国最崇尚平等的城市。有人说,这里的人来自天南地北,没有所谓的"排外情绪"。但这种平等,不能只是从文化心理或社会学的角度解读,更应该站在人才集聚乃至产业发展的角度来看。

深圳的人才集聚可以分为两波。第一波是深圳设立经济特区的最初那一批,其中那些真正走上巅峰的人,不少人都并非严格意义上的平民子弟。比如,王石、马明哲和马蔚华这一批人,他们其实都有体制内的资源。

实际上,当初南下深圳创业的,除了那些在体制内混得不如意或者有着更大野心的普通人之外,还有一大批北京的高干子弟。后者往往对国家政策和政经大势的整体走向有着比普通人更清晰的把握,在那个年代,这是从商的重要软性资源。当然,他们拥有其他资源更不言而喻。

但不可否认,这些年轻的"拓荒者"对深圳不走"回头路",必然有着非常正面的推动作用。他们是中国企业家的优秀代表，更无疑是深圳崛起的重要功臣。

深圳的第二波人才集聚始于20世纪90年代，这一波潮流显得更加平民化。在深圳IT产业崛起的过程中，中国的高等教育体系提供了极其重要的支撑。在武汉和成都的一些高校，甚至发生过半个班级都被深圳某家IT巨头招走的盛况。

和印度相比，中国除了有优秀的工程师之外，还有勤劳的工人。和班加罗尔以做软件见长相比，深圳既可以成为软件中心，也可以成为硬件中心，这种优势为南下深圳的年青一代提供了更多可能。现在，当年的年轻人可能已经成为某家IT巨头的部门负责人，也可能是某个家电企业的高管，当然也可能是某家"山寨机"厂商的老板。

除了人才的集聚之外，深圳发展的另一个动力是金融要素的集聚。金融业对于深圳的真正价值在于，它作为一种极其重要的生产要素，为深圳的崛起提供了极为关键的支撑。

早在2010年，深圳的银行网点密度就赶超了香港。深圳的同期银行贷款利率往往要比邻近大城市低0.2个至0.3个百分点。原因在于深圳的银行机构太多，竞争激烈，大家必须压低利率抢客户。

当前，抱怨银行利率太高，蚕食实体经济利润过多，要让金融业扶持实体经济已经成为中国经济领域最大的一个焦点。与此同时，银行利率的市场化也是金融改革的重要议题。但在深圳，却提前实现了区域性的"利率市场化"。显然，金融资源的集聚降低了企业融资的成本。

某种意义上可以说，在改革开放初期，深圳是中国为数不多具有对生产要素进行全国性集聚的城市。同一时期其他城市，人才都固守在政府、国企或者科研机构之中，不但城市之间无法流动，即便城市内部也没有交流。在金融资源上，资金全部流向低效的国企，最后逼得国家下决心搞银行股份制改革。但深圳的情况完全不一样，这才是这座城市提前崛起的关键。

特区的新使命

长期以来，各方热衷谈论创新对于深圳崛起的意义，在各种官方文件和媒体的报道中，创新都是深圳产业发展的首要关键词。但换个角度看，创新其实是一种结果，是人才、资本等要素在这座海滨小渔村集聚并且随后发生"聚变"的结果。这座城市崛起的根源是，它树立起了生产要素在一个地方自由集聚的标杆。

即便到了 21 世纪，深圳的这种集聚优势依旧存在。在几年前，上海的银行在招聘本科生时，多数都会要求上海生源，但他不具备这个资格，可是深圳工资更高的证券公司却没有这个要求。所以，他来到了深圳，现在已经是骨干级人物。

对生产要素的集聚一直是绝大多数中国城市的软肋，不论是过去还是现在都是如此。实际上，这和中国当前的行政区划治理结构有着很大的关系。由于长期"划省而治"或者地方保护主义的传统，中国的城市对资源的集聚效应并不好。因为，大城市除了沿海的计划单列市之外，多数都是省级城市，但这些省级城市面临的问题是地方的分割，它们对要素资源的集聚很大程度上仅仅限于省内。

在要素集聚上，看不见的壁垒太多。以人才流动为例，中国的社保统筹体系就是一个"奇葩"，有的是全省统筹，有的甚至只能统筹到地市级，这样的直接结果是增加了普通人换工作的成本，必然对人才要素的流动产生阻碍。而在商品流通上，壁垒同样严重。比如，每座城市出租车都可能主要来自当地车企。

某种程度上可以说，深圳的"优势"正是今天中国经济整体的"劣势"，地方的横向分割，部委和央企的纵向分割，这个世界上最具潜力的市场可能有点支离破碎，每座城市都可能是区域经济版图中一个孤立的点。显然，它们应该学学深圳，但这有赖于更加深层的改革。

当然，深圳并非可以高枕无忧。深圳新一轮发展的动力在哪里？前海发展、深港融合，是否会成为深圳的新动力？

一个明显的事实是，新的"特区"和政策洼地已经很难成为真正的优势了。目前，"自贸区"几乎成为地方官员眼中的时髦，所有人都希望打着这个旗号从中央获取政策红利。

即便是前海，依然不具备绝对优势。前海曾率先在全国展开了跨境人民币的贷款业务，这是中国资本项目开放的重要一环，如果在前海大力发展，将可能带来深圳跨境金融业务的一次腾飞。但随后，这项政策优势逐渐丧失，上海自贸区推行的"自贸区账户"，从长远看，其"自由度"并不比前海已有的政策要小。

前海开放固然重要，但深圳并不应该忘记自身的真正优势，产业的基础和原有的政府治理水平才是这座城市未来发展的关键。深圳要做的是，把这两个优势不断固化和强化，吸引更优秀的人才、更充裕的长期投资，真正实现某些产业的转型升级。

回顾辉煌，我们应该认识到，对深圳来说，"创新"是一种原因，但更是一种结果。深圳要做的，固然要高呼"创新"，但未来的道路并不是从中央拿政策，做一个政策洼地，而是要继续发挥过去40多年对"钱"和"人"的吸引"惯性"。不把"创新"当口号，而是从推动"创新"的原因中做文章。

7. 民企崛起的"政治经济学"

"承包"，"下海"，"股份制合作"，"互联网创业"等，都是不同时代民营经济的创业"热词"。从限制到允许，再到鼓励支持，截至2017年底，中国民营企业的数量超过2700万家，民营经济占GDP的比重超过了60%，撑起了我国经济的"半壁江山"。

顺应大国市场变迁的民营经济，改变了中国的就业格局和投资增长格局，最终让中国从经济大国迈向经济强国、科技强国。

始于产权界定的故事

中国民营经济概念最早是毛泽东提出的。在新民主主义革命时期，中国民营经济在国民经济恢复过程中一度获得良好的发展。由于国民经济恢复的需要，对工商业经济的政策是以利用为主，后来很快它就随着社会主义所有制改造运动而转变成为社会主义公有制经济组成部分。

在中国现代史上，1978年是个十分微妙的年份。这一年，中国最重大的经济事件发生在农村，有两条脉络：一条是农业，一条是工业。前者肇始于安徽凤阳小岗村的"承包到户"，后来在江苏华西村发生了另一场与小岗村不同的变革，它是乡村基层政权及其集体企业组织。而后者是带有个人创造性质的工业，以鲁冠球为代表。从"铁匠铺"起家的浙江人鲁冠球，判断中国将大力发展汽车业，决定专攻汽车零件万向节，自主创业，承包厂子。

劳动力、资本、土地是企业发展最基本的要素，乡镇企业在农村就地办厂，消化了农村的剩余劳动力和资本，尽管这种资本在发展初期非常薄弱。

事实上，乡镇企业是一个中国式的企业类型名词。世界银行对乡镇企业的定义是，被认为具有独特产权形式的企业，既不是国有制也不是私有制，而是地方政府和居民所有，其激励机制与私营企业相似。好的生产关系可以发掘出这个民族的企业家才干，使企业拥有较高的发展速度和营运效率。

1978年底，美国《时代周刊》将邓小平评为"《时代》年度人物"，其开篇之作的标题是："Visionary of a New China"（新中国的梦想家）。彼时，上山下乡的知青大军大返城，面对汹涌的就业压力，中国经济民营化的必然性在那时显露无遗。开饭馆的，卖衣服的，修自行车的等，开始出现在大街小巷。

随着改革开放的深入，城乡个体经济发展很快，其中一部分通过规模化成长为私营企业。但对于中国私营企业的产生和发展争论很多，它们属于弱势群体。马克思在《资本论》中，曾经明确地划分了"小业主"与"资本家"的界限：雇工8人以下，自己也和工人一样直接参加生产过程的，是"介于资本家和工人之间的中间人物，成了小业主"，而超过8人，则开始"占有工人的剩余价值"，是为资本家。

1987年党的十三大指出,私营经济与个体经济一样,都是社会主义公有制经济的补充。1988年《中华人民共和国宪法修正案》规定,"国家允许私营经济在法律规定的范围内存在和发展","国家保护私营经济的合法的权利和利益",这才确定了私营经济存在的合法性。同年6月,国务院颁布了《中华人民共和国私营企业暂行条例》。从此,中国的私营企业才有了合法地位。

1992年邓小平南方谈话发表后,中国民营经济发展驶入了快车道。党的十四大明确了我国经济体制改革的目标是建立社会主义市场经济体制,并提出"在所有制结构上,以公有制包括全民所有制和集体所有制经济为主体,个体经济、私营经济、外资经济为补充,多种经济成分长期共同存在和发展"。

股份制是民营经济发展的一个重要突破。这是因为股份制用资本消除了"国有"和"私有"的身份差别,将不同的性质资本有效结合起来,同时又保持了各自的归属。而乡镇企业发展初期普遍存在的产权模糊、政企不分、短期经营等瓶颈,使集体产权进行股份制改革成为必然。

进入20世纪90年代,广东迅速进行股份制改革,原有乡镇企业产权明晰,决策效率更高。得益于其区位优势,随着港台资本的制造业进入,珠三角的经济开始迎来爆发时期,劳动力大规模涌入。与此同时,"苏南模式"集资发展的路子也遇到了瓶颈,集资的方法在资金滚动过程中难免遇到市场风险,导致乡镇企业的集资难以为继。

为突破传统的"苏南模式",当时江阴一批企业家独具慧眼,果断提出了"敢闯敢干,民营经济为主、市场经济为主"的口号,致力进行企业产权改革,将集资款转变成股份。一方面,这种制度改革使得江阴企业在后来的发展中时刻保有融资意识。另一方面,这种改革方式也让江阴许多企业的发展从20世纪80年代创办起就从未中断,并在股份制以后扩大规模,加快了设备引进和工艺改造,不断进行产业升级。如今资本市场上,"江阴板块"已经成为极为耀眼的存在,被誉为"华夏A股第一县"。

给一点雨露就发芽

鲁冠球第一次带着自己的万向节产品去参加行业交易会的时候,就因为不是国营工厂而被轰了出来。但他仍然表现出了异乎寻常的活力,不断摸索,扩大自己销售的路子。在浙江、福建、广东等地,也出现了许多像鲁冠球这样的人。做塑料的、五金的、麻绳的等各种乡土工厂,在极为粗粝的生长环境中,跌跌撞撞地野蛮生长起来。

而在北京,中国最顶尖的核聚变专家、中国科学院物理所研究员陈春先大声疾呼,要把中关村建成"中国硅谷"。此前,陈春先在美国考察过程中,对美国硅谷和波士顿128公路区的新技术扩散区产生了浓厚兴趣。

"60年代初,我国第一台激光器研制成功,与美国仅相差半年,20年过去了,美国已经形成了强大的激光工业,而我们呢?科研成果还只是停留在纸上、实验室里,被禁锢在科研单位的深墙大院里,远离生产实践。一年三百六十五天,每天物理所的大门一开,国家就要投入三万元,可是却没有人计算一下,物理所每天的产出又是多少?"

回国后,他就开始向上级写报告,"美国高速度发展的原因在于技术转化为产品特别快,科学家和工程师有一种强烈的创业精神,总是急于把自己的发明、专有技术和知识变成产品,自己去借钱,合股开工厂"。

"我们在中关村工作了20多年,这里的人才密度绝不比旧金山和波士顿地区低,素质也并不差,我总觉得有很大的潜力没有挖出来。"于是陈春先想,中关村为什么不能像美国硅谷和波士顿128公路区一样,成为中国的一个高科技扩散的辐射源呢?

1980年10月23日,陈春先带着一帮同仁,来到中国科学院物理所一间十几平方米的后平房仓库,办起了国内第一个民营科技实体:北京等离子体学会先进技术发展服务部。尽管他后来的创业道路充满了坎坷,但日后,中关村成为中国最重要的高新技术产业带核心园区,陈春先无疑是先驱。

不久后,北京市和海淀区政府出台了中关村办公司的政策。1984年,四通、信通、科海、京海及后来非常著名的联想公司相继在中关村诞生。后来到 1992 年，这里的民营科技公司已达到 5180 家。

这时的深圳，已经显露出改革先行的政策和区位叠加优势，出现了青年人"孔雀东南飞"的胜景。在当了几年的公务员后，王石奔赴深圳，用倒玉米赚来的钱开办了深圳现代科教仪器展销中心，经营从日本进口的电器、仪器产品，同时还搞服装厂、手表厂等。这家企业后来更名为"万科"。赵新先则携带"三九胃泰"等科研成果和 500 万元借款南下深圳，在深圳茅草丛生的笔架山上他建成了中国第一条中药自动化生产线。

民营企业的发展直接带来了城乡经济以及人们物质生活的改善。那时中国最紧俏的商品，逐渐从自行车、缝纫机变成了洗衣机、电视机，或者是喝上一瓶可口可乐。

改革开放的最初十年，在家电行业可以说是外资品牌的技术溢出阶段。随着家电产品逐步由奢侈品转变为日用消费品，民营企业在市场机会中迎来了规模的爆发。1984 年，这一年被称为"中国现代公司的元年"，家电巨头海尔在这一年诞生，也包括曾经红极一时的科龙和新飞。

在其他领域，还有很多公司都在这一年诞生了，它们获得了一些"露水"，在各自的行业内开始萌芽、舒张、延展。尽管很多公司在这一阶段还存在产权归属的问题，比如健力宝或者科龙。但在一定程度上，它们是自由的，可以供初期的这批企业家在商业戏剧里挥洒豪情壮志。在后来的发展中，它们有些坠入了命运的陷阱，有些则成长为民营经济之光。

走出去，配置全球资源

华为已经连续三年位居中国民营企业的 500 强榜首，它是中国企业中的特殊存在，以华为为代表的中国高科技民企正在全球范围内展现中国实力。

回溯华为的发展史，它是一家纯粹的民营企业，草根出身，第一桶金是通过代理香港的 HAX 交换机得到的。当时的任正非在鱼龙混杂的交换机市场里果断选择了自主研发的道路，微薄利润都放到小型交换机的自主研发上，逐渐取得技术的领先，继而带来利润，新的利润再次投入到升级换代和其他通信技术的研发中。华为重视自主技术研发的基因便来自于此。

后来华为开始做通信设备。彼时，国内电信设备市场由于政策原因，新技术应用没有发展空间，难以大规模启动。而华为需要巨大的市场规模来降低单位产品的研发费用，降低经营风险。于是华为便把目光转向了广阔的国际市场，尤其是中东、非洲、东南亚这些进入门槛低的新兴市场。在一个开放的市场环境里，民营资本开始为融入全球展现出它最大的活力。

"走出去"后的华为直接与诸如西门子、思科这样的国外巨头短兵相接，唯有技术过硬，企业才能存活。在这种倒逼下，华为迅速成长起来，获得了规模经济性和学习效应，继而提高效率、销售收入和利润，有利于公司长期的高速发展。后来，华为的国际化业务覆盖了170多个国家，成为国内本土企业称雄国际市场的代表。

事实上，从改革开始的第一天起，利益的博弈就开始了——从国企与民企，到本土企业与跨国公司。随着经济全球化和竞争的国际化，中国企业越来越多地跨国经营，甚至跨国并购。各国贸易都深度融入全球产业链当中。"链"上利益交织同时也是相互依存的，中国企业与全球企业同处一条"链"上。

在2008年的时候，中国的民营企业数量就已经达到了800万家，经过十年发展，更多新的变革在制造业出现。在全球产业链交织形成的网络中，企业就相当于一个一个的点，它们在供求关系之中建立起自发的联系，形成层层嵌套的产业链。

按照世界银行对全球经济体GDP正常增长的预测，到2020年，亚洲新兴经济体会达到一个爆发式的增长。这个亚洲新兴经济体中，最核心的就是中国和印度。阿里巴巴、腾讯等国内的互联网公司在市值上超过美国的互联网公司是一件很自然的事情，因为它们倚靠的是中国广阔的市场。未来全世界主要的中产阶级人群主要就分布在亚洲新兴经济体当中，而北美洲和欧洲的这部分人群的增量会变得很微小。再往后发展，来自中东和非洲的机会也在逐渐增加，这些地区将成为新的消费增长点。

按照中国的经济结构和经济发展的水平，已经到了一个大量对外投资的时候了，这是中国经济发展到现在的必由之路。中国企业"走出去"步伐加快，特别是提出"一带一路"倡议后，"走出去"已经成为一种趋势。如何让对外投资保持平稳发展？最好的办法就是让企业自己做决定，企业也要为自己的决定承担责任。

中国企业坚持走"国际化"路径是为了寻求资源和能力，升级能力以更好地在国内市场竞争。那么海外收购如何更好地来拓展中国市场？要通过外力，通过国际化和海外资源来获得能力，应用发展于国内市场。企业的能力升级以后与其他本土资源，包括低劳动力成本和资金成本等相结合，再与国际市场对手竞争。

国际拓展的过程，也就是将中国优势应用于全球的过程。在中国的企业当中，唯一走完了这个循环的企业就是"联想"的个人电脑业务，它完成了IBM收购，中国市场海外市场双轮计划，最后成长为全球化的PC公司。在国际贸易博弈的背景下，大型民企也面临着挑战，面对渐缓增长的海外市场，加码科技创新和研发毋庸置疑。

回过头来看，贸易战是否会加速产业转移，并最终使得中国和全球产业链"脱钩"？事实上，我们有充分的理由相信，其他国家没有足够的技术劳动力和基础设施来取代中国，至少在短期内如此。更重要的是，价值低的商品可能会被淘汰迁出中国，而中国新一轮高速发展，离不开全球产业链。

8. 合资故事，大国的经济自信

中国引进外资与对外投资的演变过程，带动了中国企业的技术进步和公司管理的现代化，进而又推动了国际贸易的大战略以及中国进一步的对外开放。本土企业的创新发展与外商投资的中国逻辑之间，形成了一个相互促进的良性循环。

当前，中国依然是全球投资的热土。对于早期被动通过外资寻求技术支持,以及近年主动通过外资并购提升自己竞争力的企业而言,经济全球化已经逐渐走到了投资超越贸易的新阶段。

汽车,从苏联到西方

在中国工业史上,汽车工业在国民经济中具有特殊的地位,是现代工业最具代表性的产业之一。迄今为止,汽车仍然是大规模生产的民用产品之中最为复杂的。某种程度上可以说,中国汽车工业几十年来走过的路程,是中国工业发展时代特色的缩影。

新中国在成立以前,被戏称为"万国汽车的展览馆",厂牌多达130多种。因为当时,中国还不能生产属于自己的汽车,完全要依靠外国进口。1949年新中国成立之后,在百废待兴的局势下,毛主席对中国汽车工业的发展进行了特别的批示——要大力发展汽车工业。

1949年10月,中央成立重工业部,次年中苏两国签订了《中苏友好互助同盟条约》,敲定了一批苏联援助中国建设的重点项目,其中就包括中国的第一座汽车厂——长春一汽。当时,与国内其他的城市相比,长春的工业基础雄厚,紧邻京哈铁路。自此,"长春一汽"结束了中国不能制造汽车的历史,国产第一辆汽车——"解放牌"载货汽车于1956年7月13日驶下总装配生产线。

1958年以后,中国迎来了汽车工业发展史上第一次热潮。由于国家实行企业下放给地方政府,各省市纷纷利用汽车配件厂和修理厂仿制和拼装汽车,但这些地方汽车制造企业片面追求自成体系,造成整个行业严重分散和浪费,布局混乱。重复生产的畸形发展格局,为以后汽车工业发展留下了隐患。

1964年,国家确定在湖北省十堰市建设我国汽车工业第二个生产基地。与一汽不同,二汽是依靠我国自己的力量创建起来的工厂,主要生产中型载货汽车和越野汽车。从两大汽车厂的定位可以看出,中国汽车工业的产业结构从一开始就形成了"缺重少轻"的特点。

70年代,由于当时全国汽车供不应求,再加上国家再次将企业下放给地方,造成了中国汽车工业发展的第二次热潮,但每个厂的产量较低,大多数仍在低水平上重复,技术的瓶颈难以逾越。

而在 1978 年打开国门之后,中国企业首先就看到了技术和产品与跨国公司存在着的巨大差距,核心技术都在他们的手中。但许多外国汽车厂家不愿意把技术引进到中国,且认为中国轿车工业基础太差,合作困难。美国通用公司提出,中方最好用"合资经营"的方式进行合作。面对技术匮乏的困境,中央高层认可这一合作形式以后,便以"吃螃蟹的精神"开始探索起了汽车产业的中外合资之路。1983 年,中美合资的北京吉普公司成为中国第一家合资的汽车企业。

但许多跨国公司面对中国市场,仍抱有一丝犹疑。这时,法国标致决定在广州大胆一试。当时的广东经济已在国内遥遥领先,但主要依靠的是轻纺、食品、小家电等工业支撑。汽车产业主要以生产公交车、改装汽车、轻型车为主,产值仅占全省工业产值的 1.2%。对于汽车产业基础薄弱的广州而言,制造属于自己的小轿车挑战非常之大。

1985 年 3 月,法国标致公司成立了广州标致,以合资经营方式生产轻型汽车。这是中国汽车工业第三个合资项目,5 个月前,中德合资的上海大众刚刚成立。但随后标致的发展却不尽如人意,1994 年惊人的库存压力使得广州标致开始陷入亏损状态。之后,广标双方达成协议,法国标致同意以 1 法郎的价格转让自己的股权退出广州。1996 年 10 月,广标长达 12 年的合作结束。

为了重振广州的汽车工业,广州市政府汽车工业办公室和广州汽车集团有限公司开始重新招商引资。这时,本田开出了相对优惠的条件:愿意承担当时 29.6 亿元历史债务的大部分。当年,广州与标致合作的教训就是没有均衡地分享利益和共担风险,在企业管理方面也没能形成双方合力。后来,在广州本田的合作中,中日双方进行了机制创新,坚持"重大决策事项实行中外双方联签制"。

1999 年的一天,每辆售价将近 30 万元的高档汽车第六代雅阁(Accord)开始在广州批量生产。那是当时中国市场车型先进、技术卓越的中高级轿车,国内汽车媒体习惯性地称它为"本田阿科德"。从广州标致到广州本田，同一个工厂、同样的基础设施，却有着截然不同的命运。从此，国际上的投资者对中国汽车工业的认识也发生了深刻的改变。

以市场换技术

外商投资伴随着技术转移与扩散和科技人员的流动，必然绕不开"以市场换技术"战略。这个战略的主要目标就是通过开放国内市场，引导外资企业的技术转移，并通过消化吸收，最终形成中国独立自主的研发能力。

1978年，松下电器成为第一家进入中国的外资企业。时任国务院副总理的邓小平出访日本，参观了被誉为日本骄傲的三家工厂，其中就有松下电器大阪府茨木工厂。1979年6月松下幸之助访华，与中国政府签订《技术协作第一号》协议，承诺向上海灯泡厂、北京大学等单位提供黑白显像管等成套技术设备。

1987年，松下电器在北京成立合资公司，双方投资规模达到248亿日元，是当时最大的中日合资企业。那时候的中国，还并不知道如何生产洗衣机。后来，松下先进技术和标准化制造流程被引入，开始生产双桶、全自动洗衣机，为中国的洗衣机生产注入了活力。这些产品不仅改变了中国的企业，还让品质生活大变样，冰箱、洗衣机、彩色电视机很快就替代了传统的"老三大件"。

从建厂之初到整个90年代，松下电器在中国的成功让很多徘徊在外的企业看到了中国市场巨大的消费潜力。

随着我国对外开放领域的逐步扩大，外国投资者也呈现出加大并购控股力度的特征，比如松下旗下企业全面走向独资道路，西门子对中国境内多家合资企业发力增资，控股率高达90%，以此实现市场控制和技术保密等。

这样会造成部分国内企业"技术边缘化"，比如在法国业界巨头阿尔斯通并购并控制武汉锅炉后，武汉锅炉企业的创新就完全依赖外资方的技术转移，没有达到通过"市场换技术"的效果。这桩"跨国联姻"曾一度被视为地方政府引进海外资本的经典案例，随着阿尔斯通对武汉锅炉的收购，武汉锅炉可谓年年亏损，最终走向了退市的命运。

现在很多人说，中国汽车产业在"以市场换技术"的战略中是失败的，因为国内汽车市场几乎被进口车和合资品牌占据，而国产厂商的核心技术仍待突破。可以看到，外资的进入既可能通过竞争和技术溢出效应推动本地企业的技术创新，也可能通过低层次的技术转移遏制和延缓本地企业的技术创新。

以广州的汽车工业为例，回溯过去，距离本田进入广州开启中国市场，已经过去将近20个年头。汽车产业对上下游产业的带动作用是不可忽视的，最应该直接带动起来的，是零部件企业的发展，零部件产值占整车产值的50%—70%。

但是，零部件企业是分等级的，广州本土的民营零部件企业一般是四级、五级，也就是生产一些附加值很低的产品，如一些螺丝、外饰件等。而一、二级的核心零部件仅限于日系品牌内使用，甚至完全不对外部企业出售产品，如广州最大的变速箱公司加特可（广州）自动变速箱有限公司，为日本知名企业JATCO株式会社100%独资。

日系汽车生产体系封闭直接导致了日系汽车与区内本土制造业没有形成很好的产业配套和协作关系。这样一来，本土的汽车零部件企业就连要做到初级零部件深加工也极为困难，更不用提向价值链最高端爬升。

在汽车产业很多核心部件主要来自德国和日本。对企业来说，在全球化分工精细化的时代，在产业细分领域做到足够好即可。但对于一个国家而言，掌握全产业链的研发设计能力也是必需的——"可以不生产，但必须有能力生产"。不然国家会逐步失去某些产业环节的议价和掌控能力，这是在行业获得话语权的基础。

法国哲学家米歇尔·福柯曾说过："话语意味着一个社会团体依据某些成规将其意义传播于社会之中，以此确立其社会地位，并为其他团体所认识的过程。"从产业的角度来说，话语权意味着掌握了技术和资本，掌控着行业的"游戏规则"。

无论是从市场话语权角度，还是从技术的角度看，日企汽车在全球汽车中处于价值链的顶端。丰田、本田、日产、马自达等日本汽车企业具有很强的研发能力，都有"既通且专"的特点。在日本，大部分世界500强企业都来自汽车行业，国家和企业层面也极为重视全球布局。在成本动态化的全球化产业链中，日本本土在不断强化核心的研发设计能力，市场国根据需求建立各类生产工厂。

对于中国汽车产业而言，传统燃油汽车方面的技术基本被攻克，整体水平已经赶上汽车世界产业平均水平。但世界500强汽车零部件企业数量太少，具有全球影响力的核心零部件品牌几乎没有。因此，对传统燃油汽车产业而言，中国目前在全球汽车产业链的位置大致处于中游。

当然，在新能源汽车产业领域，中国还有机会。国外有很多关于燃油车全面退出的说法，但如果说要在十年内将百亿量级的产品都换成新的也很难实现。新能源汽车作为一个新兴产业，技术研发面临各种未知探索。朝新能源和智能汽车领域转型的变革，对于汽车产业过于专业化的国家而言并不是好事情，原来作为核心的燃油发动机等产业环节会随着产业转型在全球汽车产业链的地位不断下降，最终极有可能被转型期"通吃"的国家超越。

更开放的新时代

从1979年开始，我国利用十年时间颁布实施了《中外合资经营企业法》《外资企业法》《中外合作经营企业法》，这三部法律被统称为"外资三法"，初步构建了我国外商投资法律体系。

紧接着，1986年国务院颁布《关于鼓励外商投资的规定》，从政策层面明确鼓励外资进入中国市场，用一系列优惠政策解决国内技术和资金缺失的问题。在很多人的记忆里，20多年前入华的外企"风光无限"。外企享受着"超国民待遇"，包括财税、土地价格、政府审批特惠、外汇收支平衡等各方面优惠。

根据联合国贸发会议（UNCTAD）发布的《2015年世界投资报告》数据，

2014年，中国吸收外资的规模达到了1290亿美元，首次超过美国成为世界上最大的外商直接投资国。即使从2015年开始，全球外国直接投资达到峰值后连续三年下滑，中国在刚刚过去的2018年实际使用外资1383亿美元，依然稳居发展中国家首位。

有研究表明，总体上，高技术产业处于外资"适度"进入状态，属于"安全"范畴。不过高新技术产业中的计算机及办公室设备制造业，其产业安全值稍高，已呈现出外资高度进入的态势，需要警惕外资企业对该产业的侵蚀和垄断。与之相对的是，航空航天及深海制造业的产业安全稍低，表明外资进入度比较低。外资适度进入对于产业发展具有"鲇鱼效应"，而如果外资进入较低的话，则无法发挥此作用。

长期以来，中国一直是国际产业转移的接受国，对国际资本市场参与较少，尤其在2014年之前一直是大的净输入国角色。也就是说，中国对国外当地的投资市场是没有任何影响力和冲击力的，外商来中国投资成了一种单边的、单向的行为。

但同时，中国仍是一个溢出效应非常强的经济体，多年的内外资共同发展让本土企业很好地借鉴学习，创造了经济奇迹，也直接导致外企在华的境遇没有从前那么滋润了，"超国民待遇"的逐步取消也直接改变了过去厚外商、薄内商的做法。

2014年之后，中国企业井喷式发展，在政府一系列鼓励走出去的政策下，带来了一波对外投资的热潮。2016年，中国对外直接投资规模首次超过引进外资规模，形成了双向投资格局。后来标志性的事件就是，2017年1月美的集团顺利以37亿欧元的价格拿下了世界领先的工业机器人制造商库卡机器人94.55%的股份。

在整个中国经济发展的过程中，跨国公司在中国的角色也发生了根本性的变化。此前它们刚来中国时，这片未开垦的土地销售市场相对较小，因此它们将中国视为供应链中的"生产加工"环节，加工好的产品再输出到其他国家卖出。但如今，中国板块已经成为跨国公司全球业务当中最重要的一块。

外资企业之所以对中国提出了更高的要求，并不是"矫情"，而是全球产业链发生了根本变化。它们以前做来料加工只需要考虑厂房、劳工和税等问题，但是现在的市场规模和产业角色使得它们对中国自由化与便利化的需求更强劲了。原来的"外资三法"已经难以适应中国对外开放的最新需求，反映出整个中国经济的地位和经贸投资关系性质发生了根本性变化。

早在20世纪80年代，美国就开始在双边投资条约中采用列表式负面清单，21世纪以来，大多数国家在缔结双边投资协定和自由贸易协定中均已采用外资准入负面清单管理模式。中国在这个方面起步较晚，2013年，上海自贸区在浦东外高桥挂牌当日同时出台了首部外商投资准入负面清单，借鉴国际通行经贸规则，对外商实施准入前国民待遇，后来在三年试点过程中取得了丰富的经验。

在这种双向投资的背景下，中国不再只停留于向外资提供优惠措施，而是通过制定外商投资法，按照投资和贸易自由化原则优化营商环境。2019年3月15日，十三届全国人大二次会议表决通过了《中华人民共和国外商投资法》，自2020年1月1日起施行。

《外商投资法》最大的亮点之一，就是明确对外商投资实行准入前国民待遇加负面清单管理制度，在投资准入阶段给予外国投资者及其投资不低于本国投资者及其投资的待遇。负面清单以外领域按内外资一致原则管理，确保中外投资者享有同等待遇。与既有的外资管理法律相比，新法草案加大了投资保护力度，提出鼓励基于自愿原则和商业规则开展技术合作，技术合作条件由投资各方协商确定，不得利用行政手段强制转让技术。

制定《外商投资法》从大方向上来说是一件非常正面的事情，反映出整个中国经济的地位和经贸投资关系性质发生了根本性变化。中国这片全球投资热土，已经成为世界第二大经济体，同时自身也面临了新的对外开放需求。毋庸置疑的是，中国技术在崛起，中国开放的姿态也更加自信。

9. 大国市场是自主创新的凭借

新技术和新产业的发展有人口需求的规模效应是大国市场的优势所在。从新中国成立初始的一穷二白，到改革开放热潮中的自我革新，中国依靠自身市场，形成了强大的经济驱动力。

融入世界的开放道路是大国经济走向繁荣的必由之路。但在面对外部市场的不确定性时，中国依托强大的市场，使得主动权仍在自己手中。

大国意味着什么

1949年新中国成立时，中国还是一个贫穷落后的农业国，人均国民收入仅66.1元。人口众多和幅员辽阔，创新体系不健全，这时候是新中国的初始化状态。中国的国民消费需求总量大，基础设施建设的投资需求大。在这样一个经济落后的大国进行经济建设，决定了只能走自己发展的路。

因此，独立自主、自力更生贯穿于中国革命和建设的整个过程，符合大国的国情和大国经济的发展规律，这是中国道路的重要内容。在建设时期随着经济恢复，中国逐步建立起独立的和比较完备的国民经济体系。

中国的经济发展表现出明显的大国特征。美国经济学家西蒙·库兹涅茨在1971年出版的《各国的经济增长》中，揭示了大国在经济发展上的某些特征，包括大国经济发展的内部差异性、大国经济发展的内力拉动以及大国的国内市场及资源条件允许其发展专业化和规模经济的优越性。

库兹涅茨重视人口因素对经济增长的积极作用，"一个大规模的工厂含有一个稠密的人口社会的意思，也意味着劳动人口、总人口向城市转移"。因此，大国庞大的市场规模使得国内经济发展相对较少受到国外市场的影响，能够更好地消化国内的生产供给，保持经济稳定。

哈佛大学教授、著名经济学家霍利斯·钱纳里也曾专门研究了大国形式和大国模式问题，除了大平衡发展、在发展的较早期改变经济结构以及投入和储蓄水平比较高、经济增长速度比较快等方面的大国优势外，他专门指出，其劣势主要表现在比较封闭以及政治和行政管理困难等方面。

而为了降低大国"比较封闭"的劣势，大国只有自觉地融入世界经济体系，实施基于内需的全球化战略，才能形成超越国际化的小国之上的规模优势。否则，就会丧失经济全球化红利。

中国对外开放后，不少跨国品牌开始对中国庞大的市场抱有浓厚的兴趣，比如可口可乐。在今天，买一瓶可口可乐是再容易不过的事了，但在它刚进入中国的时候，其销售对象严格限制在来华工作、旅游的外国人当中，第一年只卖出了25瓶。

4毛钱一瓶可口可乐，在当时可谓非常昂贵。时任可口可乐总裁的马丁曾有过"两年内不打算赚钱"的说法，对中国市场的盈利前景没有过高要求。毕竟按照人均收入水平指标来衡量一个市场，中国还不具备条件。

但考虑中国人口规模很大，未来市场容量的潜力难以估量。后来发展也证明，可口可乐在这个大规模市场中的投资是极为成功的。1984年，《时代周刊》刊登了一期封面："China's New Face"（中国的新面貌），一个衣着普通的中国人站在万里长城的背景下笑容满面，手里拿着一瓶可口可乐。

要素集聚能力强劲的市场，是中国经济持续稳定快速发展的最大的动力之一，也是吸引外商投资的基础。发端于20世纪90年代的外向型经济，吸引了国外的各种优质资源向国内集聚，形成推动技术进步和产业升级的能力。与此同时，大国还能够成为国际市场上某些产品价格制定者而非价格接受者的国家。

大企业崛起的意义

新中国成立以后，中国国有企业及国有经济也迅速地进入了创建阶段，担当着恢复国民经济的重任。政府的投资大致分为两个部分，一部分投资于金融和贸易企业。主要用于扩大国有银行和贸易企业的自有资本，控制进出口贸易。另一部分是以工业和水利为主的基本建设，兴修水利，恢复交通运输，投资重工业。

国有企业对部分资源垄断的规模化加速了整个国家结构、产业的调整。美国经济学家保罗·萨缪尔森在他的成名作《经济学》中说"美国的事业是企业",同样,中国的事业也是企业。在这个阶段,国有企业这样的大企业承担着实现国家振兴、民族复兴的使命。

亚当·斯密在《国富论》中分析了分工产生的原因,认为分工的程度"要受市场广狭"的限制。随着规模生产的演进,会逐渐带来分工的深化,形成专业化的优势。可见,大国经济可容纳大规模的生产,促成大企业勃兴。中国企业规模的扩张正是建立在中国市场这种专业化、集中化的基础之上。

某种程度上可以说,国家和国家之间的竞争,就是大企业之间的竞争。德国西门子与美国通用电气、日本的小松机械与美国的卡特彼勒、法国施奈德与瑞士ABB、美国通用汽车与日本丰田,无一例外地体现出代表国家竞争力的大企业之角逐。

《财富》世界500强排行榜向来被称为衡量全球大型公司实力的权威榜单。在2018年榜单中,中国公司共有120家上榜,非常接近美国的126家,远超排名第三位的日本52家。在营业收入排名上,前5名中有3家为中国企业,沃尔玛连续第5年成为全球最大公司,它和国家电网、中石化和中石油继续分列榜单前4位。

这个榜单中最大的亮点就是,中国企业数量以前所未有的速度向前推进,逼近美国。在数量上,没有一个国家像中国一样迅速增长。从百废待兴到孕育出一批令人瞩目的世界级企业,中国的老牌央企逐渐雄踞《财富》榜单。可见,后发国家追赶先发国家,是建立在完善的市场、相应的基础设施和制度安排之上的。

此外,无法让人忽视的还有一批互联网、人工智能等前沿的民营企业,它们依靠大国市场环境带来的人口红利,迅速抓住了行业红利。一个国家处于人口红利期间,劳动力人口供给充分,且劳动力价格低廉,人口结构较年轻,储蓄率也较高。

阿里巴巴在创办之初就吃到了人口红利,这么大的市场增长让它拥有了令人印象深刻的规模,有6亿消费者,每天提供7000万个包裹,而上一个"双十一"销售额超过310亿美元。阿里巴巴2019财年第四季及全年业绩财报显示,77%的新增用户主要来自低线城市,社会对电商的认知仍在不断提高。这被媒体戏称为阿里巴巴有"吃不完的人口红利"。

可以看到,以华为、美的为代表的制造业企业,以及以阿里巴巴、腾讯、京东等为代表的互联网企业的不断壮大,凸显出中国新经济的活力和创新能力。

同时,中国企业产业结构调整明显面临巨大挑战。银行仍是中国最赚钱的行业,中国10家上榜银行的平均利润高达179亿美元,远远高于全部入榜的中国公司的平均利润。与国际一流企业相比,中国大企业在诸如体制机制、资源整合、创新能力、品牌影响力和核心技术等方面,还存在很大差距,大而不强,这是中国大企业面临的尴尬。

值得一提的是,优秀的全球性企业有52%的收入来自本土以外的国家。反观中国企业,即使作为吸金能力最强的工商银行,其境外收入也仅占总收入的5%左右,而不少资源性企业及垄断企业的国际化程度则更低。无论是中石化、中石油、中国工商银行,还是国家电网,并没有成为真正的世界著名品牌。全球化仍是中国大企业需要努力的方向。

以市场反哺创新

2018年12月召开的中央政治局会议提出:"促进形成强大国内市场,提升国民经济整体性水平。"2019年的《政府工作报告》中强调:"促进形成强大国内市场,持续释放内需潜力。"促进形成强大国内市场,是中央根据我国国情,为推动经济持续稳定发展和提升国民经济整体水平所做出的一项重要决策,有利于充分发挥我国的市场规模优势。

中国经济高速增长了近40年,如今进入了一个新的阶段。根据国家统计局数据,2018年最终消费对经济增长的贡献率为76.2%。2019年前三季度,这一数据达到了78%,比上年同期提高了14个百分点。从传统的"三驾马车"

来看，投资因为基建和房地产趋于饱和而日渐式微，经济增长从主要依靠投资拉动转向了投资和消费一起拉动。可以说，"强大国内市场"的基础已然形成，中国经济需要巨大的内需支撑。

随着投资驱动的模式结束，要素成本正在发生变化，企业从规模扩张逐步转向提高生产率，提升价值链，提高附加值。现在企业面临最大的一个瓶颈就是创新能力的不足，在长三角、珠三角不少制造业企业早已意识到这个问题，从过去的市场规模、生产能力扩张，转向研发、创新。最直接的表现就是企业着手进行"机器换人"，推进智能工厂建设和企业大数据应用。

与此同时，以消费互联网为代表的互联网企业竞争已经进入了下半场。即便有新的互联网公司不断诞生，大多数也都是在争夺市场存量。互联网的进一步大发展必然也不是以流量为前提。

正如工业化已经走过了它的传统时代，在过去很长一段时间里，像阿里巴巴、腾讯这样的互联网巨头布局不再仅仅是线上经济，它们把触角更多地伸向了线下实体的工业层面，并为此提出了对应的数字化产品。

值得一提的是，庞大的国内市场使得中国拥有其他国家无法比拟的产业配套能力。中国是目前世界上唯一拥有联合国产业分类中全部工业门类的国家。在世界500种主要工业产品中，中国220种工业产品产量居世界首位，且产业链条非常完备。随着下游企业步入数字化升级，传统的工业制造业模式有可能面临终结，制造业内需潜力也将不断释放。

技术创新是扩大内需的根本途径，这方面国内已经有一些创新型的先锋公司冒出来，逐渐在它们各自的领域拔得头筹。柔宇科技、大疆创新、华大基因等，都是技术领先、产品转化能力强的研发型公司，比如大疆创新，在占据外贸市场之外，向内需转型。

中国正处于新型工业化、信息化、城镇化、农业现代化同步发展阶段，中等收入群体扩大孕育着大量消费升级需求，有力地促进着市场容量的不断扩大。而在这足够大的市场中，将会涌现出越来越多的创新点。

虽说依托市场规模优势，中国依靠国内资源和国内市场就可以支撑产业成长，形成专业化优势。但大国经济也是世界经济的有机组成部分，在开放的世界里，如果大国封闭起来发展，就会丧失经济全球化红利。

事实上，中国的金融机构已经具备纵横海外的实力。但中国的金融机构海外发展的难度还是很大的，最大的难度就是中国金融机构的国内市场太大，造成金融企业去海外拓展的动力不足。很多英国、法国的金融机构向外拓展是因为国内市场很小，迫使它们必须去做跨国业务。此外，国内商业银行的业务比较单一，很多海外企业的需求它们满足不了。很多金融上的配置都需要外资银行来做，中资银行参与的不是特别的多，与监管上的限制有关，这一块儿中国发展得还比较慢。

当然，具有其他依靠外需拉动经济起飞的国家所不具备的庞大内需市场，有助于中国在面对国际经济循环中或遇到外部不确定性时掌握主动权，从而保障本国经济的持续稳定发展。

在中美贸易摩擦背景下，美国制裁华为，华为的海外业务必然会受到影响，但华为肯定不会因此而倒下。不仅因为华为的企业规模大，还因为华为已经建立起了一套非常有效的研发体系。根据欧盟委员会官网发布的"2017全球企业研发投入排行榜"，这项排行榜调查统计了2017财年全球2000多家重要企业投入的研发（R&D）费用，其中华为以104亿欧元位列全球第六。华为的研发费用占销售额的比重长期都超过了10%。这个数字，一点都不低于思科这样的美国顶尖巨头，背后是华为的研发将可能更多地朝更基础、更核心的领域深入。

而华为的成功，在于它成长的路径和中国多数同类IT企业的不同。长期以来，华为的营收都以海外市场为主。在2017年，公司的海外市场与中国市场收入五五分成，而在几年前的高峰时期，海外市场这一数字一度高达七成。海外市场为主，意味着华为没有母国市场的保护，必须要与全球的同行竞争。

但反过来说，中国的强大市场依然是一种保护。2019年，华为手机的出货量增加，海外市场在放缓，增长的一大部分来自国内市场，仍是内需。

10. 互联网，中国新动力

"Across the Great Wall we can reach every corner in the world."（越过长城，走向世界。）

这是中国 1987 年向海外发出的第一封电子邮件。尽管彼时大多数中国家庭才刚刚开始把看电视列入晚饭后的最佳消遣方式，但这封邮件就像一则预言，揭开了中国人使用互联网的序幕。它不仅是西方世界第一次通过互联网听到了来自中国的声音，也意味着工业化方兴未艾的中国，从此果敢地将自己编入了世界的网络。

伴随技术的更新，中国互联网从无到有，从 1994 年中国全功能接入互联网，到 2019 年中国网民规模超过 8 亿人，虽然相较于互联网发源地的美国落后 25 年，但在 2017 年，英国《经济学人》杂志发表文章就曾感叹并预判，在互联网和高科技领域快速奔跑的中国，让欧美的危机感越发沉重，未来欧美企业最强大的对手可能都是中国人。

今天，互联网改变了中国，中国也通过互联网改变了世界。重温中国互联网发展之路，可以看到它的飞速发展与中国改革开放以及大国红利集中爆发的历史进程高度重合。这不是巧合，而是一种必然。

激荡的互联网时代

互联网在中国发展的 30 多年，不仅推动了中国人自我觉醒、财富积累、重新定义商业和再造工业，还赋予了中国人关于思想信仰、衣食住行新的定义，其情形不容用寻常尺度衡量。如今，互联网在中国已经行至 3.0 时代。

亚洲爆发金融风暴的 1997 年，由于中国正在超速发展，大众对风险毫无预警，也没有应对之策，大部分实体企业就地倒下，著名的有秦池崩盘、巨人停摆、三株瓦解，有人甚至悲观地认为这是中国企业的"崩溃元年"。然而，在实体企业倒下的同时，以网易、四通利方（新浪前身）和搜狐三大门户网站为代表的互联网企业,嗅到了从大洋彼岸的硅谷吹来的阵阵新风,迅速自立门户。后来这一年也被称作"互联网元年"。

对当时的中国网民而言,互联网、数字化的到来就像一条全新的、四通八达的信息高速公路。在遇见与传统媒介的电视、广播、报刊完全不同的世界后,带着探索意味的网上冲浪,给中国网民带来了超乎想象的自由,这是互联网 1.0 时代。

在 1.0 时代畅游的互联网先驱们,为了获得用户以及从流量而来的广告收入,只能自己做内容,自己构建 IT 服务,自己想方设法地传播,自己寻找广告客户。腾讯原副总裁吴军后来总结,认为这群企业既是媒体企业,又是 IT 企业,既是通信企业,又是广告企业。

随着互联网在技术上的大幅提升,许多互联网弄潮儿,甚至是一名教英语的互联网门外汉,也采用这一工具成为网络英雄,这就是我们现在熟悉的马化腾、马云、王志东、张朝阳、丁磊、张树新、李彦宏。他们的崛起和成名,标志着互联网 2.0 流量时代来临。在经历了 .com 泡沫后,互联网积聚了能量,人们开始对信息获得的渠道感兴趣。

2010 年是关键的一年。这一年,谷歌退出中国市场,拱手将占有份额高达 35.6%、年广告收入 22.5 亿元的搜索市场让给了百度。马云与大股东雅虎矛盾激化,为解决阿里巴巴创立以来的最大危机,马云在第二年以 3.3 亿元的价格将支付宝所有权转移到了个人控股的一家企业。而 3Q 大战令腾讯口碑跌到谷底,次年马化腾决定开放,并以此为契机投资布局产业生态。

随后,以百度、阿里巴巴、腾讯(BAT)为代表的中国互联网巨头,围绕核心业务不断扩展其他的相关业务,构建各自的商业生态系统。比如,阿里巴巴的电商将"人"和"商品"进行了链接,百度的搜索引擎将"人"和"信息"进行了链接,腾讯的 QQ 社交软件将"人"和"人"进行了链接等,并迅速在 2.0 流量时代里成长。

尽管到了 2.0 流量时代,但是互联网的商业属性还是占了上风。跟商业结合得更紧密的 BAT 压倒了作为信息集散地的门户网站,更私人化的微信在"钱景"上胜出以公共性见长的微博。互联网不满足于传播消费文化,它通过无限提升消费行为的便利程度而将消费纳入人的日常生活,在网上,获取消费信息和消费行为本身几乎合一了,你只需要动动手指,商品随后就会来敲门。

最近两三年,人们发现互联网变得更"聪明"了。它已迈入3.0社群时代。这个时代正是拜移动互联网和大数据技术所赐,它们打破了原有秩序,建立了新的社会单元,以"产品型社群"为最鲜明的特征,人与人之间的连接呈现"再组织化"。这种组织方式被称为共享经济。比如为中国人所熟悉的拼车服务、民宿出租等都是典型的共享经济。这种模式不仅在国内广为接受,还迅速向海外拓展,比如共享单车在多个国家落地,并催生了所在国共享单车企业的诞生。

互联网时代的这个社群新形态,存在的基础通常与精神层面的东西有关:比如情怀、比如兴趣、比如某种责任感。微信就是一个非常典型的社群应用,它比QQ更具有"熟人社会"的特点。另外,还出现了一些细分的社交产品,例如,今日头条的口号是"你关心的,才是头条",新的技术可以分析和记录使用者的偏好,根据使用者的浏览历史自动向他推送他可能感兴趣的信息。这都是社群建立的技术基石,将人群的喜好转化为数据被捕捉、被重组。而重要的是,互联网3.0时代还在自我孕育,还在继续生长。

从某种意义上讲,中国的互联网正行至中场。回顾已经过去的上半场,呈现出三个特点。

其一,格局固化。阿里巴巴、腾讯和百度是市场的主要玩家,也可以说三分天下。后起的独角兽,如新美大,甚至京东,最后都会被纳入某一家的麾下。数据也佐证了这一点。并购市场资讯Mergermaket在2017年发布的《亚洲大买手档案:BAT互联网三巨头》显示,BAT过去5年在国内外完成了174项交易并购,累计投资1124亿美元(约合7418亿元人民币)。尽管阿里系、腾讯系、百度系各自阵营之间有势力交错,但山头旗号泾渭分明。

其二,线下变重。很多互联网+项目,其实都已变成线下缠斗。短期内,还看不到盈利希望。但是,巨头们需要不断占据流量入口,而风投则需要一直抢占赛道,所以资金依然在源源不断地涌入。于是,越来越多的项目呈现出"一张名片写不下"的特点。

其三,新潮暗涌。在国内要再产生堪比 BAT 同一级别的巨头,正变得越来越难。但这个判断有一个前提,即互联网技术将不会发生大的革新。显然,这不可能。以抖音为代表的字节跳动公司的崛起就能说明这一点。由于短视频所承载的信息密度大、创作难度小、传播性强等优势,视频内容正在成为互联网企业争先布局的下一个战场。而 2018 年开发出来的适应手机竖屏的短视频 APP,正在巩固其电商流量池。在这种情况下,百度的秒懂、爱芝士联盟、爱奇艺等视频内容也齐上阵,誓死争抢份额;而拥有快手、微视的腾讯,则对抖音等视频进行了朋友圈链接屏蔽。

互联网"中国黑箱"

管理学中有"黑箱理论"一说。

所谓"黑箱",指的是那些既不能打开,又不能从外部直接观察其内部状态、结构的系统。要了解这个系统,只能通过信息输入和输出来获得其内部信息。

以中医为例。中药的治病机理即类似于黑箱,因为它暂时还无法用西方医药学的原理来完全解释,只能通过输入(药方)和输出(疗效)来窥测复杂而多样的药引、药方的作用机理。

对中国互联网来说,似乎也存在着这样一个黑箱。阿里巴巴、腾讯和百度,还有京东、奇虎 360 这样的企业,它们的技术和商业模式都并不是中国人的原创,但被中国的企业家引入中国之后,却迅速赶超了西方同行。同时,就在几年前,中国政府决定推动从"中国制造"向"中国创造"跨越,塑造中国互联网产业新形象。

可以说,这个黑箱的输入是来自硅谷、西雅图的技术和商业模式,而输出则是互联网的"中国奇迹",即如日中天的中国互联网巨头和它们让人咂舌的赚钱能力。那么,这个黑箱里面究竟有着什么"秘密"?

其实，秘密谈不上，它们都是常识。风险投资家和创业者深谙此道，因此不妨称之为互联网的"中国经验"。最直接的经验是统一的大国市场，而很多人往往忽略这对互联网的意义。

中国互联网络信息中心（CNNIC）发布的第 43 次《中国互联网络发展状况统计报告》显示，截至 2018 年 12 月，中国网民规模达 8.29 亿，普及率达 59.6%；中国手机网民规模达 8.17 亿，网民通过手机接入互联网比例高达 98.6%。两者的体量都是世界第一。

欧盟人口 5.1 亿。为什么欧洲没有产生大型的互联网企业？原因很简单，欧盟是一个支离破碎的中等强国和小国的集合体。

相比而言，中国超过 8 亿的网民，意味着为新兴技术领域的不断发展和产业应用的稳步推进提供了肥沃的土壤。举个简单的例子，在中国，一个超级应用或者游戏的横空出世，瞬间就可以获得上亿用户，扩张的边际成本极低乃至趋近于零，因而巨大的市场规模可以很好地分摊研发成本，有利于创意和创新的源源推出。

但在欧盟，由于语言的不同，一款应用很难获得如此理想的市场规模。一个有意思的问题是，为何北欧国家往往是互联网强国？比如，在游戏（愤怒的小鸟，芬兰）、杀毒（F-Port 杀毒软件，冰岛）等领域，北欧年轻人总能成为黑马。重要的原因在于，北欧工程师的英文在欧洲最好，他们以英文开发，并不面向欧洲市场，而是面向全球使用英文的用户。

在全球互联网市场中，英文市场是唯一可以和中文市场相提并论的存在。美国、英国、加拿大、澳洲以及北欧、南非（硅谷"钢铁侠"马斯克即出生在南非）等其他英语人口国家和地区，特别要提到的是印度，随着这个国家网络基础设施的不断完善，印度差不多开始在提供一个和美国规模一样大的英语互联网大市场。实际上，印度的确为硅谷培养了最多的非欧裔高管和创业者。

因此，在一款应用尚未推出多语言版之前，英文世界的创业者就能获得一个和中国市场相当的英文市场。换句话说，这个世界上，只有他们才和中国的互联网创业者一样，一开始就有这么优良和巨大的"市场禀赋"。

2019年CB Insights发布了一份统计报告，各企业运营的主要市场，全球估值10亿美元以上的独角兽企业共326家。其中，美国有156家独角兽企业，占总数的48%，全球第一；份额28%的中国排名第二，共92家；而排名第三和第四位的是份额5%的英国和4%的印度，分别有17家和13家。显然，这种格局不过是互联网中文市场、英文市场两者体量势均力敌的一个折射。

在互联网寻找新动力

不过，中国互联网产业的"市场禀赋"远不止"语言统一""大国市场"这么简单。中国的某些特殊的产业环境，正好也适应互联网的野蛮生长，甚至几乎是为BAT巨头的崛起"量身定做"。相比之下，硅谷同行永远也不会享有如此优渥的"待遇"。

阿里巴巴的成功就可以归功于中国特殊的商业环境。中国零售行业最大的"痛点"是价格过高，商场的价格水平远远超过普通白领的承受能力。其中有两个原因。一是中国以间接税为主税制，对流通环节征重税，必然推高终端商品的价格。二是基于城市土地所有权制度的商场，也存在特殊的所有权模式。零售商在入场之前，往往"二房东""三房东"层层转手，推高了入场价格。同时，零售商往往是短租，"无恒产者无恒心"，这必然削弱消费者的购买体验。

零售领域的这些"超级痛点"给了阿里巴巴崛起的机会。阿里巴巴的所作所为本质上就是零售业价值链条的重新分配。即马云拿出商业地租的一部分，分给了中小商家和消费者。而"重新分配"这个价值观念，一直都是中国人最追捧的。所以，阿里巴巴的崛起不足为奇。

同样，腾讯的崛起也有着特殊的环境因素。QQ的火爆，一定程度上源于当年中国的通信费太贵。之后，腾讯又凭借QQ对用户的巨大黏性，找到最赚钱的抓手——游戏。游戏巨大的用户群体，同样根植于中国特殊的阶层构架、人口年龄结构以及人口的流动模式。它们共同孕育了大量的游戏忠实拥逗，后者或许并不富裕，但舍得花钱"买装备"。在游戏中，他们寻找心灵归属，并获得虚幻的认同感。

正是基于这各种"优势"，中国互联网最终可能超脱于"优势"，而成为真正的中国创新。在一些特定领域，比如移动支付，已经领先全球。

中国正在接近无现金社会。这个结论放在2019年，早已不是新鲜事。购买包子或坐人力三轮都可以通过扫描二维码付款，这个国度已成为世界上最大的电商市场，占到全球电商市场的约半壁江山。其中广为人知的是蚂蚁金服。它是阿里巴巴在自身体系之外，衍生出的做支付业务的关联企业。它让全球最大的资产管理公司贝莱德的联合创始人、总裁罗伯特·卡皮托（Robert Kapito）为代表的西方金融机构、全球政策制定者和监管机构都感到震惊，因此不得不重视亚洲科技巨头构成的颠覆性挑战。

放眼全球，东南亚已经开始"模仿"中国互联网经验。泰国央行借鉴中国阿里巴巴和腾讯的做法，引入了一种通用二维码，让泰国的智能手机用户通过扫码支付。印度创业市场主旋律则被称为"中国模式，印度故事"，印度的所有创业公司几乎都能找到对应的中国标杆。

另一个正在发轫的势头是人工智能。在当下如果要问什么是人工智能？通俗些说，人工智能是个筐，什么都能装。它主要分为两个层次，一是大数据，二是机器学习。举个例子，搜索引擎很容易得到用户的搜索数据，这是大数据，然后在后端的系统进行分析，再根据用户偏好进行广告推送，这就是机器学习。

当然，人工智能远比这个模式复杂，但万变不离其宗。拥有全球单一语言最大"数据库"的中国，显然在第一个层次有自己的"大国红利"。但是，第二个层次的创新则更有赖于真正的技术进步。

IT永远是日新月异的产业，它的硬件产业遵从摩尔定律，而作为软件领域的互联网同样新潮暗涌。人工智能这样的革新正在发轫，和过去的时代一样，它同样会得益于中国不可限量的"大国红利"。

人工智能，抑或其他，到底谁会启动中国互联网的下半场？或者说，上半场不过方兴未艾。时间，会很快给出答案。对中国互联网巨头们来说，过去的财富奇迹更多的是幸运，而参与未来的全球角逐，则是责任。

第五章

百年未有之大变局

1. 重回历史：理解中国"国家独特性"

一切历史都是当代史，理解当下中国必须要重回历史。无论从文明传承还是民族复兴的视角，都能从纷繁复杂的历史影像中看出中国的"国家独特性"。反过来说，也正是这种独特性，很大程度上解释了文明何以能传承，民族何以能复兴，中国何以能演绎大国崛起的故事。

为何在西方殖民主义浪潮冲击下，中国能作为一个政治实体屹立不倒？因为与同时代很多有类似历史遭遇的国家不同，无论是晚清、民国还是新中国，都在致力于现代国家的构建，而且取得了相当的成功。这是中国"国家独特性"最为显著的特征，也是理解当下中国、思考未来中国的逻辑基点。

独特的背景

"到1914年为止，欧洲国家的殖民地范围已占全世界陆地面积的84.4%以上，但直到近代，中国都一直是一个独立的国家。这个国家的发展轨迹为何与欧洲掌控的全球格局大相径庭？"[1]美国学者斯蒂芬·哈尔西在其《追寻富强：中国现代国家的建构》的开篇中提出了这样一个问题。

这个问题是如此重要，以至于忽略它就无法理解当下的中国，也难以理解中国如何与世界互动。某种程度上说，这个问题是中国"独特"之源。在这本书中，哈尔西通过分析第一次鸦片战争后直到新中国成立前的历史，把中国的现代国家建构放在世界历史语境下，解释中国作为一个政治实体为何能屹立不倒，并走上了一条独特的道路。

在学术领域，哈尔西的研究视角是比较新颖的，既不同于单纯的"革命论述"，也没有简单地套用西方的民族国家形成理论。但在探讨中国如何较为成功地构建现代国家前，有必要回答这样一个问题：在被动地卷入西方殖民主

---

[1] （美）斯蒂芬·哈尔西：《追寻富强：中国现代国家的建构》，赵莹，译，中信出版社，2018年。

义浪潮前,中国是一种什么样的状态?那时中国的状态,与后来有类似历史遭遇的国家相比有何独特之处?

从纷繁复杂的历史中总结出对历史进程具有重要影响的因素并不是一件容易的事情。我们不妨从最直观的历史事实入手,即从清朝到民国再到新中国,中国的疆域大体保持完整,中央政权从未完全失去对疆域的控制。相比来说,在领土和人口上曾一度与清朝中国接近的奥斯曼帝国,最终"萎缩"到安纳托利亚半岛(土耳其),而莫卧儿王朝的印度则彻底沦为了西方的殖民地。

用美国得克萨斯大学奥斯汀分校历史学者李怀印的话说,"在整个非西方世界,中国是少数几个在帝国主义冲击下得以幸存的国家","更令人称奇的是,晚清中国不仅幸免于列强的征服,而且开始向主权国家全面转型,且一直将自己的边疆(包括蒙古、新疆和西藏等)保存大体完好"。① 由此衍生出一个问题,在遭遇西方殖民主义浪潮冲击之前,中国的"大一统"是一种什么样的独特"存在"?

"大一统"思维在中国历史进程中的作用毋庸赘言,但在清朝可以说达到了一个新的高度。这一方面体现在清朝政府对包括西藏、新疆、蒙古在内的边疆的实际控制力,另一方面体现在就治理手段来说清朝政府已经开始带有某些"现代"特征。

相比于明朝,清朝对边疆的控制,带有更明显的事实管辖特征。比如,清朝在击败准噶尔势力后即在拉萨驻有常备军,并设立噶伦与西藏地方精英共同处理地方政务,后来又设立了常驻拉萨的驻藏大臣。在蒙古人聚居区,清朝政府派驻由不同层级军官统领的军队,"如掌握最高军事和行政权力的乌里雅苏台将军,以及其两位僚属,分别驻扎在扎科布多和乌兰巴托,以控制外蒙古,另设伊犁将军监控漠西地区"②。

从当时的历史情况来说,清朝政府对边疆的军事控制,主要考虑的无疑

---

① Huanyi Li(李怀印):*The Making of Modern Chinese State: 1600-1950*,Routledge Press,2019.
② 同上。

是稳定作为统治核心的内地。也就是说,把稳定边疆作为统治内地的外围屏障。但以现在的标准来看,"军事存在"至今仍是一国中央政府彰显事实管辖的重要手段之一。而且,清朝政府在边疆的"军事存在",与旧式的、传统的帝国以及欧洲殖民列强有着本质的不同,在政治意义上明显带有"现代"特征。

美国学者简·伯班克和弗雷德里克·库珀,在《世界帝国史:权力与差异政治》一书中,以罗马帝国、蒙古帝国、奥斯曼帝国等"旧式"帝国为例,详述了对外扩张与帝国存在之间的密切联系。① 简单地说就是,一旦这些帝国停止扩张,帝国存续危机就接踵而来。李怀印也有类似看法,"14世纪奥斯曼帝国国家形成之初,腹地过于狭小,局限于安纳托利亚西部和巴尔干半岛。其后两个世纪里,其统治者向四面八方实行了持续不断的领土扩张,直到这种远征无法带来其所期待的财富为止"②。

而清朝则完全不一样,它对边疆的控制与财富没有任何直接关系。"对于清朝来说,边陲诸部落是其战略安全或地缘政治利益之命脉所系,但对其财政收入或经济利益方面并不重要;而对于欧洲各强国而言,建立殖民地的主要目的是为了获得经济回报。"③ 从这个意义上说,欧洲殖民列强的扩张在意图上,与历史上的罗马帝国更为接近,反倒是清朝对边疆的控制与"现代民族国家"更相似。

如果这还不足以说明问题,那再比较一下"旧式"帝国与清朝政府具体的控制与治理手段上的差异。无论是罗马帝国还是奥斯曼帝国,其对外扩张都带有强烈的宗教动机。罗马帝国的十字军东征就不多说了。对于奥斯曼帝国来说,建立一个世界范围内的伊斯兰教徒的哈里发国家,使其对外扩张套上了一圈神圣的光环。④

虽然清朝政府重视宗教在稳定西藏、蒙古、新疆中的作用,但它也一直

---

① (美)简·伯班克,弗雷德里克·库珀:《世界帝国史:权力与差异政治》,柴彬,译,商务印书馆,2017年。
② Huanyi Li(李怀印):*The Making of Modern Chinese State: 1600-1950*,Routledge Press,2019.
③ 同上。
④ 同上。

在政策上防止宗教权力化,底线是不能使宗教影响转化为与朝廷分庭抗礼的力量。清朝乾隆年间在平定新疆大小和卓叛乱后,对"伯克"(地方首领)制度进行改革,废除其世袭制,并禁止阿訇介入行政性事务管理。在官僚体制上,这种做法已经在向更具现代特征的"非人格化"靠拢。

在西藏地区,清朝驻藏大臣的权力之一,就是监督达赖喇嘛和班禅额尔德尼转世灵童的宗教仪式,达赖和班禅每两年派遣特使赴京师朝觐。作为统治阶层的满族贵族,他们自己并不信奉喇嘛教,在政策上也不允许向满族人和内地人传播喇嘛教。也就是说,"宗教在清朝国家形成中所起的作用,跟它在诸穆斯林帝国崛起过程中所扮演的角色完全不同"①。

在政治原则上实行政教分离,在权力运作上推行世俗化,无论从哪个角度看,这都与罗马帝国、奥斯曼帝国不一样,更带有现代民族国家政治的特征。美国学者弗朗西斯·福山,在《政治秩序的起源:从前人类时代到法国大革命》一书中也指出了这个不同点。②在他看来,中国历史上在官僚体制的"非人格化"以及权力运作的世俗化方面,远比历史上那些欧亚帝国要成功和有效。而这些都是现代民族国家政治的显著特征。

当然,当时的清朝统治者不可能具备向现代民族国家转型的意识,形成这种局面可以说是"无意识"的。但这种主观上的"无意识",在当时清朝中国独特的内外环境因素作用下,客观上促成了其不同于"旧式"帝国的特征。

比如,从地缘政治角度来看,18世纪中期清朝政府彻底平定西藏、新疆的叛乱并将其纳入实际控制之下后,中国成为东亚唯一的主导性力量。而且,与奥斯曼帝国和莫卧儿王朝的印度相比,当时中国这个主导性力量,在地理位置上离欧洲更远。这就造成了这样一种局面,即在相当长时间内,清朝中国不面临危及存亡的外部威胁。

反观奥斯曼帝国,之所以被称为"欧洲病夫",一方面与其内部治理以及

---

① Huanyi Li(李怀印):*The Making of Modern Chinese State: 1600-1950*,Routledge Press,2019.
② (美)弗朗西斯·福山:《政治秩序的起源:从前人类时代到法国大革命》,毛俊杰,译,广西师范大学出版社,2012年。

改革成效不彰有关，但另一个重要原因是它长期面临来自欧洲（尤其是奥地利的哈布斯堡王朝）的军事威胁，而且战败是常态。频繁的军事攻击下，奥斯曼帝国的元气从未得到恢复，17 世纪晚期，其领土开始被欧洲邻国逐渐瓜分。

离欧洲稍微远一点的印度，命运却没有多大的不同。同样是在 17 世纪晚期，英国的东印度公司，已经多次在军事上羞辱莫卧儿王朝。到 18 世纪早期，莫卧儿王朝事实上已经让位于数个地方性国家，欧洲列强能在南亚次大陆的政治平衡中翻手为云覆手为雨，也就不令人奇怪了。也就是说，在 18 世纪中期第一次工业革命开始前，这些"旧式"帝国的落日余晖就盖过了涅槃重生的希望。

离"威胁"太近，是一种不幸。在欧洲列强工业革命的冲击力抵达远东之前，清朝中国事实上不面临任何实质性外部威胁，只要内部治理得当就安全无虞。而在内部治理方面，清朝政府又有某些欧亚"旧式"帝国不具备的天然优势。最突出的一点是人口规模的庞大与人口的高度同质性。这一优势无论怎么强调都不为过。

18 世纪中期，中国的人口总量已经突破 2 亿。这样的超大型人口规模，不仅在当时的世界上绝无仅有，而且与其他任何一个大国或帝国都不在一个数量级。这种状态意味着，即便清政府维持极低的税率，也能产生庞大的、足以确保国家正常运转的财政收入。换句话说，清政府不需要对社会制造压力，就能生成强大的经济抽取能力。事实上，清朝近 300 年的历史中，绝大多数时期都算得上是轻徭薄赋，土地税（晚清以前主要财政收入来源）是历代王朝中最低的。

汉族人口占绝大多数比例的现实，事实上形成了人口高度同质化的局面。这一方面为内部分歧、矛盾乃至动荡的低频率提供了可能，更重要的是有利于延续和塑造新的"认同"。从清统治阶层角度来看，他们并不否认自己的祖先是"夷"，但他们反复论证其统治中国的正当性，强调夷夏之间可以相互转化。"他们更渴望在汉人精英面前，通过宣扬王化或汉化的方式，证明其正当性。"①

这个问题的另一面是"文明"的生命力或同化力。秦汉以来形成的以中原为腹地的文明核心地带,对中国历史进程所产生的向心力已经反复被证明。某种程度上说,这种影响在清朝达到了新的高度。比如,即便在与沙俄和清朝都对峙、战争时,准噶尔依然能清晰地将两者区别开来。他曾致信康熙,"中华与我一道同轨","我并无自外于中华皇帝、达赖喇嘛礼法之意"。

"认同"曾在罗马帝国的历史上扮演过重要角色。简·伯班克和弗雷德里克·库珀就认为,罗马帝国"公民身份"所带来的荣耀,是帝国的统治和扩张的力量来源之一。不过,在近代的奥斯曼帝国和莫卧儿王朝的印度历史中,"国家认同"可以说从未真正产生过。无论是统治阶层还是地方精英,他们对"认同"的感知,从未超越对利益的盘算。而宗教又无法催生足够的凝聚力,如果不是制造更大离心力的话。

"认同"无法量化,但其影响力是不容低估的,有时在历史的关键时刻甚至是决定性的(下文会有详述)。梁启超在1912年对此有过敏锐的观察,"盖民族之建设一国家,为事本极不易……而我国乃有天幸,藉先民之灵,相洽以为一体……夫我之有此浑融统一完全具足至国民性,此即其国家所恃以与天长地久也","今之印度,尤有沟绝不通之种族三十余,言语百二十种,部落酋长亦数十。盖印度自始无统一之枢纽,自始无国民性也"。

所以,如果把19世纪中期视为中国向现代民族国家转型的起点,那么在这个转型开启之前,清朝中国带有较为明显的"二元"特征。一方面,中国的经济结构、经济运作方式以及皇权统治,毫无疑问是传统的、旧式的;但另一方面,清朝中国的治理手段和国家形态,已经具备了某些"现代"特征。比如,在稳定边疆后,不像"旧式"帝国那样无限度地对外扩张;在治理手段上实行世俗化,在权力运作上强化"非人格化"等。这些特征,在其他转型前大国或帝国中,要么昙花一现,要么从未出现。

---

① Huanyi Li(李怀印):*The Making of Modern Chinese State: 1600-1950*,Routledge Press,2019.

对于第一次鸦片战争前的清朝中国,李怀印做了这样的定义:它拥有固定的边界和稳定的版图,拥有一支形制完备的常备军,拥有一个高度集权的科层化的行政体制,这些均为中世纪欧洲大大小小的政治体所不具备,而跟早期近代欧洲的民族国家有颇多相似之处,但它不属于形成于西方的、由主权国家所构成的近代世界体系之一员。另外,它既不同于靠战争维持其生命的传统军事帝国,也不同于前近代世界历史上缺少明确疆域概念的各种形式的政治实体。[1]

这样的"中国",就历史进程来说可谓祸福相依。一方面,中国具备其他任何非西方大国或政治实体(帝国)所不具备的向现代民族国家转型的条件;但另一方面,中国独特性所赋予其作为政治实体的顽强生命力与抗压力,又预示着其在与欧洲列强所主导的国际秩序相遇、互动时,遭到的冲击会更大。这种"二元性"特征,很大程度上决定了中国的转型会走上不一样的道路,进而产生不一样的结果。

独特的路径

与广大非西方国家一样,中国向现代民族国家转型也是被动的。如果没有1840年的鸦片战争以及其后一系列危及政权存亡的内外交困,清朝政府或许还会延续旧式的统治方式,带着历史的惯性继续滑行。但历史没有朝那个方向走。中国最大的不同,就是没有一味地陷入"被动",而是在诸多不利条件下寻求"主动"。

这是哈尔西那本书中的一个核心观点。在他看来,中国现代国家的建构,虽然历经波折,但绝不能算失败。

在民族国家转型方面,学术界有一个较为主流的概念:"财政—军事国家"。这个概念首先由美国学者约翰·布鲁尔提出。他在1990年出版的重量级学术著作《大国的肌腱:战争、财富与英格兰国家,1688—1783年》中,

---

[1] Huanyi Li(李怀印):*The Making of Modern Chinese State: 1600-1950*,Routledge Press,2019.

详细论证了财政与军事在英国的民族国家形成中的逻辑关系。① 简单地说,这个逻辑就是,军事开支的攀升给国家财政造成了压力,从而倒逼财政体系的改革,进而引发整个行政体系乃至权力结构的变化,最终导向现代民族国家的形成。

这个逻辑对欧洲民族国家的形成是很有解释力的。根据相关数据,1490年欧洲独立的政治实体数量约为200个,但到1890年降为30个。这个历史时期正值欧洲战乱频仍时期,也与欧洲民族国家的形成过程基本吻合。"在近代早期欧洲弱肉强食的国际环境下,财富对于一个国家来说可谓'成也萧何,败也萧何',而英国等国家凭借从公共债务和商业税上获得新增税收得以屹立不倒。"②

有屹立不倒,就会有轰然倒塌。不仅是西方世界(比如欧洲国家数量大幅减少),非西方世界亦然,只不过更多的是以被殖民化的形式表现出来。客观地说,在西方殖民主义浪潮的冲击下,某些非西方的国家尤其是大国,不是没有进行过抗争或救亡图存式改革,而且有些也尝试过打造"财政—军事国家",但它们的共同点是,都失败了。

而且,失败的原因存在某些相似性。用哈尔西的话说,那就是"软弱无力的中央政府(国家)与千疮百孔的经济"。他在讲述奥斯曼帝国和莫卧儿王朝的印度时写道:"欧洲人遇到的不是强盛的中央集权的帝国,而是继这些帝国后出现的一系列地方性国家。"③ 也就是说,与欧洲列强遭遇之前,这些非西方大国在国家形态上的"碎片化",已经决定了较量过程中力量的极大不对称性。

从16世纪之后的200多年里,奥斯曼帝国建立的世俗化官僚体制、马穆鲁克制度(即奴隶兵团)以及包税人制度(委托中间人负责地方税收),把这

---

① John Brewer: *The Sinews of Power: War, Money and The English State, 1688-1783*;, Harvard University Press Oct .1, 1990.
② (美)斯蒂芬哈尔西:《追寻富强:中国现代国家的建构》,赵莹,译,中信出版社,2018年。
③ (美)斯蒂芬哈尔西:《追寻富强:中国现代国家的建构》,赵莹,译,中信出版社,2018年。

个帝国打造成了令人生畏的战争机器，曾一度威胁欧洲多国。但这些制度并没有内化为更具持久性的、带有现代特征的国家制度，遭遇欧洲列强冲击后主动转型的效果也乏善可陈。

17世纪晚期开始，原本只具有军事功能的马穆鲁克制度已经基本上接管了地方行政事务，而包税人制度导致了地方财政权事实上的独立。这两者的结合，结果就是"新的地方精英甚至在帝国的中心地带建立私人武装，设置独立法庭，并取得了对地方财政的控制权"。到18世纪晚期，这些地方精英的势力已经盖过中央任命的省督，甚至在正规的官僚体制中，他们也占据着重要位置。①

19世纪中晚期，奥斯曼帝国锐意改革，派出多个代表团前往日本，想师法日本的明治维新。但已无力回天。一方面，这个帝国与欧洲列强的贸易，转变成了帝国经济的瓦解，向列强举借的外债因大多无力偿还，又进一步导致经济主权的丧失。另一方面，以希腊人、犹太人为主的包税人，通过与中央政府签订征税协议，以竭泽而渔的方式掏空地方经济，没有意愿也没有义务发展地方经济。总的来说，"尽管奥斯曼帝国持续了近500年，但国家建设工程没能迅速缩小它与西方国家之间的差距，从而避免帝国土崩瓦解"②。

莫卧儿王朝的印度土崩瓦解后彻底沦为殖民地，原因与奥斯曼帝国差不多。这个王朝直到灭亡也没有建立非世俗化的官僚体制，君主任命王朝贵族或地方权贵出任地方官员，这些君主统治的"中间人"，与高种姓富商一道也扮演着包税人的角色。但这些中间人，只要环境允许，就无视中央政权的政治、法律和军事命令，在各自领地拥兵自重。③

与奥斯曼帝国的情况类似，莫卧儿王朝的印度在与西方国家的经济交流中，地方经济立刻呈现瓦解状态。但不同的是，印度的地方势力尝试过抗争，

---

① Virginia Aksan: *Ottoman Wars, 1700-1870: An Empire Besieged*, Longman Press, 2007.
② （美）斯蒂芬哈尔西：《追寻富强：中国现代国家的建构》，赵莹，译，中信出版社，2018年。
③ Muzaffar Alam: *The Crisis of Empire in Mughal North India: Awadh and the Punjab, 1708-1748*, Oxford Press, 1986.

比如印度南部的迈索尔地方政权，在18世纪采取了一系列重商主义政策，甚至效仿西欧建立了新式军队，曾一度威胁英国东印度公司的运作。

不过，印度的救亡图存，一直都是地方政权与欧洲列强较量的故事。"直到1858年，还有一位莫卧儿王朝的统治者端坐于孔雀宝座之上，但是早在150年前，这个多元帝国就已经在中亚的入侵和马拉地人等族群叛乱中毁于一旦。"①中央政权的名存实亡，不仅给欧洲列强在经济上渗透南亚创造了机遇，也给它们在政治上分化南亚次大陆提供了可能。

同样是遭遇外部冲击，中国历史的演进路径完全不一样。在某些学者看来，中国迈入现代国家门槛遵循的依然是"财政—军事国家"逻辑。但在具体实践上存在明显的不同。这个不同有两个比较维度，一个是与非西方国家（尤其是上述两个帝国），另一个是与西方国家。从这两个比较维度，能更深刻地理解中国转型路径的独特性。

经济上的土崩瓦解与政治上的分崩离析，是奥斯曼帝国和莫卧儿王朝晚期的共同特征。这两个特征，在从1840年鸦片战争到1911年清朝灭亡的历史中并不明显。先来看经济。就国家转型来说，内忧外患造成的政治危机，很大程度上是国家经济实力以及政府对经济的抽取能力不足以转化为应对安全威胁的能力。在这一点上，晚清的中国在应对方式和成效上与上述非西方国家存在明显不同。

1840年鸦片战争后，清朝的内忧外患接踵而来。尤其是持续十多年的太平天国起义（1851年至1864年），更是使大清王朝摇摇欲坠。"19世纪50至60年代，中国面临着双重危机。外国帝国主义威胁着中国主权，与此同时，人类历史上最大规模的农民起义使十几个省受到了严重影响。""这种不断恶化的安全环境改变了近代中国的税收、资源分配以及政府支出的模式，这些变化构成了'财政—军事国家'的关键因素。"②

根据斯蒂芬·哈尔西的研究，去除通胀因素，清朝政府的税收收入，从

---

① （美）斯蒂芬哈尔西：《追寻富强：中国现代国家的建构》，赵莹，译，中信出版社，2018年。
② 同上。

1842 年的白银 4200 万两,增加到 1911 年的 1.2 亿两,达到了当年的 3 倍。虽然清廷在历史趋势上行将就木,但从国家转型的角度看,危机下中国的国家建构却表现出极强的韧性。在哈尔西看来,清朝政府出于应对国内危机的考虑,启动了一系列财政体制改革,在 19 世纪 60 年代以后,外国的威胁让这些变革永久地保持了下来。①

在应对内外危机的过程中,清朝政府不是在正常的国家权力体系之外"叠加"一个包税人制度,而是依托已有的官僚体系实施财政体制改革(比如推行带有地方税特征的厘金制度),从而"内生"出新的国家制度建设。19 世纪 50 年代前,田赋在政府收入中的比例一直占七成以上,但到 19 世纪末这个比例已经下降到 30% 以下,新兴工业、国内商业、对外贸易等税收比例大幅上升到 60% 以上(晚清最后 10 年降至 20% 以下)。这样的财政收入结构,已经接近 19 世纪初的英国。

财政收入结构的变化,反映的是背后经济结构的变化。变化的主要动力来自 19 世纪 60 年代开始的洋务运动。洋务运动的初衷是强军,后来延伸到近代工业、教育乃至治理体系(比如建立警察制度)。这种政府层面的现代国家建构的成功,离不开当时中国经济和社会的"韧性",即强大的对抗外部压力的能力。

"英国的东印度公司在加尔各答建立了一个工厂,到 18 世纪中期,它的贸易已经开始改变孟加拉已有的政治经济模式。"② 换句话说,欧洲殖民帝国在印度建一个工厂,就能轻易地将其政治经济模式复制一次。这种情况在晚清的中国从未发生过。使中国沦为"有限主权"状态的租界制度,其模式从未扩散到租界之外,反而成为中国自主模仿、学习先进治理经验的对象。

19 世纪晚期,为了给师法日本明治维新募集资金,奥斯曼帝国向西方举借外债。由于财政绷不住,很快就到了无法偿本付息的地步。欧洲列强随即成立"公共债务管理局",直接在奥斯曼帝国境内征税用于还债。战争赔款一

---

① (美)斯蒂芬哈尔西:《追寻富强:中国现代国家的建构》,赵莹,译,中信出版社,2018 年。
② 同上。

直是晚清政府的承重负担，但总的来说从未导致财政彻底破产。关键原因之一在于中国"体量大"。尽管经济相对落后，但庞大的税基很大程度上抵消了这一短板。

当时的中国已是瘦骆驼，但依然比马要大，欧洲列强猛虎吞不下。在当时的历史背景下，确保不出现债务违约，直接结果就是能维持经济主权。这是洋务运动能顺利开展的一个重要原因（启动资金部分来源于新借的外债）。这里尤其值得一提的，还有相对于欧洲列强来说中国经济的"不可渗透性"。晚清政府与西方殖民帝国签订了一系列不平等条约，这些条约很多都是关于贸易的，但西方的商品并没有像洪水那样冲垮中国经济。

"一个又一个口岸反复发出这样的警示：贸易正在落入本地人之手，而外国人正在沦为纯粹的捐客。""精明的本地人越来越多地染指进口贸易，而对中国市场一无所知的外国人则很容易受到诱惑，以微利甚至亏本出售货物。"[①]这是20世纪初英国学者萨金特对当时中英贸易的评价。在他看来，这种状况是靠军队和条约应付不了的。

哈尔西在评论这种现象时也认为，外国企业很难取代中国商人的位置，其商业行为是由本地和西方因素交织混合而成的产物。"外国对中国的经济渗透反倒被本地那些充满活力、丝丝入扣而又复杂深奥的商业网络限制住了。"[②]在这一点上，起主导作用的是中国传统的以人际、商业关系为纽带的地方商会和行会。西方列强对它们"爱恨交加"，但它们的确也是在以自己的方式深度拥抱"全球化"。

经济上的韧性与政治上的韧性相辅相成。政治上的韧性，得益于清朝政府在权力的集中与下放问题上的务实（或者说被迫）调整。有学者做过统计，清朝近300年历史中，在掌握地方实权的巡抚和总督职位中，满人占比分别是57%和48.4%，但在1851年至1912年，这些比例分别下降到34.6%和22.2%。一个直观的感受是，清朝早期的权臣是多尔衮、鳌拜、索尔图、索尼

---

① A.J.Sargent: *Anglo-Chinese Commerce and Diplomacy*, Clarendon Press, 1907.
② （美）斯蒂芬·哈尔西：《追寻富强：中国现代国家的建构》，赵莹，译，中信出版社，2018年。

等，但晚清活跃在权力场的却是曾国藩、李鸿章、张之洞、左宗棠等汉官。

晚清军机大臣文庆曾在19世纪50年代的一封奏折中写道："欲办天下大事，当重用汉臣。彼皆从田间来，知民疾苦，熟谙情伪。岂吾辈未出国门一步，懵然于大计乎？"从满族统治精英的角度看，这是一个与汉人"分权"的问题。但从现代国家建构的角度看，这是一个权力体系"开放"的问题。也就是说，出于应对王朝危机的需要，晚清政府的分权客观上导致了权力体系的开放。而权力体系的开放性，是衡量现代国家建构的指标之一。

更为关键的是，这种权力结构的变化并未导致中国政治上解体。晚清汉族权臣，尤其是曾国藩和李鸿章，没有取清廷而代之，不能不说是一种"愚忠"。但也应该看到他们"国家意识"的一面。李鸿章在论及中外关系的奏章中每提及本国时，都使用"中国"二字，而不是清朝官方文献和话语中更常见的"大清""皇朝""天朝"之类用词，反映了19世纪中西冲突过程中汉人官僚意识上的微妙变化。"他们更多地站在中国的国家利益角度，而非仅从清王朝的立场，来倡办近代化事业并重新定位自己的认同。"[①]

在某些学者看来，"国家意识"的萌发和提升，是中国向现代国家转型过程中，得以维持政治上大一统和疆域上大体完整的重要原因。清帝退位后，中国陷入军阀混战的黑暗时期，各路军阀完全掌握地方的财政、行政和军事大权，但中国并没有分裂为多个独立国家。晚清权力结构的变化、地方政治精英"国家意识"的崛起以及传统的大一统思想相互交织，构成了防止中国分崩离析的强大力量。

不一样的结果

从1912年2月12日隆裕太后颁布《逊位诏书》，到1928年12月29日东北奉系军阀首领张学良"东北易帜"军阀割据状态结束，近20年里中国虽然一直存在一个"中央政府"（北洋政府、民国政府），但中国的"治权"事

---

① Huanyi Li（李怀印）:*The Making of Modern Chinese State: 1600-1950*，Routledge Press，2019.

实上掌控在各路军阀派系手中。这也是中国作为一个政治实体存亡最为危急的时期,但作为一个"国家",中国并没有解体。

在清朝轰然倒塌时,带有现代国家特征的中国已经形成,虽然孱弱但极具韧性。这种特征是当时其他非西方大国所不具备的。《逊位诏书》宣称总期"合满、汉、蒙、回、藏五族完全领土为一大中华民国"。在某些学者看来,这份诏书很大程度上赋予了"大一统中国"理念的政治合法性。"清帝逊位诏书对于中华民国合法地继承清朝的所有疆域并行使其主权,以及对前清的边疆继续留在中华民国内,均至关重要。"①

如果说源于清帝逊位诏书的政治合法性只是"表",那么当时中国政治精英和实权人物的"国家意识"可谓"里"。"表里合一"共同构成了中国作为政治实体的韧性。比如,掌握新疆军政大权近20年的杨增新,把新疆经营成了俨然独立于中央政府的政治实体,但同时他也一直捍卫中国对新疆的主权,从未有过脱离中央政府宣布独立的打算。

即便在军阀割据混战的高潮期,"独立建国"也不仅不是选项,而且是政治禁忌。李怀印认为,各路军阀在中国的政治和领土统一上的共识是真实存在的,"这一共识阻止了其中任何一方公开分裂国家,或将自己掌控的地盘出卖给外国列强,以换取后者的军事援助"。他还提到,每当某个军阀或军阀派系对其敌手发起进攻之时,事先总要发表一则通电,攻击对方破坏国家统一,声称自己出兵正是为了捍卫中国的政治统一和国家利益。②

也就是说,虽然各路军阀的权力来源于"枪杆子",但他们权力的合法性却依赖于"国家统一"。这就造成了一种奇特现象:一方面中国在政治上处于分裂状态,但现代国家建构的进程却还在继续。在某些学者看来,军阀混战有导致中国民不聊生的一面,但同时也在一定程度上引入了"竞争性政治",谁能在现代国家建构上走在前列,谁就更可能实现国家政治上的统一。

李怀印从"财政—军事国家"建构的角度分析军阀竞争中的输家与赢家,

---

① Huanyi Li(李怀印):*The Making of Modern Chinese State: 1600-1950*,Routledge Press,2019.
② 同上。

得出的结论是"哪支军阀或地方势力能在竞争中存活下来并最终占据优势,从根本上说,取决于他们怎样组织财政和军事机构,尤其是怎样创造财政收入"。根据他的研究,奉系、晋系军阀一度势力强大,与他们在地方建设和改革上的成效不无关系。而国民党能崛起于广东,与财政、经济势力壮大到足以碾轧对手密切相关。

历史发展到这个阶段,中国的现代国家建构,在路径上与当时的非西方国家已经完全不一样,主要剧情变成了关于打造"财政—军事国家"的竞争。在李怀印看来,中国的路径更像某些欧洲国家。不过他也认为,与欧洲的英国、法国等民族国家先行者不同,中国的现代国家建构不是自上而下,而是像后来者德国、意大利那样的自下而上,"即由强大的区域政权在统一国家和建立全国政府的过程中起带头作用"①。

但是,即便与德国、意大利相比,中国的路径也有着诸多不同,而且走得也艰辛得多。一方面,中国国土辽阔、人口众多、外部地缘政治环境险恶,这就决定了任何一个区域政权想在竞争中取胜要困难得多。另一方面,不像德国、意大利,在从事领土扩张和国家统一前,便已建立了一个强大的集权的地方政权,民国初期的地方政权,总体上还停留在国家建设的初级阶段。而20世纪30年代日本开始的对华入侵,很大程度上迟滞了国家建设步伐。

但日本侵华并没有完全阻断中国现代国家建构的进程。根据某些学者的研究,在抗日战争时期,中国共产党与国民党在联合抗日的同时,也在进行国家建构的竞争。"研究陕甘宁边区的学者发现,共产党成功的原因,是其在西北贫困地区所展开的大胆、灵活的社会、经济、政治变革,重点是发动群众、合作生产、自力更生和纯洁党的队伍,亦即'延安道路'。"②某种程度上说,国共两党治理模式的竞争,也是现代国家建构的竞争。

中国共产党能最终夺取全国政权原因有很多,从大历史的角度看,关键的原因之一是这支政治力量在现代国家建构上最为彻底也最为成功。当中国

---

① Huanyi Li(李怀印):*The Making of Modern Chinese State: 1600-1950*,Routledge Press,2019.

② Mark Selden: *The Yanan Way in Revolutionary China*;, Harvard University Press, 1971.

国民党力量还是偏安广东一隅的军阀派系时,宋子文启动的一系列财政改革为其挥师北上奠定了坚实的基础。但在国民党形式上统一全国后,财政改革乃至现代国家建构囿于种种原因停滞不前。这种状况后来演变成体制性腐败,很大程度上使国民党丧失了政治合法性。

根据李怀印的研究,1945年国共内战前,中国共产党在东北实施的财政、经济体制改革,已经属于完全意义上的现代国家建构。比如,共产党建立了由陈云任主席的东北财经委员会,建立预算制度、审计制度、国库制度;将中央收入与地方的收入和支出分开;规范财政管理制度;对商品和服务统一征税等。"作为经济最发达地区和最重要的解放区,东北对共产党在1940年代末打败国民党并拿下全国的重要性,可媲美广东在国民党军队于1920年后期击败军阀统一全国过程中所扮演的角色。"①

回顾1850年至1949年的中国百年历史,不难发现为何历史选择中国共产党。哈尔西写道:"相比之下,财政—军事国家在中国的发展历时百年,并且在1850年至1949年很少有巨大成功。直到中国在朝鲜半岛与超级大国美国开战,双方战成平手,1964年中国又拥有核武器之后,外国的观察家们才开始认识到这种转变有多重要。"②

回顾那段百年历史,同样可以得出中国何以"独特"的结论。清朝政府在政权危机之下的应对之策,发展成中国政治精英的救亡图存,进而演变成现代国家的建构。这个独特路径很大程度上预示了中国在国家转型上,会造就不同于当时非西方大国和帝国四分五裂或沦为西方殖民地的结果。

而在转型路径上与西方的诸多差异,又决定了中国现代国家在"形态"上有别于西方的独特性。正如李怀印所说,要理解现代中国的生命力和竞争力,必须摒除源自欧美国家历史经验的种种理论预设和概念框架,回到中国历史之中,把中国现代国家放到中国漫长的国家转型中加以理解。③

---

① Huanyi Li(李怀印):*The Making of Modern Chinese State: 1600-1950*,Routledge Press,2019.
② (美)斯蒂芬哈尔西:《追寻富强:中国现代国家的建构》,赵莹,译,中信出版社,2018年。
③ Huanyi Li(李怀印):*The Making of Modern Chinese State: 1600-1950*,Routledge Press,2019.

2. 何谓百年未有之大变局

1840年以来中国的现代国家建构，以及此后的建设和发展，乃至成为世界第二大经济体，总体上是在西方主导的国际秩序下进行的。进入21世纪之后，国际秩序深刻变化的主题，是西方主导国际秩序能力的式微，以及西方与非西方国家对此所作出的回应。世界已经回不到过去，历史必然继续向前，中国正面临百年未有之大变局。

近年来，中国国家主席习近平在多个重要场合都提到"百年未有之大变局"。2017年12月，习近平主席在接见回国参加年度驻外使节工作会议的全体使节并发表重要讲话时指出，"放眼世界，我们面对的是百年未有之大变局。新世纪以来一大批新兴市场国家和发展中国家快速发展，世界多极化加速发展，国际格局日趋均衡，国际潮流大势不可逆转"。

"百年未有之大变局"是一个比较新的概念。中国官方没有对此作出正式、明确的解释，只是从宏观角度强调当今世界正处于大转型的过渡期，而对于这个时期具体的内涵、特征及影响，并没有详细的论述。更多的解读来自于学术界。学者们的视角很多，但总体上离不开三个维度，即力量之变、时局之变以及中国的定位。

力量之变

人类社会任何一次称得上"大变局"的历史现象，几乎都发端于物资力量对比的变化。用马克思主义理论的解释即是生产力革命。某种程度上说，谁主导了世界生产力，谁就能推动力量之变。起源于英国的第一次工业革命（18世纪中期）所爆发出的强大的工业生产能力，以及这种生产能力在西方世界的扩散，使西方成为后来200多年世界生产能力的绝对主导者。毫无疑问，这两三百年，也是西方"力量中心"的世界。

根据相关数据，第一次工业革命结束的19世纪中期，西方国家与非西方国家（以中国和印度为主），工业生产品在世界的占比基本上还是各占50%。

但到20世纪90年代，西方国家工业生产品在世界的占比达到了近90%，包括中国、印度以及其他新兴经济体在内的非西方国家，占比仅为约10%。所以，冷战结束之初，也是西方"力量中心"的巅峰。

进入21世纪后，力量的平衡在西方与非西方国家之间发生了明显变化。2010年，西方与非西方国家在制造品上的占比分别是60%和40%。有学术机构预测，到2050年，这个比例很可能会颠倒过来，即西方国家占比40%，非西方国家占比60%。也就是说，从趋势上看，世界生产能力的主导权正在发生不利于西方国家的变化。从18世纪中期第一次工业革命开启到21世纪中期这300年里，世界首次面临力量中心从西方国家向非西方国家转移。

从多个比较维度都能看出这种"转移"正在发生。根据2017年金砖国家厦门峰会期间公布的数据，2017年金砖国家（巴西、俄罗斯、印度、中国、南非）经济总量占全球的比重，从2007年的12%增加到23%，几乎增长了一倍。而这些国家对世界经济增长的贡献率已经超过50%。金砖国家在经济总量世界占比上，已经逼近美国和欧盟。这些国家既是新兴经济体的典型，也是非西方国家的代表。它们经济实力相对于西方国家的变化，无疑也是世界"力量中心"变化的表现之一。

如果算上其他发展中国家，力量"转移"的特征更明显。2018年7月金砖国家约翰内斯堡峰会上发布的数据显示，按现行汇率法计算，新兴市场国家与发展中国家的经济总量在世界经济总量中的占比已经接近40%，而它们对世界经济增长的贡献率已达80%。如果这种趋势得以保持，那么10年后新兴市场国家、发展中国家与西方国家的经济总量在世界的占比就会各占50%。

经济增长的区域视角，是观察"力量之变"的另一个维度。中国国务院发展研究中心在2018年一份题为《未来国际经济格局变化和中国的战略选择》的报告中预测，到2035年世界发展中国家的经济总量将超过发达国家，在全球经济和投资中的比重将接近60%。全球经济增长的重心将从欧美转移到亚洲，并外溢到其他发展中国家和地区。

亚太尤其是东亚成为全球经济增长新的引擎，这个判断已经不再是预测，而是已经成为现实。根据2018年东亚峰会期间发布的数据，2017年东盟与中日韩的经济总量已经达到21.9万亿美元，在世界经济总量中占比27%，分别超过了美国和欧盟。这是18世纪中期第一次工业革命以来，世界经济总量与增长的重心，首次向东方"回归"。

在这轮"力量之变"中，最突出的变量是中国因素。在近300年的历史里，中国经济实力在世界占比的变化，与经济重心在西方与非西方之间转移高度吻合。原因不难理解，因为在这300年历史中，非西方世界里物资生产能力的主力军一直都是中国。所以，中国能力的起伏跌落，成了观察世界生产力主导者变迁的显性指标。

1840年第一次鸦片战争爆发时，中国的经济总量依然占世界经济总量约1/3，那时的英国经济总量世界占比约为5%。但当时中国在物资生产能力上的优势，掩盖了其在经济增长潜力上的劣势。根据相关数据，1800年清朝政府的税收总额中，工业和贸易占比仅为30%，而同时期的英国已经超过80%。财政收入结构反映的是经济结构，当时中国以田赋为主要税基的经济结构，已经被工业革命抛在了时代的后面。

此后，是中国的"屈辱百年"。从19世纪中期到20世纪末，西方国家是世界生产力的绝对主导者。1980年，中国的经济总量世界占比不到2%。那时，包括中国在内的整个发展中国家，工业生产品世界占比不到10%。2018年，中国经济总量世界占比为16%（仅次于美国的24%），包括中国在内的非西方国家工业制造品世界占比增加到40%。不难看出，中国的变化曲线，也是生产力重心在西方与非西方国家之间变化的曲线。

在农业文明时代，经济增长的外溢性不强。那个时代，中国这个非西方"力量中心"，历史上大多是一枝独秀。全球化时代，与中国崛起同时发生的，是非西方国家尤其是新兴市场国家的群体性崛起。中国经济增长的外溢性有多强，从近几十年来东亚经济的整体表现可见一斑。随着"一带一路"倡议的走深走实，中国经济增长的外溢性在广度和深度上都将更上一层楼。

越是从大历史的角度看待"力量之变"，就越能感受到这个趋势的不可逆转。这个转变不仅仅是一个经济话题。进入工业时代以来，科技在经济发展中扮演着越来越突出的角色。人类历史上已经发生的三次工业革命，引领者都是西方国家。在这些国家中，经济实力的领先者，往往也是科技实力的执牛耳者。最典型的就是美国。

如今人类社会正在经历第四次工业革命，以人工智能、基因工程、生物制药、物联网、新材料、新能源等为代表的新科技，正在影响和重塑经济、社会、文化乃至政治模式。第四次工业革命对人类社会的意义，将远远超过以往三次工业革命。而从目前的情况来看，西方不会再是这次工业革命的绝对主导者。

某种程度上说，世界科技格局正在经历"南北大变迁"，即从西方发达国家向非西方国家的转移。根据相关数据，1990 年，西方发达国家的专利申请数量，在世界专利申请总数中占比 97.1%。2015 年，中国成为世界最大的专利申请国，在世界占比高达 46.8%。如果算上其他非西方国家，西方国家占比已经降至 50% 以下。

虽然专利申请数量只是比较的维度之一，但其背后所反映的科技实力"东升西降"的趋势是显而易见的。特朗普政府以国家力量打压中国的高科技企业，凸显的正是对美国科技霸权旁落的焦虑。美国的焦虑也反映出，在第四次工业革命时代，科技实力在国家综合实力衡量指标中将上升到前所未有的高度，同时也会是大国战略竞争的一个主战场。

与美国企图继续独享科技霸权不同，中国是从"人类命运共同体"的角度看待这个问题的。2018 年 7 月金砖国家约翰内斯堡峰会期间，中国国家主席习近平在发表重要讲话时指出，"18 世纪以来的三次工业革命颠覆性的科技革新，带来社会生产力的大解放和生活水平的大跃升，从根本上改变了人类历史的发展轨迹。如今，我们正在经历一场大范围、更深层次的科技革命和产业变革"。由此他提出建议，"坚持创新引领，通过建设金砖国家新工业革命伙伴关系，加强宏观经济政策协调，实现发展战略深度对接，提升金砖国家及广大新兴市场国家和发展中国家竞争力"。

不过，在21世纪第二个10年即将结束时，无论是经济实力还是科技实力，东西方的力量天平并没有完全改变，充其量只能说在逼近力量均衡的临界点。世界多极化的趋势没有改变，但美国作为唯一超级大国的地位在可预见的未来仍将得以维持。有学者把目前的国际力量格局总结为"一超六强"：第一层级仍是美国，第二层级包括中国、欧盟、俄罗斯，第三层级是脱欧后的英国、日本、印度等。

时局之变

数百年前，"力量之变"促成了"西方中心"世界的形成。中国学者赵可金写道："自近代以来，整个世界一直是由欧美发达国家所主导，无论是欧洲人主导的殖民扩张时代，还是美苏主导的霸权对抗时代，一直到冷战后美国的单极霸权时代，有一个共同点，那就是整个世界的权力集中在西方发达国家手中，世界秩序主要由欧美列强掌控，非西方国家没有发言权。"

这个"西方中心"世界的源头，可以追溯到1648年欧洲的威斯特伐利亚体系。此后国际格局的演变，都是基于这个源于西方的体系。历史地看，这个体系演化的高潮，是二战结束后在美国主导下建立的包括联合国在内的一系列国际组织和机构，以及诸多协议框架、议事规则等制度性安排。客观地说，这个西方主导的世界秩序，在很大程度上维持了战后世界的和平与发展。

值得注意的是，这段历史时期世界总体上的和平与发展，与西方国家内部的稳定与繁荣呈正相关性，同时也与西方（主要是美国）主导世界秩序的现实有着高度的关联性。某种程度上说，这个"西方中心"世界是西方内部政治、经济、文化等诸多层面的"外溢"。

美国著名学者布热津斯基在《大棋局》中关于"美国的全球体系"的论述中说，美国的全球力量，是通过一个明显地由美国设计的全球体系来发挥的，它反映了美国的国内经验。美国哈佛大学教授约翰·杰拉德·鲁杰认为，二战后多边主义原则的扩张，建立在美国关于令人满意的世界秩序是由何构成的想象的基础之上，它们复制了美国国内的秩序。

大变局的显性特征之一，就是主导世界秩序能力的式微。既然"西方中心"世界与西方内部因素的外溢相关，那么探讨"百年未有之大变局"，就有必要从西方世界内部的变化中寻找原因。最值得探讨的是美国之变。进入21世纪后，以反恐为由打了两场战争（2001年的阿富汗战争、2003年的伊拉克战争）的美国，把对西方世界的领导权以及世界事务的主导权发挥得淋漓尽致。但这波发挥后，接踵而来的是美式霸权的颓势。

2008年发端于美国的国际金融危机，在进一步坐实美式霸权颓势的同时，也"激活"了美国社会累积多年的深层次矛盾。以重塑美国形象、恢复美国实力为己任的奥巴马总统执政8年，对美国"问题"的解决不能不说成效不彰。不然，也不会有2016年反建制的、民粹主义的特朗普赢得大选。这位另类总统执政期间，无论在内政还是外交上，与其说在"让美国再次伟大"，不如说是在表达对"美国不再伟大"的愤怒。

特朗普赢得总统选举的2016年，英国举行了脱欧公投。现在不会再有人觉得这纯属巧合了。因为与这两只"黑天鹅"同时出现的，是欧洲范围内民粹主义崛起这头"灰犀牛"。民粹主义政党进入议会，甚至执掌政权，在欧洲已经成为一种政治常态。其间所裹挟的反移民、反全球化政治主张，也正在从单纯的竞选口号变成现实的政府政策。也就是说，"民粹"已经成为一种西方现象。

从学术角度看，反全球化、反移民乃至白人至上主义，凸显的西方身份政治问题，即西方人在焦虑亨廷顿所说的"我们是谁"。这个问题又会自然而然地衍生出应该"怎么办"的问题。但从近年来美欧内部政治的变化乃至动荡来看，曾经让西方引以为傲的代议制民主、权力制衡等，越来越无法回答"怎么办"的问题。民粹主义的崛起，某种程度上说反映的是西方式民主政治的功能失调。

近年来这种功能失调，除了民粹主义的崛起，还有全民公投在西方的"流行"。英国的脱欧公投给英国与欧盟都造成了痛苦，西班牙加泰罗尼亚2017年10月的公投则成了一幕闹剧。英国学者马修·奎特普曾说，"人民应该对最重大的事情拥有最终决定权的理念,跟西方文明本身一样古老"。西方国家的政治体制中,大多都有"内置"的公投条款,只不过在代议制民主运行无虞时,这个条款一般处于休眠状态。

2017年10月,美国皮尤研究中心公布了一份在38个国家所做的有关民主的调查。调查显示,在这些国家中,把公投这样的直接民主视为好的治理方式的受访者比例平均为66%,远高于持否定看法的30%。根据英国伦敦政经学院学者盖瑞·苏斯曼的研究,历史上公投高潮往往出现在帝国崩塌和民族主义崛起之时。换句话说,西方全民公投的"流行",可能也是国际格局巨变的前奏。

在西方世界里,美国是个特例,它的政治架构里没有公投条款。所以,历史上美国的"革命",与欧洲相比少了许多激进色彩。直到特朗普这个"特例"出现。无论在学术研究还是现实政策领域,特朗普政府对美国的"颜色革命",都不会有太多人表示怀疑。美国内政外交的巨变,已是不争的事实。即便特朗普离开白宫,这种变化也不会停止。

多元主义之于美国,不仅是其民主政治的一个特色,甚至是这个体系的根基之一。但在特朗普时代,多元主义的"政治正确"正面临沦为政治边缘的危险。与其相对的民族、民粹主义抬头已经成为政治现实。美国国务卿蓬佩奥公开声称,美国要重新成为一个"民族国家"。有学者注意到,美国的政治精英,无论是左派还是右派,很少用"民族国家"来描述美国,也很少用民族主义这个词来描述美国人的爱国热情。

如今,美国政治中"多元主义"与"爱国",两者之间的距离比历史上任何时期都要大。而且,这种现象不只是美国独有。遭遇难民危机的欧洲,对身份政治的焦虑和反思,一点也不比美国小。在某些学者看来,西方总体上出现了一波"再国家化"的浪潮,"当整个世界转型开始、新的周期出现的时候,各国唯一能做的就是把国家实力弄强,重新回归民族主义的崇拜和对政治强人的依赖"。

东西方的力量之变是时局之变的大背景。有学者认为,今天欧洲的问题、美国的问题,实际上都是在这个大背景下发生的,财富转移是西方国内矛盾的重要触发因素。从以自己的模式来"塑造"世界,到对自己的模式产生质疑和焦虑,西方政治的这种变化,不可能不反映到"西方中心"世界里。

赵可金认为,进入 21 世纪以来,一大批新兴经济体和发展中国家群体性崛起,世界经济中心和全球战略中心从欧洲大西洋地区向亚洲太平洋地区转移,当今世界的权力结构第一次出现向非西方世界转移,向非国家行为体弥散的趋势,少数几个西方发达国家垄断世界权力的时代已经难以维持了,出现"东升西降"的现象,近代以来欧美发达国家主导世界政治的局面正在发生根本性变化。

时局之变是事实,但如何变还未可知。用某些学者的话说,如今的世界秩序正在进入"无人区"。一方面,西方主导世界秩序的能力出现式微,但意愿却一点都没有,如果不是更强的话。另一方面,非西方国家参与国际治理的意愿在增强,但却在能力上还没有达到与西方势均力敌的程度。"东升西降"如何转化为权力转移,无疑将是一个较为漫长的过程。

在这个问题上,最典型的例子是世贸组织改革问题。不可否认,在国际经济治理问题上,美欧的主导角色依然明显。截至 2018 年,美国和欧盟的经济总量,在世界经济总量中占比不到 50%。但近年来关于世贸组织改革,无论是具体的改革倡议还是政治上的发言权,美欧影响力的"比例"绝对超过 50%。作为新的经济增长极的东亚,中日韩三国的经济总量就已经接近美国和欧盟,但在新的世界贸易体系构建上却绝对算不上主角。

权力体系没有反映力量现实,是当今世界秩序的一个突出问题。无论西方继续主导世界秩序的意愿有多强,这个问题都不会凭空消失。随着东西方力量的天平进一步向非西方倾斜,"问题"只会变得越来越尖锐。按常理说,西方只有通过改革,在现有体系中更多地吸纳非西方国家的诉求,才可能维持世界秩序的平稳运行。

但从目前的情况来看,西方更倾向于循着历史的惯性,凭借历史积累的优势维持西方的主导地位。特朗普政府更是以"破坏性建设"的方式,企图再现美国绝对主导世界秩序的历史。换句话说,包括美国在内的西方世界,对时局之变的回应,远不如历史上它们"创造"世界秩序时那样包容和理性。同时,非西方国家不会坐等"被塑造"。毫无疑问,世界秩序进入"无人区",也意味着时局之变中蕴藏着巨大的风险。

中国的定位

"百年未有之大变局"中,无论对于中国还是世界来说,中国的定位都尤为关键。从中国自身角度看,如何在大变局中把握和创造机遇、化解潜在的风险,是中国不得不解决的核心问题。从世界角度看,大变局中最大的变量就是中国,没有之一。用已故新加坡总理李光耀的话说,中国是"历史上最大规模的参与者"。这样量级的参与者,大变局的世界无法忽视其存在和诉求。

中国如何定位自己,将在很大程度上决定中国与世界互动的方式,同时也会影响未来世界秩序演变的结果。外交学院教授魏玲认为,如何理解和认识"百年未有之大变局",一个重要的视角是中国自身的定位,以及中国与国际体系的关系。在她看来,"修正主义国家或者维持现状国家也许都不能准确描述中国在国际体系中的定位,也许可以说我们是在演进的国际体系中谋求正当地位的国家"。

根据上述观点,"百年未有之大变局"下,中国的定位不应是静态的,而是一个中国与世界关系演化的过程。魏玲认为,中国复兴的过程是在改良的国际体系中谋求正当地位的过程,代表着中国与演进中的国际体系间一种新型的互动方式,是二者同时变化、共同演进的过程。

这个演化过程对中国来说,具体而言就是如何看待机遇与挑战的问题。习近平主席曾指出,世界"百年未有之大变局"和中国进入强起来的"新时代"高度重叠,中国的机遇与挑战并存,重要的是要"化危为机",让中国赢得更好的发展。的确,从目前中国所面临的外部环境来看,如何"化危为机"至关重要。

总的来说,中国目前仍处在发展的战略机遇期。但在某些学者看来,这个战略机遇期也是在"矛盾"中延续。中国人民大学教授王义桅认为,战略机遇期的主要矛盾,是中国内部不断进行的改革开放进程与动能日渐衰弱的全球化进程;次要矛盾是中国寻求建立新型国家关系的意愿与美国维护霸权地位的战略竞争态度。从这个意义上说,如何驾驭战略机遇期是中国面临的巨大挑战。

南京大学的朱锋教授认为,"大变局"的探讨,不能一味沉迷于国际体系内的权力再分配,更需要避免成为西方攻击中国的新靶子。"大变局"的讨论和思考,应该让全党同志更加清楚地认识到,中国崛起和"大变局"中的中国未来,仍将是一个充满曲折和艰辛的过程。"从国际关系史上说,真正成功崛起的大国屈指可数,中国可能又一次面对大国崛起的前所未有的战略挫折,这才是我们需要去分析的问题。"

源于威斯特伐利亚体系的"西方中心"世界,其发展过程中最显著的特征之一即是战争。这些战争中,有吞噬整个欧洲大陆的拿破仑战争,有蔓延全球的两次世界大战。所以,在西方人的思维方式里,世界秩序的最终定型离不开战场上的较量。也正因为如此,中国这个"历史上最大规模参与者"的出现,与美国大国战略竞争的实践,引发了"修昔底德陷阱"的联想。

某种程度上说,把中国定位为一个演化的过程,本身就超越了崛起国与守成国之间权力竞争的逻辑。"人类命运共同体"中天然带有的开放、理性与包容因素,是对目前西方政治中"非理性"现象的正面回应。在某些学者看来,百年未有之大变局下的中国与之前崛起的西方大国存在本质差异,因此只要中国保持定力、坚定自己的战略方向,可以避免类似于以大国间战争的形式进行的权力转移,大变局对于中国来说既是挑战也是机遇。

2019年第十三届全国人民代表大会上,习近平主席提出了百年未有之大变局下的"中国方略":坚定不移走和平发展道路、奉行互利共赢的开放战略,坚定维护"多边主义和以联合国为核心的国际体系";积极参与全球治理体系的改革完善,坚定维护开放型世界经济,推动构建"人类命运共同体";加强与主要大国沟通对话与协调合作,深化同周边国家关系,拓展与发展中国家互利合作；积极为妥善应对全球性挑战和解决地区热点问题，提供更多的中国方案；愿与各国携手合作、同舟共济，为促进世界持久和平与共同发展做出新的贡献。

3. 梦想升华：超越救亡图存

百年未有之大变局，对于中国外交来说最突出的意义就是，近代以来中国从未像现在这样接近世界舞台中心。习近平主席在2017年度会见驻外使节工作会议上发表重要讲话时说："只要我们咬定青山不放松，沿着中国特色社会主义道路奋勇前进，我们的国家必将日益繁荣昌盛，必将日益走近世界舞台中央，必将日益为人类作出新的更大贡献。"

从中国的角度看，上一次的历史大变局是19世纪中期开始的"救亡图存"。在此后的漫长历史进程中，中国民族意志总体来说从未偏离追寻富强这一目标。在中国成长为世界第二大经济体、面临百年未有之大变局的背景下，中国追寻富强的民族意志没有变，但已经走过了救亡图存的历史阶段。从"救亡图存"到"为人类作出新的更大贡献"，中国的这种华丽转身是如何发生的？超越了救亡图存的中国，与世界互动的方式在发生什么变化？

救亡图存

当清朝少数政治精英开始"开眼看世界"时，发现中国早已不再是"世界中心"，而且正处在历史大变局的前夜。当时中国整体上的停滞不前，与欧洲工业革命迸发出的活力形成了鲜明的对比。历史并没有给中国任何喘息的机会，"对比"很快变成了危及存亡的巨大冲击。自那时起的相当长历史时期里，中国追寻富强的主要目的本质上说就是救亡图存。

"兵之并吞祸人易觉，商之掊克敝国无形。我之商务一日不兴，则彼之贪谋亦一日不辍。"晚清思想家郑观应在《盛世危言》中的这一论断可谓穿越时空，至今仍不过时。美国历史学家斯蒂芬·哈尔西在其《追寻富强：中国现代国家的建构》中指出,在郑观应看来,富国与强兵唇齿相依,他断言欧洲人是"以商富国",而他们的军队是用来保护重要的贸易关系的。

哈尔西强调了郑观应觉察出"富国"与"强兵"之间的逻辑联系,此后中国的历史,总的来说的确也在围绕这两个层面展开。但值得注意的是,从郑观应的论述以及当时的历史情况看,那时中国与西方列强经济上的互动,天然带有某种竞争性甚至对抗性特点。西方国家企图以制造业以及贸易上的优势占领中国市场获利,但对于中国来说这很可能意味着经济彻底被殖民地化。换句话说,中国追寻富强的起步就带有与西方"商战"的色彩。

与其他同样遭到西方经济冲击的国家相比,当时的中国有着独特的商战"优势"。美国密歇根大学教授查理斯·雷默,在其著作《中国的对外贸易》(1926年出版)中,通过研究晚清中国与西方国家的贸易后得出结论:"中国经济的自给自足,是至今我们的工商业扩张遇到的最大障碍。"中国经济自给自足的封闭性,客观上构成了抵御西方扩张的第一道屏障。

第二道屏障是中国错综复杂且极具活力的本地商业网络。斯蒂芬·哈尔西写道,中国的国内市场格局操纵在一个接一个的中间代理人手中,他们的影响力从乡下的丝绸中心产地到上海的城市市场。"1900年以前,中国商人主宰着本国的每一条供应和销售链,没有为进出口贸易架设一个新的贸易网络,而只是将洋行添加到已有商业结构的末端。"根据中国历史学者樊卫国的研究,在内陆地区向对外贸易开放后,本地商业网络一直控制着中国通商口岸出口商品的供应。

这两道屏障客观上造成了这样一种局面,即西方列强通过"兵战"逼清朝政府签署的不平等条约,并没有完全转化为它们所希望的"商战"优势。不然,以当时西方国家制造业上的绝对优势,根本不会给中国刚起步的民族工业留出多少生存空间。西方对其他殖民地国家经济渗透的成功,在中国可以说从来没有完全出现过。这又为此后清朝政府通过启动财税改革刺激民族工商业发展创造了条件。

"商战"更显性的表现来自国家行为,最典型的就是19世纪中期开始的洋务运动。李鸿章在谈到组建轮船招商局时说："窃维轮船招商局之设原因，各口通商以来，中国沿江沿海之利，尽为外国商船侵占，故设法召集华股，特创此局，以与洋商争衡，庶逐渐收回利权，所关于国家体制、华民生计极巨。"在李鸿章的主导下，这个创立于1873年的轮船公司的命运，可谓当时中国追寻富强的一个历史缩影。

这家轮船公司的意义体现在两个层面，一个是它的成长、壮大使中国有了与西方同行竞争的实体，另一个是它在交通运输这个具有战略意义的领域发挥的作用。根据哈尔西的研究，由于在管理、运营模式上的创新，以及政府在政策、资金上的支持，轮船招商局在创立5年后就具备了与西方同行竞争的实力。19世纪70年代后期，该公司与英国的怡和洋行、太古洋行以及美国的旗昌洋行等业界巨头展开"水脚战"（即水运价格战），短时间内打破了西方公司对中国航运业务的垄断。

哈尔西写道，在19世纪晚期，轮船招商局的汽轮除了为首都供应粮食，还为中国的海军提供后勤上的支持。"1882年，李鸿章用招商局的汽轮将其麾下的一部分陆军运往汉城，使日本推迟了十余年才将其殖民朝鲜的企图付诸实践。"像轮船招商局这样承担国家战略功能的例子还有很多，比如兵器工业、电报电话公司等。毫无疑问，没有在战略层面追寻富强的国家意志，不可能出现那些近代工业。

富与强之间的关联性，之于内忧外患的中国有着特殊的意义。与轮船招商局在与西方同行"商战"时还承担国家战略功能相比，那个时代建立起的近代兵器工业，更加明显地体现了救亡图存的意图。那时官办的兵工厂，事实上构成了中国近代国防工业的基础。根据某些学者的研究，尽管在19世纪晚期到20世纪早期，中国的武器中仍有一部分要靠外国采购，但本地武器的质量已经可以与欧美制造媲美。

这些兵工厂的建立，一方面减轻了中国对外国军火的依赖，更重要的意义在于它们彻底让中国走出了冷兵器时代，缩小了与西方列强军力在硬件上的"代差"。另一个"代差"的缩小得益于军事防御体系的建立。晚清中国经济上的韧性、体量，以及财政体系改革等，使清朝政府有一定的财力构建军事防御工事。"在19世纪晚期到20世纪早期，一张广阔的防御工事、土垒、兵营以及炮台网络成形了。"

更具实质意义的是军事体制改革。在镇压太平天国运动过程中，曾国藩的湘军、李鸿章的淮军，已经开始了具有现代意义的军事改革，并给西方列强造成了一定威慑。1870年的"天津教案"（数名法国传教士和外交官在天津被杀）最终和平解决是个典型的例子。在当时的历史背景下，这样的案件向来是西方列强对华挑起战端的绝佳借口。

当时法国军舰已抵达天津附近海域，以此向清朝政府提出强硬要求。曾国藩在发出调停请求的同时，派李鸿章的淮军火速开赴京津地区。一位历史学者写道，法国人之所以更乐意接受曾国藩的解决办法，其原因可能在于李鸿章及其军队抵达了直隶边界。哈尔西也认为，如果法国派出一支更大规模的远征军，无疑能击败李鸿章的陆军，但是肯定要付出生命和财力的巨大代价。

与李鸿章的淮军相比，晚清最后十几年袁世凯主导下组建的"新军"，威慑效果更为明显。1905年，袁世凯要求外国驻华外交人员和媒体记者，观摩在北京附近举行的军事演习。当时观看了军事演习的一位英国驻华记者写道，联军在1900年义和团运动中所付出的代价如果换作当下将会更高，他因此警告伦敦未来不要对中国进行军事介入。在哈尔西看来，新军在一定程度上重塑了欧洲人对中国军事实力的认知，可能还缓和了西方对华的一些极具攻击性的倾向。

哈尔西认为，在清朝晚期，中国面临来自西方各国的严峻压力，它发展军事力量，试图保持独立，避免正式沦为殖民地。"随着时间的推移，它还获得了使外国侵略者付出越来越高代价的能力。"这种能力，就是战略上的威慑力。的确，进入20世纪后直到新中国成立，对中国最大同时也最迫切的威胁，不再是欧洲列强，而是近邻日本。

中国在1895年甲午战争中的失败，给中国的救亡图存贴上了"失败"的标签。在当时以及此后相当长时期里，这种失败的定性都是历史学界的主流观点。但随着历史的演进与学术研究的深入，这种观点遭到越来越多的质疑。哈尔西就认为，中日这次交锋的结果不过是表明了19世纪90年代中期日本在军事实力上处于上风，很难由此洞悉改革的长期结果。

尽管那时的救亡图存没能确保战场上取胜，但中国在给外敌入侵制造越来越高的代价。哈尔西写道："虽然在列强眼中，在1949年以后，这一代价才变得令人不敢冒犯，但是哪怕再往前推几十年，中国的陆军也是有能力重创侵略者的。例如，1937年日本军队在进犯上海期间就遭受了重大伤亡。""三个月灭亡中国"神话的破产，是日本在战略上的误判，也是它对中国救亡图存努力的误判。

融入世界

1949年新中国成立前，追寻富强的民族意志展现了强大的生命力，但总的来说只是确保了"生存"。只有在中国取得完全的民族独立后，这个民族意志才迸发出更大的活力。历史地看，这个活力是通过中国逐步"融入世界"的方式体现出来的。如果以1949年为历史节点来看，中国融入世界的趋势性特征更为明显。

现代意义上的中国外交起源于危机应对。1861年清朝政府成立总理各国事务衙门，中国才算开始了与外部世界互动的新方式。当时中国与外界的互动，基本上可以与危机应对画等号。这种互动最"悲情"的历史，莫过于抗日战争时期。那时的中国采取"以拖待变"的策略，顽强抗日的同时苦等国际反法西斯力量的援助。这也是一种融入——被迫融入。

只有在1949年新中国成立后，中国才具备了主动融入的资格。也是自那以后，中国才开始以自己的节奏和方式融入世界。新中国成立之初"一边倒"的外交方针，是当时特定历史条件下的产物，同时也是当时中国融入世界的方式。一方面，"一边倒"为中国与社会主义阵营国家交往创造了条件；另一方面，这个政策并不意味着中国选择主动"屏蔽"西方资本主义国家，中国一直在根据国际局势的变化调整外交方向，在非社会主义阵营国家拓展外交空间。

这里尤其值得一提的是 1950 年至 1953 年的抗美援朝战争。这场战争很大程度上恶化了中国与以美国为首的西方国家的关系，但应该认识到，这也是中国融入世界的一种方式。对于中国这样的大国来说，"融入"不可能是让自己"消失"在外部环境中，更重要的是主动影响乃至塑造有利于自己的外部环境。如今，没有人再怀疑这场战争对中国后来周边战略稳定的意义。

在某些学者看来，中国在朝鲜战争中与当时的超级大国美国打成平手，是中国现代国家建构的历史性高点。虽然在这场战争中中国得到了苏联的大量军事物资援助，但是如果没有中国共产党在政治、经济、军事等各方面带有现代国家建构性质的改造，中国不可能表现出非同以往的强大动员能力。正如哈尔西所说，中国在朝鲜战争中的军事表现，以及尼克松在中美苏三角外交中扮演的重要角色，使中国作为一个大国赢得了国际赞誉。

这种"国际赞誉"，是中国以独立自主的大国而非"隶属"于某个阵营的国家身份开展外交的重要前提。1964 年 1 月中法建交，法国成为首个与中国建交的西方大国。这距离朝鲜战争结束仅 11 年时间。如果抗美援朝后中国外交方向是"一边倒"地局限在非西方阵营，中国不太可能打开对西方国家的外交局面。这也反映出，中国在战略上没有放弃融入世界。

1969 年基辛格秘密访华，开启了中美建交的历程。截至 1972 年尼克松总统访华那一年，欧洲的英国、意大利、奥地利、联邦德国等主要西欧国家相继与中国建立外交关系。1973 年，时任法国总统蓬皮杜访问中国，成为首位到访北京的西欧大国元首。1975 年，中国与欧共体（欧盟的前身）建立外交关系，中国成为首个承认欧共体的社会主义国家。"封闭"的外交，不可能有这种外交突破。

自此，中国与美欧西方国家关系的大幅改善已是大势所趋。值得注意的是，这些都发生在 1978 年中国正式宣布改革开放之前。很难否认，新中国成立后的外交战略，本质上没有脱离融入世界的理念，客观上为 1978 年的改革开放做了铺垫。反过来说,如果1978年前中国在战略思维上是彻底的"闭关锁国",就不可能有1978年后在对外战略上的"大开大合"。

1978年中国正式开始改革开放,与外部环境的改善(最重要的是中美签署建交公报)密切相关,但从根本上说是中国以融入世界的方式来追寻富强的战略意图使然。一个颇为突出的"反例"是印度,它的外部战略环境在整个冷战时期都远比中国"优越"(印度1947年独立时即与美国建交,而且两国从未兵戎相见),但直到20世纪90年代初才启动经济改革走向开放。

为何要融入世界?因为自19世纪中期以来,中国最迫切的任务就是改变经济落后的现状,这也是追寻富强的应有之义。1949年新中国成立后,这个任务依然紧迫。二战后,全球化主要发生在西方世界,世界经济增长的动力也主要来自西方发达国家。之所以说1978年的对外开放很大程度上是向西方国家开放,主要原因也在于此。

对于当时的中国来说,西方国家有中国发展经济急需的资本、技术和管理经验。正因为如此,改革开放之初中国领导人出访,大多会有经贸团队随行。根据相关数据,1978年至1989年,中国对外贸易总额从200亿美元增长到1150亿美元,是1978年的5倍多。但这一历史时期,中国与美国、西欧国家贸易额分别从10亿美元和20亿美元,增长到122亿美元和235亿美元,均增长超过10倍。

值得注意的是,1978年后中国融入世界,带有明显的"以经济为先"的特征。当时邓小平说"和平与发展是时代的主题",可谓切中了历史趋势。邓小平在1980年1月的一次讲话中指出:"现在要横下心来,除了爆发大规模战争外,要始终如一地、贯彻始终地搞这件事(以经济建设为中心),一切围绕这件事,不受任何干扰。"

"以经济为先"的特征,放在东欧剧变、苏联解体的背景下来看,更为明显。国际局势深刻变动,但中国融入世界的战略思路并没有动摇。那时邓小平提出"冷静观察、稳住阵脚、沉着应对"的外交方针,继续强调要把意识形态与国家关系分开。江泽民出任党和国家领导人后,同样强调"和平与发展"依然是时代主题。也就是说,外部冲击并没有导致中国战略方向上的"内向化"。

在对外开放的问题上,中国在努力打破西方政治孤立的同时,也争取不让政治分歧冲击经贸关系。中国与欧美、日本等发达国家的贸易增幅短暂放缓后,很快就恢复到近10%的高位。比如,1989年至20世纪90年代中期,中国与欧洲的政治关系较为冷淡,但这段时期双边贸易额不仅没有下滑,反而从235亿美元增加到315亿美元。没有中国在战略上的定力,不太可能出现这种局面。

冷战结束是中国外交的一个节点。此后中国对外行为的"经济为先"打开了新的局面,而且在经济、政治、安全等领域都更加积极活跃。冷战结束之初,面对西方的孤立和封锁,中国把外交重点转向周边,开启了睦邻外交。在经济层面,1991年中国与东盟开启对话进程,随后转入中国—东盟自贸区谈判。从1991年至2001年中国—东盟自贸区建成,双边贸易额从不到80亿美元增加到超过400亿美元,增长5倍,超过同期中国对外贸易总额增幅(约3.7倍)。

在安全、外交层面,1994年东盟地区论坛成立后,中国就积极参与相关活动,成为东盟外交中最活跃的参与者。正是在与东盟的外交场合,中国首次提出以互信、互利、平等、合作为核心的新安全观。在中国的倡议下,1996年上海五国组织成立。截至20世纪90年代末,中国不仅加入了绝大多数国际组织,在国际多边外交舞台也趋于活跃。在进入21世纪前,中国全方位外交的格局已经基本形成。

中国融入世界的标志性事件是2001年加入世贸组织。从经济维度来看,加入世贸组织是中国经济活力迸发的关键外部助力。2010年,中国超过日本成为仅次于美国的世界第二大经济体。从2001年到2018年的18年间,中国经济总量在世界经济总量中的占比,从4.1%猛增到16.1%。而1978年至2000年的23年里,这一比例仅从1.8%增加到3.7%。中国从融入世界中获得的经济红利,无论怎么强调都不过分。

加入世贸组织是中国融入世界的一个历史性节点，这个节点也是中国外交整体上转型、升级的开端。21世纪初，中国领导人做出"中国迎来可以大有作为的重要战略机遇期"的战略判断。自此，中国外交开始超越单一的经济维度，在内涵和外延上进行拓展。提出倡议、搭建平台、创造机遇，更加主动地塑造外部战略环境，成为中国外交转型、升级的显性特征。

奋发有为

如果把中国与世界的互动放在19世纪中期以来的历史背景下看，能看出一条较为清晰的脉络，那就是从被动的救亡图存到主动的融入世界，再到奋发有为——更加主动地影响世界。至此，中国的外交再次站在了新的历史关口。这一方面与中国的综合实力崛起有关，另一方面也是在百年未有之大变局下中国必须做出的战略抉择。

进入21世纪后，中国一系列主动外交作为，毋庸置疑地彰显了中国外交的升级。2001年，成立于1996年的上海五国组织升级为上海合作组织，开启了政治、经贸、反恐等多领域合作。2003年，中国与东盟建立战略伙伴关系，在2001年打造的自贸区之外开辟出新的合作领域。在2006年，2000年成立的中非合作论坛升级为制度化的中非领导人峰会。2009年，金砖四国领导人首次召开峰会，并在2010年吸收南非后正式形成金砖国家机制。

21世纪进入第二个10年后，中国外交最突出的特征是"奋发有为"，最典型的是习近平主席2013年提出的"一带一路"倡议。同年10月，周边外交工作座谈会上，习近平首次提出中国外交要"奋发有为"。自那时起，中国密集开展首脑外交、多边外交、主场外交和大国外交。中国外交在方式、力度和影响力上都达到历史上从未有过的水平。

美国布鲁金斯学会学者杰弗里·贝德，在一篇分析习近平外交的文章中写道，在中国内外都正在形成一种共识，那就是中国应该扮演国际秩序的书写者和经营者的角色。"习近平是依托中国新的实力，重新思考中国外交政策的恰逢其时之人。"英国伦敦国王学院教授凯利·布朗，在2018年8月的一篇文章中称:"可以确定的是,习近平治下的中国,不能再假装不是一个大国,任何这样的尝试都将是不真实、不真诚的。"

对外部战略环境的影响力,是大国外交的应有之义。中国外交的奋发有为,也符合这个逻辑。在 2010 年成为世界第二大经济体后,中国外部战略环境发生了显著的变化,中国外交之变既是顺势而为也是不可不为。"不可不为"的关键原因在于,随着中国综合实力的提升,欧美西方国家对中国在认知和外交上都在经历不同以往的变化。

2006 年 10 月,欧盟委员会发表题为《欧盟—中国:更紧密的伙伴,扩大的责任》,这是欧盟发表的第六份对华政策文件,也是欧盟对华政策开始变化的标志性文件。这个变化的突出特点,是欧洲在重视对华合作的同时,更加突出双边关系中竞争性的一面。换句话说,随着中国经济实力的增强,欧盟眼中的中国,正在褪去"发展中国家"的色彩,变成了需要严肃对待的既竞争又合作的对象。

几乎与此同时,美国对华政策也开始发生变化。布什政府后期,打了两场反恐战争的美国,把战略重心开始向亚太地区转移。这种转移在奥巴马政府时期,上升为正式的国家战略。与欧洲以"责任论"为切入点重视"竞争"不同,美国的对华政策战略竞争的意图更为明显。不过,整个奥巴马政府时期,美国的对华政策总体上还能从中美关系稳定的大局着眼,竞争还能维持在可控的范围内。最突出的例子是,作为世界排名前两位的经济体,中美还能在应对国际金融危机上保持合作。

特朗普入主白宫后,中美关系开始发生"质变"。2017 年 1 月 26 日,也就是特朗普就任总统一周后,他的高级政策顾问、后来担任国家安全委员会负责战略规划的高级主管纳迪亚·沙德罗在媒体上公开撰文称,"战略竞争时代已经到来,是时候将竞争文化注入到美国的外交和发展中,以应对中国的挑战了"。纳迪亚·沙德罗也是特朗普政府发布的美国新版《国家安全战略》报告的牵头人。

正是在这种背景下,2017 年 12 月特朗普政府公布的《国家安全战略报告》

明确地把中国定位为美国的"战略竞争对手"。2018 年 1 月公布的《美国国防战略报告》，对中国也做了相同的定位。这份报告指出，国家间战略竞争，而非恐怖主义，已经成为美国最为重要的国家安全关切。美国的战略定位很快转化为对华政策行为。2018 年，特朗普政府对中国发起多轮贸易战，并表现出越来越明显的把美中关系推向"新冷战"的倾向。

21 世纪进入第二个 10 年，中国筹组亚投行（2014 年正式成立）、主导建立金砖国家新发展银行（2015 年开始运作）、推动"一带一路"倡议，毫无疑问是中国外交奋发有为的体现。而且，这种"奋发有为"，已经成为金融危机后全球经济增长乏力、逆全球化浪潮涌动、全球治理遭遇挫折的背景下，中国为世界创造的正能量。不可忽视的是，中国在这个方向的外交发力，与中国和欧美关系的变化存在一定的关联性。

所以，中国外交的奋发有为，在欧美这个方向同样重要，如果不是更重要的话。针对欧洲对华政策的调整，中国以主动且积极的塑造作为回应。2013 年中欧领导人第 16 次会晤后发布《中欧合作 2020 战略规划》。这个规划的突出特点是"战略对接"，即从战略层面继续深化中欧合作。2014 年习近平主席访问欧盟总部期间，提出中欧共同打造和平、增长、改革、文明"四大伙伴关系"，对中欧关系做了全新的定位。

更大的挑战来自美国。特朗普把中国认定为战略竞争对手，其意义与以往美国总统（比如小布什）曾经的类似表述存在很大的不同。最大的不同就是中美相对实力的缩小，以及美国出现的中国认知的变化。换句话说，美国在很大程度上形成了把中国视为战略竞争对手的政治基础。作为长期以来在中美关系定位上具有强势话语权的一方，美国对中国的角色定位，毫无疑问将是影响中美关系走向更为关键的变量。

中国对中美关系的影响和塑造，与欧洲相比在基础上更为脆弱。虽然中国与美欧在经济上都相互依赖，但地缘政治在中美关系中的角色长期以来都更为突出，未来只会越来越突出。地缘政治上的冲突，向来是影响大国关系的关键因素。这个因素放在中美战略竞争的背景下来看，影响将更为深远。

对于特朗普政府对华"新冷战"态势,杰弗里·贝德曾在一篇文章中写道:"不管怎样,中国并没有建立一个拥有卫星国的帝国,也没有用武力去征服或搅乱邻国,也没有像苏联那样颠覆其他国家。它的挑战更为微妙和低调,我们的应对方式也应该如此。"不过,在21世纪即将进入第三个10年之际,特朗普政府在回应方式上,丝毫没有显示出"微妙和低调"。长远来看,能否有效管控中美战略竞争,将是中国外交的重大考验。

4. 中国未来的全球化新动力

1840年以后中国的现代国家构建,是在当时以西方殖民主义浪潮为主要特征的"全球化"背景下进行的。在诸多不利因素下,中国对那波"全球化"应对吃力但不能说完全失败。中国成长为世界第二大经济体的过程,也是拥抱经济全球化的过程。中国追寻富强的历史使命尚未完成,依然需要经济全球化来赋能。但与历史上不同的是,未来中国与全球化之间的关系,可能会呈现"双向赋能"的特征。

百年未有之大变局的一个突出特点是全球化动能减弱。但全球化为经济发展赋能,已经被历史反复证明。如今的反全球化思潮,与其说是经济问题,还不如说是政治问题。更具体地说,是某些国家尤其是西方国家的治理出了问题。这也意味着,经济全球化站在了需要转型、升级的历史关口。中国在这个背景下提出"一带一路"倡议、扛起捍卫经济全球化的大旗,正是对全球化趋势积极、正面的回应。

为经济赋能

全球化为经济赋能,说的是它能促进经济发展。这早已是一个常识,但这个常识是如此普通,以至于人们往往忽略其存在。为全球化"正本清源",有必要回顾一下历史。在人类文明早期,部落间的以物易物交换,是人类生存与文明发展的一个重要促进因素。这种以物易物的交换,可以说是现代全球化的雏形，因为它天然带有联结、贸易的属性。

13世纪欧亚间贸易兴起时，繁荣的贸易城市成为联结这片大陆的节点。全球化起源于何时，不同学者有不同看法。有学者把1492年发现新大陆作为全球化的起点。这是有一定道理的。根据有关研究，1500年至1799年，世界贸易年均增长1.06%。虽然这个增速与全球化快速发展的20世纪90年代（约6%）没法比，但那是此前人类经济发展史上从未有过的增速。换句话说，那个历史时期，全球化已经开始展现出改变人类历史的能量。

毫无疑问，没有以联结、贸易为特征的全球化，发端于英国的工业革命催生出的巨大制造业产能，绝无可能转化为成就大英帝国的实力。19世纪末，已完成工业革命的美国，国内市场已无法消化过剩的产能，诸多矛盾日益凸显。这个时期诞生的"海权论"，着眼点其实是如何为美国拓展海外市场。马汉提出建立强大海军的观点，其初衷是为美国的海外贸易保驾护航。世界大国崛起于全球化进程中，并非历史的巧合。

两次世界大战导致生灵涂炭，也是全球化的低潮期。二战后的冷战对抗，意识形态的分野分化出不同的经济发展模式。从贸易、投资、技术、人员流动等因素看，这段时期的经济全球化，主要发生在西方国家之间。根据相关数据，冷战结束时的1990年，西方发达国家工业生产品在世界的占比仅90%，而包括中国、印度以及其他发展中国家的占比仅为10%。全球化很好地解释了那时为何是西方"力量中心"时期。

冷战结束缓和了政治对抗，经济全球化在世界范围内进入快速发展期。1990年至国际金融危机爆发前的2007年，世界贸易增长速度长期保持在世界GDP增速的1.5倍至2倍。根据世界银行的数据，1990年世界贸易总额占全球GDP总量的比例是24%，2007年，这一比例猛增至53%。这个时期，是历史上未曾有过的世界经济活跃期和高增长期，同时也是全球化为整个世界经济赋能的时期。

全球化为中国经济赋能，最早可以追溯到晚清时期。晚清的中国积贫积弱、国力衰微，全球化何以赋能中国经济？这看似一个悖论，其实不然。晚清最后几十年，财政结构经历的质变，能很好地说明为何全球化在赋能。根据历史学者的研究，1850年晚清政府收入中，田赋占比高达88%，但这个比例在1911年下降到16%，占绝对比例的是盐税、厘金（地方税）和海关税。

税收的变化反映的是经济结构的变化。而且，在这几十年中，海关税虽然总额不及盐税和厘金，但增幅却是最大的（1871年至1911年增长近4倍）。海关税的这种增幅，无可争议地说明了当时中国国内市场的扩张，以及中国经济与外部联系的增加。不难想象，如果晚清中国经济被彻底殖民地化，政府财政收入的增幅和结构，都不可能发生那样的变化。由此也不难得出结论，参与经济全球化，尽管是被动地参与，客观上在为中国经济赋能。

当然，全球化为中国经济赋能，最显性的例子是中国改革开放，尤其是加入世贸组织之后。2001年加入世贸组织后，中国融入经济全球化的步伐加快。中国经济增速也是从那时起驶入快车道。2001年，中国经济总量在世界经济总量的占比是4%，2018年这一比例增加到16%，成为全球经济格局变化的最显性特征。在这个过程中，中国成为全球100多个经济体的最大贸易对象国。中国与全球经济的"联结性"，在世界主要大国中最为突出。

就国家层面而言，经贸上的依存度是全球化赋能的一个重要体现。中国在全球经济治理中话语权得到提升，除了经济实力增强，与成为众多国家最大贸易伙伴不无关系。另一个典型例子是德国。德国之所以是欧盟的"无冕之王"，不只在于其占欧盟近1/4的经济总量。根据欧盟统计局的数据，2017年，德国是欧盟中17个成员国的最大出口对象国。除了爱尔兰和塞浦路斯，在其他所有欧盟成员国的进口来源国中，德国排名都位列前三。

从经济融合度来看，欧盟不仅远高于还没有全区域性自贸协定的东亚地区，也明显高于美国、加拿大和墨西哥组成的北美自贸区。面对特朗普政府的贸易战威胁，欧盟尤其是德国的底气，比同为美国盟友的加拿大、日本更足，原因就不难理解了。所以，无论从中国自身的历史，还是其他国家的经历都可以看出，国家能通过参与全球化在经济上自我赋能。从这个意义上说，中国经济选择更加开放的道路，更加深入地参与经济全球化，就有可能积累更多的抗风险能力。

从参与到引领

中国对经济全球化的参与，经历了从被动到主动的过程。但即便是在"被裹挟"进经济全球化的时期，中国也表现出某些"主动"色彩。最典型的例子是晚清的洋务运动时期与西方的"商战"。李鸿章在筹组轮船招商局时，招募曾在西方企业有工作经验，懂得西方企业运作模式的中国雇员。这也是轮船招商局能快速发展，并在短时间成为西方同行强劲对手的重要原因之一。

真正带有自主性地与世界经济发生联系，是在1949年新中国成立后。因为自那时起，中国才具备了完全意义上的经济主权，才摆脱了被裹挟着参与的命运。但是由于冷战对抗，中国当时在选择经济交往对象时受到很大限制。20世纪60年代后期冷战态势出现有利于中国的变化，中国与西方国家外交关系松动，很快就反映到经济层面上。这里面最突出的是中国与西欧国家的经贸往来。

1975年与欧共体（欧盟的前身）建立外交关系之前，中国已经与法国、英国、意大利、联邦德国等某些欧共体成员国建立了外交关系。外交关系的打开为经贸交往铺平了道路。直到1978年中国改革开放前，某些西欧国家一直是中国生产设备进口的重要来源地。中国是首个承认欧共体的社会主义阵营国家，其意义绝不仅限于政治层面。

直到冷战结束前，经济全球化主要发生在西方国家，而中国不仅是社会主义阵营国家中，而且在整个非西方国家中，都算得上是较早与这波经济全球化接触的国家。相比其他国家来说，中国较快摆脱了意识形态的羁绊，更为主动地参与到当时的经济全球化中。这个"主动"最明显的信号是1978年的改革开放，高潮部分是2001年中国加入世贸组织。

不过，直到21世纪进入第二个十年前，中国与经济全球化的关系，基本都可以用"参与"来界定。换句话说，中国追求的是"融入"世界经济。当然，这种融入在后期开始带有主动塑造的特征。比如，在中国的主导下，2001年成立的上合组织，成员国之间的合作向经贸领域延伸。也是在中国的推动下，中国—东盟自贸区于2001年建立。在区域经济融合方面的主动实践，为中国在经济全球化中实现从参与到引领的角色转变做了铺垫。

从参与到引领的标志性事件，是2013年习近平主席提出的"一带一路"倡议。事实上，这个倡议是2008年国际金融危机以后，经济全球化退潮的背景下，世界主要大国中最为突出的践行并推动经济全球化的国家行为。所以，在某些西方国家从自由贸易的倡导者转向贸易保护主义者时，中国却被视为捍卫经济全球化的旗手。某种程度上说，中国被历史推向了捍卫经济全球化的台前。

2017年1月17日，习近平主席在达沃斯论坛发表的主旨演讲中，引用了英国文学家狄更斯的名言："这是最好的时代，也是最坏的时代。"他说的正是经济全球化的处境。习近平说："经济全球化曾经被人们视为阿里巴巴的山洞，现在又被不少人看作潘多拉的盒子。"他明确指出，把困扰世界的问题简单归咎于经济全球化，既不符合事实，也无助于问题解决。

巧合的是，就在习近平主席达沃斯演讲的那一天，英国首相特蕾莎·梅正式公布英国"脱欧"路线图。三天后，特朗普宣誓就任美国总统。英国"脱欧"与特朗普当选，被视为"逆全球化"的标志性事件。正是在那样的背景下，习近平主席的那次演讲，被国际社会看作是中国发出的捍卫经济全球化最强音。英国"脱欧"纠缠不清给欧洲经济带来的不确定性，特朗普施政后频频发起贸易战，更加凸显了中国这个经济全球化捍卫者的角色。

扛起捍卫经济全球化的大旗，从中国的角度来看，是因为中国经济的发展依然需要经济全球化来赋能。中国经济的转型升级，离不开对经济全球化的深度参与。从世界的角度看，中国也是在顺势而为。这一点从"一带一路"倡议的持续推进，以及在世界范围内接受度的升高中可以窥见一斑。

为了推动"一带一路"倡议的发展，2017年5月中国在北京召开了首届"一带一路"国际合作高峰论坛。出席那次高峰论坛的国家元首、政府首脑有28位，与会的副总理、外长以及部长级高官人数是206人。2018年4月第二届"一带一路"国际合作高峰论坛,出席的国家元首、政府首脑人数是 37 人,部长级高官人数超过 360 人。2017 年,包括政府官员、国际组织代表、媒体记者在内的与会总人数是 1200 多人,2018 年总人数增加到近 5000 人。

出席人数的变化,毫无疑问反映了国际社会对"一带一路"关注度的提高。如果这个倡议失去活力,就不会有更多的与会者齐聚北京。从另一个角度看,"一带一路"峰会的扩容,也反映了中国国际话语权的提升。因为中国这个倡导国的努力,明显没有让质疑和批评成为"最强音"。更为关键的是,国际社会对"一带一路"认可度在提高。用国务委员兼外长王毅的话说,这是"郑重地向这一合作倡议投下的信任票"。

习近平主席在 2019 年 6 月日本大阪 G20 峰会期间发表主旨演讲时说:"古往今来,人类从闭塞走向开放、从隔绝走向融合是不可阻挡的时代潮流。"在可预见的未来,"一带一路"都会是中国推动经济全球化转型升级的重要抓手,这也是在顺应历史的潮流。正如习近平主席所说,第二届"一带一路"国际合作高峰论坛的成功表明,这一倡议是合民心、顺潮流的好事,得到国际社会普遍欢迎和支持。

迎难而上

无论是中国推动经济全球化的努力,还是经济全球化本身的演进,前路都不会是一片坦途。对此,习近平主席在上述演讲中做了清晰的阐释:"国际金融危机发生 10 年后,世界经济再次来到十字路口。保护主义、单边主义持续蔓延,贸易和投资争端加剧,全球产业格局和金融稳定受到冲击,世界经济运行风险和不确定性显著上升,国际投资者信心明显不足。"

在习近平主席提出的建议中,有一条是"坚持迎难而上,破解发展瓶颈"。他说,"当今世界面临的各种难题,追根溯源都与发展鸿沟、发展赤字有关"。某种程度上说,经济全球化导致的问题不单是经济问题,更是政府治理问题,正是此意。不能否认,经济全球化红利在国家内部分布是不均衡的,但政府这个有形之手并没有对此做出有效的回应。这给西方民粹主义崛起创造了土壤。由此产生的西方国家内部政治变化，又不可避免地反映到政策变化上。

西方国家对经济全球化态度的变化，不可能不反映到世界经济发展环境上。20世纪90年代初中国继续大开国门拥抱经济全球化时，外部环境对中国来说是相当有利的。西方发达国家在市场准入、技术转让、经贸合作上对中国也算得上慷慨。某种意义上说，直到金融危机爆发前，西方看待经济全球化时或多或少带有一定的"去政治化"倾向。那时，在依然具有绝对优势的情况下，西方国家对经济全球化中国家间实力的变化不那么敏感。

2001年至2018年，中国GDP总量在世界占比从4%增加到16%。这一时期美国的占比从32%下降到24%，欧盟和日本的降幅更大。中国经济实力的快速崛起，是美欧更多地以政治视角来看待经济全球化的重要原因。经济全球化不再是纯粹的经济问题，也是中国不得不面临的挑战。也就是说，中国经济的外部环境，正在发生根本性的变化。

而这种变化发生时，中国的贸易优势并没有完全转化为政治优势。如今的经济全球化，与工业革命时期有着本质上的不同。英国当时算得上完全意义上的世界工厂，英国企业制造的商品行销世界。而中国目前的世界工厂地位，更多地体现在其全球生产链的终端角色上。中国商务部的数据显示，2000年至2015年，在华外企数量从23万个增加到48万个，这些外企创造了中国近一半的对外出口，约30%的产出。

经济全球化运行无虞时，这种局面能为中国经济赋能。一旦遭遇逆流，就会给中国经济造成脆弱性。这一点在目前中美贸易摩擦中体现得尤为明显。特朗普政府推行贸易保护主义，瞄准的正是全球生产链。理论上说，美国可以通过政策手段迫使制造业回流本土。这样做搅动的只是全球生产链，美国强大的制造业实力仍是一个现实存在。中国显然没有美国这样的筹码。不能在这个层面与美国直接对抗，是中国需要力挺经济全球化的一个重要原因。

习近平主席在2018年博鳌亚洲论坛上发表演讲时说："过去40年中国经济发展是在开放条件下取得的，未来中国经济实现高质量发展也必须在更加开放条件下进行。这是中国基于发展需要作出的战略抉择，同时也是在以实际行动推动经济全球化造福世界各国人民。"无论从中国还是世界的历史看,继续扩大开放、捍卫经济全球化,都是中国继续坚持的道路。未来的全球化新动力,就孕育在这条道路上。

5. 回应变局:大国的担当

如果说100多年前的中国,焦虑的是如何"生存",现在以及未来的中国,更多地需要考虑自身的发展对世界的影响。这个挑战一点也不比100多年前小,因为追求富强的道路上多了一份大国担当。这份大国担当,在百年未有之大变局中,意义更加非同一般。对于中国来说,这是全新的挑战。

全新的挑战需要全新的外交,即真正意义上的大国外交。作为世界主要大国,中国的大国外交有两个理解维度。一是针对其他世界主要大国的外交。历史地看,世界主要大国关系的稳定与世界局势的稳定之间有着强相关性。中国经营好与其他主要大国的关系,本身就具有格局性的意义。另一个是以大国身份开展的外交,即中国为世界的稳定和发展提供国际公共产品,这也是大国担当更为直接的体现。

升级与重塑

百年未有之大变局的表现之一,是世界主要大国关系都在经历重构。新中国成立的70年里,中国与苏联/俄罗斯、欧洲(欧盟)、美国以及日本等世界主要大国或政治实体之间的双边关系,都经历了深刻的变化。这些变化在进入21世纪第二个十年之时,又在酝酿新的质变。虽然中国与这些国家的关系在表现形式与实质意义上都不同,但总体上都呈现"升级与重塑"态势。这既是时局之变使然,也与中国主动的外交行为相关。

在中国与世界主要大国的关系中,与俄罗斯的关系是比较独特的。这种独特性体现在两个层面。第一,中俄关系是由中苏关系切换过来的,而且中国与苏联曾经是正式的同盟关系,但这种关系后来名存实亡直至最后正式终结。第二，由中苏关系转化而成的中俄关系，既没有重续同盟也未曾敌对，而是从仅具象征意义的、起点较低的"友好"关系，在较短的时间里发展成高水平的战略协作关系。

1992年12月，首任俄罗斯总统叶利钦首次访华时，俄中关系的定位仅是"两国相互视为友好国家"。1996年4月叶利钦再次访华时，双边关系升级为"战略协作伙伴关系"。中俄关系的再次升级，出现在普京再次出任俄总统，以及习近平担任中国国家领导人之后。2014年普京访华期间，中俄两国宣布"双边关系提升至全面战略协作伙伴关系新阶段"。2019年6月，习近平访俄期间，两国再次宣布"发展中俄新时代全面战略协作伙伴关系"。

中俄关系的质变绝不只是措辞的变化，而是真正意义上的大国间战略协调与合作。这一点已被中俄两国在重大国际问题上的高水平协作所证明。2018年普京曾这样评价两国关系："我们作为邻邦，在近几十年来建立了当今世界独一无二的关系。"习近平2019年6月访俄时说，"新时代中，不管世界怎么变，中俄彼此始终视为搬不走的好邻居，拆不散的好伙伴，向着'守望相助、深度融通、开拓创新、普惠共赢'的目标和方向，稳步迈进。"

与中俄关系升级不同，中国与欧洲（欧盟）的关系，则是升级中带着重塑。其间的差别在于，升级是"正向"的，而重塑则意味着不确定性。从1975年中国与欧共体（欧盟的前身）建立外交关系到冷战结束前，中欧关系总体上发展顺畅。冷战结束后，欧洲国家与欧盟都开始重新审视对华关系。最明显的信号是1995年欧盟委员会发表首份对华政策文件《中欧关系长期发展政策》。这份报告提出重新定义欧中关系，但保持了"建设性接触"的基调。

从1995年发布第一份欧盟对华政策文件，到2016年的欧盟对华政策文件，可以看出欧盟的对华认知经历了从"积极接触的对象"，到"合作与竞争中带有防范"的转变。2019年3月欧盟委员会发布的《欧盟—中国：战略展望》，更加凸显了欧中关系中竞争性的一面。事实上，1995年以来欧盟对华政策一直处于调整的过程中，而且这种调整至今仍未结束。

欧盟调整对华政策的主要原因在于中国的崛起，以及由此产生的对华战略疑虑。不过，欧盟对华战略疑虑与美国存在本质上的不同。某种程度上说，从中国的崛起中，美国看到的是大国战略竞争，欧盟看到的是世界格局变化。所以，无论中欧关系如何演变，都可以找到像维护世界秩序、推进全球治理这样的最大公约数。这些公约数在近年来欧盟对华政策文件以及中国对欧政策文件中都有所体现。

这些公约数，使中国主动塑造中欧关系具备了必要性和可能性。2014年3月，作为首位访问欧盟总部的中国国家领导人，习近平提出打造中欧和平、增长、改革、文明四大伙伴关系。2019年3月，习近平访问欧洲会见法国总统马克龙时表示，中国重视欧洲战略地位和作用，一直将深化对欧关系作为外交优先方向。中欧关系如何重塑，对双方来说重要性都毋庸置疑。

中美关系离升级很远，离重塑却很近。而且，这种重塑与中欧关系相比带有更大的不确定性。中国正式改革开放的1978年，中美签署建交公报。中美关系对中国整体外交的重要性不言而喻。自那以后，虽然中美关系跌宕起伏、波折不断，但两国的经贸关系一直是双边关系的压舱石。特朗普入主白宫后，压舱石变成了交锋的战场，这种变化是中国与其他大国之间未曾出现的。

2018年以来，中美贸易磋商以及贸易战，意味着两国经贸关系正在经历深刻变化。无论最终磋商的结果如何，中美建交以来的双边经贸关系，在模式和规则上都会不同于以往。而且，经贸关系的重构，只是整体双边关系重构的表征，背后的深层原因，是目前美国对华政策调整中明显倾向于战略竞争。对于中国来说，让这种竞争不滑向全面对抗，而是转向良性的竞争，也是一种大国担当。

与中美关系类似，中日关系也在经历重塑。但不同的是，中日两国有效管控战略竞争的可能性更大。2009年钓鱼岛撞船事件后，中日关系跌入建交以来的谷底。直到近10年后的2018年，两国抓住中日友好条约签署40周年的机遇，使双边关系重回正轨。这十年，是中日经济实力逆转而且差距持续扩大的十年，也是两国重新审视对方的十年。

日本在接受中国成为世界大国的现实，中国也在重新定位日本的角色。这种双向调整还在进行，但大方向似乎已经确定。2019年6月访问日本期间，习近平在与安倍晋三会晤时说："我们要共同致力于构建契合新时代要求的中日关系，使中日关系成为维护世界和平、促进共同发展的重要积极因素。"安倍也表示，愿同中方继续共同努力，构建符合新时代要求的日中关系，并确保其长期稳定发展。

责任与担当

以大国身份开展外交，是习近平出任中国国家领导人以来，中国外交的一个鲜明特点。美国布鲁金斯学会学者杰弗里·贝德曾撰文称，"习近平接手的中国已是世界第二大经济体，如果一个与数十年前已大不一样的中国不重新思考其在国际体系的角色，那才令人不可思议"。而中国"重新思考"的一个重要方向，是如何体现大国的责任与担当。

2015年9月，习近平在出席联合国大会发表演讲时说："中国将始终做全球发展的贡献者，坚持走共同发展道路，继续奉行互利共赢的开放战略，将自身发展经验和机遇同世界各国分享，欢迎各国搭乘中国发展'顺风车'，一起来实现共同发展。"从中国的外交实践来看，"习式外交"的突出特点之一，就是主动为世界发展提供国际公共产品。

2008年国际金融危机之后，包括金砖国家在内的新兴经济体的崛起，是国际经济版图变化的一大特点。但西方主导的国际经济体系，并没有对此作出应有的回应。这一点突出表现在世界银行、国际货币基金组织改革滞后上。此外，国际金融危机给金砖国家成员国的经济发展都不同程度地带来了不确定性。正是在这一背景下，"习式外交"加大对金砖国家平台的外交投入。

2015年7月金砖国家新发展银行正式开始运作，毫无疑问是中国承担大国责任、积极参与全球经济治理的典型案例。同年12月成立的亚洲基础设施投资银行，影响和意义更为深远。没人会怀疑，这两个国际性金融机构的成立，中国的角色不可或缺。而中国之所以有如此大手笔，着眼点正是基于国际金融危机后世界范围内在投资需求上的巨大缺口。

亚洲发展银行 2017 年 2 月的一份报告显示，为了维持经济增长势头，截至 2030 年，全球需要在基建上投入 52 万亿美元，其中亚洲需要投入 26 万亿美元。如果中国仅仅从自身利益的角度，希望从如此庞大的投资需求中分得一杯羹，那么资金实力已相当雄厚的国家开发银行、中国进出口银行等国内金融机构，完全可承担资本输出的责任。但中国没有考虑"中国优先"，而是以自身的经济实力和影响力，整合更大的资源服务于世界发展。

责任与担当更突出的体现是提出并推动"一带一路"倡议。全球化时代经济发展以"联结性"做支撑，并以区域生产链的形式体现出来。"一带一路"不但抓住了这个特征，也顺应了国际经济发展的趋势。根据中国国家统计局的数据，2005 年至 2014 年，中国与"一带一路"沿线国家的贸易，在中国对外贸易总额中的占比从 19% 增加到 26%。而同期美国这一比例仅从 13% 微增至 15%。这意味着，在"一带一路"正式大规模实施前，中国与这些国家之间的经济，已经呈现明显加速融合的趋势。

世界银行 2018 年 5 月一份题为《"一带一路"国家间的贸易联系》的文章，也印证了区域经济融合的趋势。这篇报告统计了参与"一带一路"合作的 66 个国家（分为三大区域：欧洲、中亚，东亚、太平洋以及中东、北非和南亚）的贸易数据。结果显示，这些国家之间的贸易出口额在其对外出口总额中的比例，从 1995 年的 31% 增加到 2015 年的 44%。这一时期，这些国家对外出口在世界总出口额中的比例，从 21% 增加到 37%。

意大利学者恩里科·法恩瑞与乔治·普罗迪，在 2017 年一篇关于"一带一路"的学术文章中提到的一组数据，很能说明全球贸易联系变动的趋势。根据这些数据，1995 年，跨太平洋海上贸易量，在全球海上贸易量中占比为 53%，欧洲与远东（主要是东亚）之间占比仅为 27%。但 2015 年，这两条海上贸易线路全球占比变为 44% 和 42%。如今海上贸易依然是全球贸易主要线路，上述一降一升的变化，无疑凸显了全球贸易上的"欧亚融合"特征。

2018 年 8 月，习近平在"一带一路"建设工作 5 周年座谈会上说："共建

'一带一路'是经济合作倡议,不是搞地缘政治联盟或军事同盟;是开放包容进程,不是要关起门来搞小圈子或者'中国俱乐部';是不以意识形态划界,不搞零和游戏,只要各国有意愿,我们都欢迎。"中国的改革开放起步于对外合作,"一带一路"天然带有合作基因,某种程度上说也是中国改革开放的升级版。

西方有声音称这是中国在利用庞大的经济实力"购买"国际影响力。这至少是比较肤浅的看法,如果不带有恶意的话。中国搭建这些平台,投入巨量资金并主导和参与合作,事实上形成了"利益绑定",客观上增加了中国外交行为的可预期性。崛起大国的行为越具有可预期性,外界的疑虑和担忧就越小。从这个意义上说,中国是在以实际行动化解疑虑,而不是空喊口号。如果从全球治理的角度看,中国也是在提供国际公共产品。

习近平提出打造全球伙伴关系网、构建人类命运共同体等,很大程度上是与中国经济外交"大手笔"相匹配的。但其意义还不止于此。这些提法可以说是国际政治的中国话语方式,对应的是西方国际政治中的权力政治、零和思维。中国特色大国外交的成功实践,给国际外交注入中国元素,与国际外交中长期带有西方元素是一个逻辑。而且,西方民粹主义、贸易保护主义崛起之时,中国倡导构建"命运共同体",比特朗普政府奉行"美国优先",更能为国际社会所接受。

风险与挑战

对于中国外交来说,百年未有之大变局,也是百年未有的挑战。因为100多年来,中国从未像现在这样如此接近世界舞台中心。这意味着,中国今后的每一个重大外交行动,都会带有世界性、格局性的影响。这是19世纪中期中国"开眼看世界"以来未曾有过的全新局面。中国外交的转型升级,不得不面对全新局面中的风险和挑战。

最大的挑战无疑来自美国。把中国视为战略竞争对手,绝不只是特朗普的个人想法。以战略竞争的视角来看待美中关系、重构美中关系的意图,在奥巴马政府时期就已经出现。特朗普政府时期，这种重构带有突出的对抗性甚至破坏性，虽然与他的个人风格有关，但重构的趋势不会因为他离开白宫而消失。如何让中美关系不陷入"修昔底德陷阱"，不仅是个现实挑战，也会是个历史性难题。

特朗普就任美国总统后，美欧关系若即若离，甚至矛盾针尖对麦芒。而在对华政策上，美欧不再是铁板一块。目前的中美欧关系，比冷战后任何时候都带有"三角"特征。但不得不承认，这个"三角"并不是"等边"的。比如，在知识产品保护、投资限制、市场准入等问题上，欧盟与美国不仅有着相当程度的共识，而且还有联手向中国施压的倾向。美国因素如何影响中欧关系，还是个未知数。

中日关系站在了转型的历史关口。尽管两国领导人对建立新时代中日关系有一定程度的共识，但在向前走的过程中不确定性也是显而易见的。从日本的角度看，目前安倍政府的对华外交，本质上依然在遵循"政经分离"的原则，在具体操作上把经济与安全分开处理。比如，日本对"一带一路"的参与，聚焦的是功能性合作，并未上升到战略合作的层面。而且，日本摆脱对美国的"追随外交"，目前来看还比较遥远。如果美国强势地把日本拉入美中战略竞争的轨道，日本会如何抉择？

如果说经营大国关系尚有历史基础可做支撑，那么筹组国际金融机构、推动"一带一路"这些带有国际公共产品性质的行为，则是中国外交的全新课题。中国不得不在摸索中学习，这本身就是很大的挑战。而且，出于对冲风险的考虑，参与国不会把鸡蛋放在一个篮子里，或多或少会有待价而沽的心态。如果这种对冲有了外部的"接应"，那么中国外交行为面临的局面就会更复杂。

"接应"的主角是美国。作为二战以来国际公共产品的主要提供者，美国没有而且也不会对中国的类似行为无动于衷，即便它自己并不想再承担这个角色。奥巴马政府只是在外交上施压盟国不要加入亚投行，特朗普政府则开始在战略层面阻挠"一带一路"。不难想象，在中美关系还没有大体上"定型"前，美国的这种阻挠绝不会消失。

后　记

　　2019年是新中国成立70周年，也是共产党在全国范围内执政第70个年头。70年筚路蓝缕，砥砺奋进，正如习近平总书记指出的：无论是在中国民族历史上，还是在世界历史上，这都是一部感天动地的奋斗史诗。

　　为了庆祝新中国成立70周年，南风窗传媒智库隆重推出《70年家与国——一个文明体的磨砺与重生》一书。本书以追求人民幸福和中华民族伟大复兴为核心线索，重点梳理和总结了共产党带领全国各族人民探索中国特色社会主义道路的不平凡历程。

　　自近代以来，无数仁人志士流血牺牲、上下求索、不断试验，所追求的就是救国救民、实现富强、让中华民族能够再次昂首挺立在世界民族之林。为什么最后我们选择了中国特色社会主义这条道路？这条道路为什么会成功，尤其是它和中华民族文明基因、和180年以来各种救国救民实践的曲折经历究竟是什么关系？这些就是本书所力图回答的主要问题。

　　所以，本书的写作是按照不同历史阶段来划分，分为鸦片战争到五四运动、新中国成立之前、新中国前30年、改革开放后的大国经济崛起直至今天的百年未有之大变局。囿于知识水平等各种限制，我们无法保证我们的分析就一定是深刻到位的，我们唯一可以保证的是在忠于史实基础上的一番真诚的思考。此时此刻，裁判权也就交到亲爱的读者朋友您手中了。

　　通过写作本书，我们也体会到，历史不会宣布今天我们所面临的问题的答案，但通过追溯历史，我们可以去仔细体味不同历史阶段，当时的人们所面临的两难、所进行的抉择、所付出的努力。我们今天所做的，是继续前人未竟的事业。走好中国特色社会主义道路，是我们共同的责任，从前人那里我们会不断获得强大的精神动力。

为了写好本书，编辑委员会付出了巨大的努力。感谢各章的作者比较好地完成了写作任务，有必要在这里列举下他们的名字：第一章，李少威；第二章，董可馨；第三章，赵义；第四章，杨露、郑嘉璐、何子维、胡万程；第五章，雷志华。感谢南风窗杂志社常务副主编谭保罗对部分参与写作的年轻记者的指导。

在这里，我们要特别感谢人民日报出版社，本书能够出版得益于出版社从领导到编辑等诸同志的大力支持。还要感谢编务统筹钟璐珊同志，恭喜她最近生了一对双胞胎儿子，前段时间催稿时，她曾经立下如此"誓言"：稿子没收齐，就绝不进产房。还好我们没让她失望。也感谢智库的吴静同志在编务上的努力。还要感谢的人太多了，就不一一列举名字了。

当然，文责自负。好了，有什么批评指正，欢迎您随时提出。

南风窗传媒智库

2019 年 8 月 29 日于南书房